互联网大厂晋升指南

从P5到P9的升级攻略

李运华◎著

电子工业出版社
Publishing House of Electronics Industry
北京·BEIJING

内 容 简 介

本书主要介绍了一套系统的晋升方法论，涵盖"理解晋升→准备晋升→参与晋升→获得晋升"这条完整的晋升链条，深入剖析了晋升背后的规则、"潜规则"、技巧和套路，帮助读者找到正确的发力点，顺利通过晋升，获得更好的职业发展。

本书共 6 部分，第 1 部分是晋升体系，主要介绍职业等级体系和晋升的流程、原则、逻辑，并结合 COMD 能力模型分析不同级别的要求；第 2 部分是职级详解，主要结合 COMD 能力模型，详细解读从 P5 到 P9 每个级别的具体能力要求，以及晋升的关键点与技巧；第 3 部分是面评技巧，主要针对面评中的几个关键步骤，介绍相关实战技巧，包括如何写 PPT、如何讲 PPT、如何回应答辩问题等；第 4 部分是学习方法，主要介绍一套系统的学习方法论，涵盖时间管理、任务拆解、技术提升等多个维度；第 5 部分是做事方法，主要内容涵盖端到端的做事流程，包括定目标、执行、总结、汇报和复盘等环节；第 6 部分是专项提升，主要介绍业务和管理两大领域的实战经验。

图书在版编目（CIP）数据

互联网大厂晋升指南：从 P5 到 P9 的升级攻略 / 李运华著. —北京：电子工业出版社，2022.9
ISBN 978-7-121-44105-9

Ⅰ. ①互… Ⅱ. ①李… Ⅲ. ①网络公司－企业管理－中国－指南 Ⅳ. ①F492.6-62

中国版本图书馆 CIP 数据核字（2022）第 145779 号

责任编辑：陈晓猛
印　　刷：三河市良远印务有限公司
装　　订：三河市良远印务有限公司
出版发行：电子工业出版社
　　　　　北京市海淀区万寿路 173 信箱　　　　　邮编：100036
开　　本：787×980　　1/16　　印张：22.25　　字数：498.4 千字
版　　次：2022 年 9 月第 1 版
印　　次：2022 年 10 月第 2 次印刷
定　　价：118.00 元

凡所购买电子工业出版社图书有缺损问题，请向购买书店调换。若书店售缺，请与本社发行部联系，联系及邮购电话：（010）88254888，88258888。
质量投诉请发邮件至 zlts@phei.com.cn，盗版侵权举报请发邮件至 dbqq@phei.com.cn。
本书咨询联系方式：（010）51260888-819，faq@phei.com.cn。

前　言

2018 年，我在极客时间开了一门课——从 0 开始学架构，分享了自己通过多年研究和实践积累得到的一套完整的**架构设计方法论**，来帮助读者提升架构设计的能力。

为什么架构设计能力这么重要呢？因为它是技术人员晋升到高级别岗位必备的能力，后来我也在 QCon 等场合分享了架构师如何成长等内容。不出意外，除了架构师本身的能力提升，我还被问到了很多关于**职场晋升**的问题。常见的典型问题有下面这些：

（1）我平时工作太忙了，没有时间专门提升自己，也不知道应该优先提升什么能力。由于平时准备就不充分，心里没底，所以就算有晋升机会，我也不敢申请，怕在大家面前丢脸，怎么办？

（2）身边跟我差不多甚至不如我的同事都晋升了，而我还在原地踏步。我不知道晋升这个"游戏"到底要怎么玩，这背后是不是有所谓的"潜规则"？

（3）我得到了领导和同事的一致认可，胸有成竹地去参加晋升答辩，却感觉像茶壶里煮饺子，有货倒不出，而且我的 PPT 做得像流水账或者大杂烩，讲 PPT 像在念课文，面对评委的问题经常大脑短路，怎么办？

（4）我信心满满地完成了晋升答辩，评委却判定我还没达到要求。我很迷茫，不知道下一个级别的具体要求是什么，怎么做才能打动评委呢？

关于晋升，我有发言权

这些问题让我回想起自己这些年的工作经历。我在软件行业摸爬滚打了 16 年，先后就职于华为、UC、阿里巴巴、蚂蚁金服等公司。这些公司有一个共同点，那就是都具备完善的晋升体系。

在这些公司工作的过程中，你们遇到的这些问题，其实我也都遇到过，很多团队成员也跟我咨询甚至"吐槽"过。为此，我花了很多时间去研究和思考晋升，再加上有很多实践的机会，所以我逐步积累了比较丰富的晋升经验。

如果把晋升比作足球运动，那么可以说我同时具备"球员+教练+裁判"的经验。

首先，我做过"**球员**"。我从一个普通的程序员逐步晋升到了阿里的 P9，而且我所有的晋升都是一次通过的，所以我的晋升技巧是经过实践验证的。

其次，我也做过"**教练**"。我成功地指导了很多团队成员从 P6 升到 P7、从 P7 升到 P8，所以我能够全面地了解不同岗位、不同级别的员工在晋升时遇到的困惑和挑战，逐渐摸索出了一套适用于大部分人的晋升方法论。

第三，我还做过"**裁判**"。我从 2015 年开始担任晋升评委，负责过 P6、P7 和 P8 三个级别的晋升评审，先后评审过几十个晋升候选人，合作过的评委也有几十个，分别来自淘宝、支付宝、优酷、飞猪等业务部门。这让我拥有了更多元的视角，进一步加深了我对整个晋升体系的理解。

正是这些经历，让我深刻地理解了为什么晋升会这么难，为什么这么多人都对晋升充满了疑问。

因为从本质上说，晋升是一个**系统工程**，却从来没有人系统地介绍过它，更不用说深入地阐述它了。

就算是成熟的大公司，它们虽然制定了相关规章、制度、流程，但大部分都只是对晋升规则的说明，而且其中充斥了大量抽象和模糊的内容。这些文件对于指导员工晋升并没有太大的作用，导致大部分人对晋升存在一知半解的模糊理解，甚至完全错误的理解。

重新理解晋升

如果你真的想顺利地升职加薪，就得从现在开始，重新系统地理解晋升到底是怎么一回事。

首先，你需要重新理解**晋升规则**。

如果你所在的公司目前还没有明确的晋升规则，你只从网上或者别人口中听过一些描述，那么我会带你重新全面地了解晋升的运作机制。

如果你所在的公司已经有了一些晋升的规章制度，我会让你深刻地理解这些规章制度背后的**"潜规则"**。在职场晋升的过程中，仅靠规章制度中明文写出来的内容，有些事你根本就解释不了，比如：

（1）公司规定，申请晋升的员工绩效必须达到"良好"或者"优秀"。现在有两个员工绩效都是"良好"，为什么一个可以申请晋升，另一个却不可以呢？

（2）公司规定，工作满3年才能晋升P7。为什么一个工作5年的员工还没有得到晋升，而另一个工作3年的员工却优先被推荐晋升了呢？

再比如，为什么有些人答辩的时候，评委都是他认识的，而我答辩的时候，评委都是我不认识的？

如果遇到这样的情况，我们会感到委屈或者困惑，甚至怀疑是不是有"幕后潜规则"。

没错，确实有**潜规则**，但并不是通常意义上我们理解的"钱权交易""暗箱操作"这种把戏，而是在晋升规章制度背后，**有很多需要人来把控的规则**。这些规则虽然无法用白纸黑字明确地写出来，但依然是有规律可循的。我会教你理解和学会一些"套路"，这样你的操作空间就会大得多。

其次，你需要重新理解**职级要求**。

当一项能力无法用明确的、可衡量的标准去评估的时候，就会出现"一千个人眼中有一千个哈姆雷特"的现象。很不幸的是，职级能力要求就属于这种情况。

有些公司虽然把级别分得很细，每个级别还有专属的 Title（头衔），比如"技术专家""高级技术专家"，但是所谓的"高级"体现在哪里，谁能说得清楚呢？

放眼望去，我们只能在各种文档中看到一大堆模棱两可的描述，比如"熟练""精通""系统性""创造性""前瞻性""复杂""领先""深入""深刻"等。

针对一个职级，到底要求什么能力，要求到什么程度，每个人都有不同的理解。如果你的理解和你的主管不一致，那么你可能连提名晋升的机会都没有；如果你的理解与评委不一致，那么你的晋升仍然会以失败告终。

所以，你既要从模糊的描述中解读出明确的要求，也要保证自己的理解能得到主管和评委的认可。我会给你提供一个兼容性很强的能力评估模型，让你轻松地做到这一点。

最后，你需要重新理解能力提升。

一次成功的晋升，仅靠学"套路"、背要求是不够的。从根本上说，升到更高级别的前提，是你的能力有实实在在的提升。

我想这个道理很多人都懂，但对于具体要提升什么能力，不同的能力分别应该如何提升，你可能并不清楚，甚至还有错误的理解。如果方法不对，就算努力也看不到效果，例如：

（1）你很努力，做事很认真，安排给你的工作完成得很好。虽然主管欣赏你的工作态度，也认可你的做事结果，但他总觉得你没有达到能够晋升的程度。

（2）你花费了大量的时间和精力报培训班或者线上课程，但是学到的知识记不住，能用上的就更少了。

（3）你学了很多，觉得自己已经"精通"某些技能，但在晋升答辩的时候，评委随便一问，你就答不上来，整个答辩过程中你被"虐"得体无完肤。你感觉自己知道的内容，评委都没怎么问，他们问到的都是你没准备过的。

事实上，晋升所要求的能力，既包括专业的技能水平，比如设计开发、测试、线上保障等能力；也包括广义的做事能力，比如汇报、复盘、协作等能力。你必须"两手都要抓，两手都要硬"。

同时，因为工作本身就需要你投入大量的时间和精力，所以你不能只靠"头悬梁，锥刺股"的拼劲，还得靠"四两拨千斤"的巧劲儿。我总结的高效学习和做事的方法，传授的就是这股巧劲儿，让你工作和"充电"两不误。

本书是如何设计的

本书讲解了一套完整的晋升方法论，涵盖了晋升这一系统工程的各个领域，整体结构如下图所示。

本书共 6 部分，**组成了**"理解晋升→准备晋升→参与晋升→获得晋升"这个完整的晋升链条。这 6 部分的内容相辅相成，缺一不可，整体设计存在严密的逻辑关系：

● 正确理解了"晋升体系"，你才能做出符合自己的晋升规划。

● 有了晋升规划后，你要明确目标级别的"职级详解"，采取高效的"做事方法"获取业绩结果，采取高效的"学习方法"和"专项提升"技巧提升能力，才有机会申请晋升。

● 申请晋升后，你得通过"晋升技巧"充分展现自己的能力，才能获得评委的认可，最终成功晋级。

具体内容如下。

第 1 部分是**晋升体系**。

这部分介绍职业等级体系和晋升的流程、原则、逻辑，然后结合我总结的 COMD 能力模型，带你看透不同级别的要求。学完这一部分，你就能理解公司的晋升是如何运作的，什么样的人可以晋升，怎么做才能更好地晋升。

第 2 部分是**职级详解**。

这部分会结合 COMD 能力模型，详细地解读从 P5 到 P9 每个级别的具体能力要求，以及每个级别晋升的关键点和技巧。学完这一部分，你就能"对号入座"，根据自己的级别做出清晰明确的规划，采取更有效的行动来提升晋升的效率。

第 3 部分是**面评技巧**。

这部分针对面评中的几个关键步骤，分享了很多实战技巧，包括如何写 PPT、如何讲 PPT、如何回应答辩问题等。学完这一部分，你就能充分地展现自己的能力，发挥出应有的水平。

第 4 部分是**学习方法**。

这部分总结了一套系统的学习方法论，涵盖时间管理、任务拆解、技术提升等多个维度，其中有不少我个人独创的理念和技巧。学完这一部分，你不但可以高效地提升能力，而且可以让自己的技能兼具深度、宽度和广度，更容易在晋升答辩的时候打动评委。

第 5 部分是**做事方法**。

这部分系统地总结了经过大量实践验证的做事方法，涵盖端到端的做事流程，包括定目标、执行、总结、汇报和复盘等环节。学完这一部分，你既能够在平时拿到更好的绩效，又能够在答辩的时候充分展现你的做事水平。

第 6 部分是**专项提升**。

随着级别的提升，理解业务和管理团队的能力越来越重要，而技术人员恰好缺少这方面的知识和经验。我把自己在业务和管理两大领域的技能和经验积累提炼成了快速入门的套路。学完这一部分，你能更有效地掌握不同级别所需的业务理解能力，以及 50 人以内团队的管理技巧。

如何阅读本书

在看我讲解本书设计思路的过程中，你是不是一直想问一个问题：本书很多内容是你的经验和思考，对我来说都是全新的，甚至和我以前了解到的是相悖的，我可以一次性吃透这些职场晋升的知识与套路吗？

确实，我也考虑到了这个问题，所以我还要为你交付一套高效学习本书的方法。

第一步，**先完整地读一遍本书**，对晋升形成整体的认知。

　　至于每一节的细节，就算没有完全理解和记住也没关系。你只需要知道每个等级大概的含义是什么，关键的学习方法和做事方法有哪些即可。

　　第二步，根据自己当前的情况，按图索骥寻找对应的章节深入学习并实践。

　　比如，你现在处于 P6 级别，就可以重点研究 P7 级别的要求和技巧，而 P8 和 P9 级别的内容则可以暂时放到一边。如果你马上就要准备晋升材料和答辩了，那么就可以重点学习具体的晋升技巧，比如如何写 PPT。

　　第三步，当你有了一定的实践经验之后，再来重新学习对应的章节，做到"知行合一"。

　　你可以看一下曾经的理解是否有遗漏或偏差，或者看一下本书的内容是否还有不完善的地方，这样你就可以将我输出的知识和技能真正变成你自己的技能。

　　虽然我们说"前途是光明的，道路是曲折的"，但"有志者事竟成"。我相信，你只要坚持下去，结合书中的经验和技巧，最后一定能实现自己的目标，职业发展更上一层楼！

李运华

目　　录

第 1 部分　晋升体系

第 2 部分　职级详解

第 3 部分　面评技巧

第 4 部分　学习方法

第 5 部分　做事方法

第 6 部分　专项提升

第1部分　晋升体系

第 1 章　职级体系：你意识到级别鸿沟了吗

本章详细讲解职级体系的相关内容。

如果我们把职场晋升的过程比作在游戏中打排位赛来提升段位，那么职级体系就是游戏的**段位规则**。它定义了整体的段位等级分布（比如从倔强青铜到荣耀王者），每个段位的要求（比如钻石段位以后要学会怎么重新匹配一局游戏），还有晋级的规则（比如每个段位几颗星可以晋升下一个段位）。

如果你所在的公司已经有了明确的职级体系，那么深刻理解职级体系的特点，有利于你设定合理的晋升目标和规划。这样你就能避免因为急于求成而心浮气躁，或者因为埋头苦干而错失晋级的机会。

如果你想跳槽到心仪的公司，那么全面了解对方的职级体系，有利于你合理地进行自我评估，在面试的时候得到更好的定级结果和薪资报酬。

不同性质的公司和机构采用的职级体系差异很大，最常见的有以下两种。

第一种是**职称体系**。

"职称"的正式名称是"专业技术职务任职资格"。常见的教师、医生、会计和律师等职业基本上使用的都是这套体系。

它的优势在于**标准统一**，全国通行，可以无缝切换。比如一个医生在 A 医院是副主任医师，换到 B 医院，职称是可以平移的。职称这套体系在公务员、事业单位、国企等机构是通行的标准，但是在互联网行业很少应用。

第二种是**自立体系**。

互联网公司用的往往是这种方式，也就是说，公司自己制定完整的职级体系，内部评估员工的级别，并根据职级体系设计相关的薪酬福利等激励机制。

自立体系的优势在于，公司可以根据自己的实际情况**灵活操作**，并不断演进；而它的劣势是，由于行业缺乏统一的标准，一个公司在吸纳其他公司的人才时，**不太容易直接对标**。

对于软件行业来说，国内大部分互联网和软件公司基本都是民企，大都采取自立体系的方式来制定自己的职级体系。同时，由于腾讯和阿里巴巴（简称阿里）的强大影响力，行业内部逐步形成了对标腾讯和阿里职级的做法，于是腾讯和阿里的职级也就成了"硬通货"。

虽然自立体系可以灵活多样，但是从本质上说，大都是按照以下方式设计的：

（1）职级体系划分为**专业线**和**管理线**，专业线指员工在某个专业领域晋升，管理线指员工在管理岗位晋升。软件行业的研发、测试、运维、产品经理、运营、UI/UE、HR 等都属于专业线晋升。

（2）专业线按照其设计特点又可以划分为两类，即**跨越式职级**和**阶梯式职级**，涵盖了从毕业生到业界精英的各个级别。

（3）管理线一般不会再分领域，而且你在专业线达到一定级别后，才能转管理线发展（例如某公司规定专业线要达到阿里 P9 级别才可以选择转管理线发展）。这样做的目的在于**鼓励员工积累足够的专业技能**，而不要变成只会发号施令开会写报告的纯管理者。

（4）以前也有公司尝试专业线和管理线**双通道**发展的模式。但是这种模式被实践证明存在很多问题，比如投入大、不好评估员工能力、外行管内行等，所以现在已经很少用到了。

本书的内容聚焦于专业线的晋升指导和技巧。虽然我是技术人员出身，本书中的案例大多是技术案例，但其中 70% 的内容其实是具有普适性的，同样适用于产品经理、运营和策划等岗位。

接下来详细介绍专业线的两类职级体系的特点。

1.1　跨越式职级

我们先来看跨越式职级。简单来说，在这个体系下，两个级别之间的差异很大，就像有一条**"级别鸿沟"**，你需要用很大的力气才能跨越这条鸿沟。

目前在国内知名公司中，采用跨越式职级的有阿里、百度、滴滴和头条等。其中阿里的职级体系比较典型，也是我最熟悉的，所以接下来以阿里的职级体系为例来具体说明跨越式职级的特点。

下面这个表格总结了阿里职级体系的级别设置和基本定义（关于各个级别详细的定义和要求会在后续章节中详细介绍）。

专业级别	基本定义	对应管理级别
P1/P2	低端岗位预留	
P3	助理	
P4	专员	
P5	高级工程师	
P6	资深工程师	M1 主管
P7	技术专家	M2 经理
P8	高级技术专家	M3 高级经理
P9	资深技术专家	M4 总监
P10	研究员	M5 资深总监
P11	高级研究员	M6 副总裁

注：网传阿里职级体系表。

以技术人员为例，本科应届生初定级别是 P5；随着能力和经验的积累逐步升级，大部分人可以升到 P7；能够升到 P8 的人已经是很厉害的了，而能够升到 P9 的，虽然不至于凤毛麟角，但也算得上是百里挑一，我工作十多年也就是 P9 而已；至于 P10 和 P10 以上的级别，往往可遇不可求，能升到这个位置的都是业界响当当的人物了。

表格中 P6 和 P7 标了灰色，也是说明绝大部分工程师是处于这两个级别。

那么，这种职级体系有什么特征呢？

第一个特征是，**相邻两个级别的差异比较大**。

因此，晋级的时候不是简单地要求能力**"有提升"**就可以了，而是要求有**"本质的提升"**。

举个简单的例子，你管理 3 个人或者 4 个人，团队管理能力是没有本质的区别的；如果让你管理 30 个人，那么团队管理的能力和管理 3 个人的时候肯定差别很大，这就是本质的提升。

这样的要求会导致一种常见的现象，让很多人难以理解，甚至心有不甘。那就是，一个员工在当前这个级别做得很好，绩效不错，也都被主管和同事认可，但是在晋级的时候却多次失败。

大部分人在分析原因的时候，会认为是"自己紧张，所以没发挥好"，或者"评委对我不熟，所以没有发现我的能力"。如果遇到这种情况，你是不是也这样想？

然而，真实原因很可能并非如此。根据我多年的经验，确实有小部分人是由于紧张等原因没能通过晋级，但绝大部分人其实是因为**没有意识到这个级别鸿沟的存在**。

他们没有意识到，自己的能力虽然在当前这个级别做得很好，但仍没有产生质变，没能达到下一个级别的要求。而如果主管也没有认清问题的本质原因，从而有针对性地指导，就会导致看起来很优秀的技术人员多次晋级受阻。

跨越式职级的第二个特征就是，因为级别的差异比较大，所以**晋升的机会比较少**。

通常情况下，公司会要求申请晋升的员工在当前级别至少工作 2 年以上。实际上，除了 P5 升 P6，在当前级别工作 2 年就能够晋升下一级别的人已经非常厉害了，大部分技术人员可能需要 3 年。

这样算下来，如果你刚毕业时的级别是 P5，2 年升 P6，3 年升 P7，3 年升 P8，那么升到 P8 基本上也要 9 年了。这还是一切顺利的情况，要是有一两次晋级受阻，那么时间就更长了。

晋级机会少带来的一个问题是，**晋级成功对很多人来说就意味着成长停止**。

这一点在 P7 阶段特别明显。大家都知道晋升 P8 比较难、机会比较少，所以很多人升到 P7 后可能就不会去想太多了。因为他们知道，只要在 P7 的岗位把工作做好，有好的绩效，回报一样很丰厚，做起来还得心应手，压力也没那么大。

跨越式职级的第三个特征就是，**同级别的回报差异是比较大的**。

比如，你工作 2 年，评级为 P6；而你的同事工作 5 年，评级可能也是 P6。虽然级别一样，但在面试官或者主管看来，这两个 P6 的能力差异其实还是比较大的，因此在回报上差异也会比较明显。比如，你们的工资可能相差 50%以上。

有的公司为了区别同级别不同能力的人员，在招聘的时候还会有一个档位区分，比如"ABC"或者"初级/正常/优秀"等细分档位。这样做的主要目的在于帮助 HR 确定合理的**工资区间**。

因此，如果你面试的时候发现对方公司采取跨越式职级体系，那么除了确认级别，你最好确认一下是否有 ABC 这种区分，因为不同档位的薪酬是有差异的。

但是，这种区分一般只在招聘的时候用，不会在内部评级的时候用。如果内部也采用这种方式，那么整个职级体系就变成了接下来要讲的"阶梯式职级"了。

1.2 阶梯式职级

简单来说，阶梯式职级就是两个级别之间的差异不大，就像台阶一样稳步提升。

目前国内采取阶梯式职级的公司主要有腾讯、华为（2020 年调整前的）和美团等，其中，腾讯的职级体系是典型的阶梯式职级。虽然腾讯在 2019 年对职级体系进行了调整，不再按照之前"2.1/2.2/2.3"这种方式进行命名，而是改为"6/7/8 级工程师"，但这并没有改变它阶梯式职级的本质。

下面这张表整理和对比了腾讯的新旧职级体系。

职级体系（旧）		职级体系（新）	
专业职级	专业 Title（技术研发）	专业职级	专业 Title（技术研发）
6.3 6.2 6.1	权威专家	17	17 级工程师
5.3 5.2 5.1	资深专家工程师	16	16 级工程师
		15	15 级工程师
4.3 4.2 4.1	专家工程师	14	14 级工程师
		13	13 级工程师
		12	12 级工程师
3.3 3.2 3.1	高级工程师	11	11 级工程师
		10	10 级工程师
		9	9 级工程师
2.3 2.2 2.1	工程师	8	8 级工程师
		7	7 级工程师
		6	6 级工程师

续表

职级体系（旧）		职级体系（新）	
专业职级	专业 Title（技术研发）	专业职级	专业 Title（技术研发）
1.3	助理工程师	5	5 级工程师
1.2		4	4 级工程师
1.1			

注：网传腾讯职级体系新旧对照表。

由于业内对腾讯的旧职级体系比较熟悉，而且腾讯新旧职级体系本质上没有改变，都是阶梯式职级，因此我们还是以旧的职级体系为例来说明。

本科应届毕业生定级一般是 1.2，研究生是 1.3；毕业 1～2 年的社招人员是 2.1～2.2；毕业 3 年及以上的社招人员是 2.2～2.3；从 T3 开始就不能简单地按照工作年限推断了，因为 T3 以上的评级主要看能力和水平。

阶梯式职级具体是如何设置的呢？主要通过两个指标：**职级和职等**。

还是以腾讯为例，职级就是"工程师""高级工程师"这种明显的级别划分，这一点和跨越式职级基本类似；职等就是每个职级内部细分的不同等级，例如同样都是"工程师"，还会划分为"2.1/2.2/2.3"三个等级（有的公司用 ABC 来表示，例如 2A/2B/2C）。

阶梯式职级的级别差异没有跨越式职级那么大，并没有明显的鸿沟。因此，阶梯式职级的特征和跨越式职级正好相反。

第一个特征是，**相邻级别差异小**。

由于阶梯式职级的级别之间的差异没有跨越式职级那么大，基本上按部就班逐级逐等晋升即可，过程相对平稳。通常情况下同一级别内，如果绩效和表现还可以，那么逐等晋升的问题不大；如果表现很优秀，那么跨等晋升也是可以的，例如可以申请从 2.1 直接晋级到 2.3。

第二个特征是，**晋升机会更多**。

因为职级划分得比较细，所以同级别内的等级差异不明显。如果像跨越式阶梯那样 2～3 年才能晋升一次，那么从 2.1 晋升到 2.3 需要 5～6 年时间，这明显是不合理的。阶梯式职级基本上每年都可以申请晋升，我当年在"松鼠厂"（UC）的时候，公司每半年就有晋升评级，晋升到当前等级 1 年后就可以再次申请晋级。

第三个特征是，**同级别的回报差异不大。**

因为级别划分已经比较细了，所以回报的范围区间就会比较小。

看到这里，你肯定有疑问了：**看起来阶梯式职级比跨越式职级要好得多啊，为何不统一采用阶梯式职级呢？**

原因在于，虽然阶梯式职级有前面说的各种优点，但它也有一个**核心缺陷**，那就是**很难客观地定义和评估两个等级之间的差异！**

我之前所在的 UC，级别和腾讯类似，采用的是 2A/2B/2C 这种等级。但是如果你仔细研究 2A 和 2B、2B 和 2C 的定义描述，就会发现里面都是一些模棱两可的话。

比如关于某项能力的描述，2A 是"掌握"，2B 是"熟练掌握"，2C 是"精通"。但实际上在晋级评审的时候，评委对于"掌握""熟练掌握""精通"很难客观区分。

因此，可能会出现一种比较奇特的现象：某个技术人员的某个专业技能，在晋升 2A 的时候问了一遍，在晋升 2B 的时候又问了一遍，在晋升 2C 的时候还会再问一遍，而这个人给出的答案可能都一样。

以 Java 服务端开发为例，对于 JVM 的垃圾回收算法和调优，基本上是属于必问的。绝大部分技术人员都会把相关参数、垃圾回收器原理的知识烂熟于心，因此晋升 2A 的时候基本上达到熟练掌握甚至精通了。所以就算升到 2C，他掌握的其实还是这些技能，和 2A 时并没有明显的差异。

为了弥补阶梯式职级的这个缺陷，公司可以详细定义每个等级的技能要求。还是以 Java 服务端开发为例，可以在 2A 阶段只要求掌握"JVM 垃圾回收"技能，2C 才开始要求熟悉"多线程开发"。

但在实际工作中，这种详细定义的指导意义并不大。因为同级别不同等级的技术人员所做的事情，范围基本是一致的。实际的开发项目是**按需求来划分任务的**，主管几乎不可能让一个 2A 级别的 Java 工程师不做多线程开发，而将所有的多线程开发任务都分配给 2C 级别的工程师。

阶梯式职级的另一个缺陷和跨越式职级类似，**就是当出现跨级晋升时，其实还是有"级别鸿沟"**的。这个鸿沟远远大于同级别不同等级的差距，但由于阶梯式职级的设计，很多人以为他们面临的仍然只是一次普通的晋升。

以腾讯为例，从 2.3 到 3.1 其实是一次大的跨越，而不是一次简单的晋升，它的难度和要求和从 2.2 到 2.3 是完全不同的。

我当年在 UC 时就遇到过很多类似的案例，一些比较优秀的技术人员从 2A 一路顺利晋升到 2C，但从 2C 晋升到 3A 却屡屡碰壁。关键是，这些技术人员的绩效和表现还非常优秀，屡次晋升失败对于他们工作积极性和个人自信心的打击是比较大的。

所以结合我自己晋级、评审和管理的经验来看，我反而推荐跨越式职级体系。

因为只有能力发生了质的飞跃后，才能比较准确地判断；而同级别内的能力成长，更多的是技能熟练程度的提升，差距并不十分明显。跨越式职级很早就把这个问题暴露出来，你更容易发现并做出调整；阶梯式职级却把问题隐藏得更深，你反而没那么容易意识到。

小结

本章重点介绍了国内互联网公司中流行的两类职级体系的特点（见下图），目的在于帮助你透过表象看到职级体系的本质，从而解答你关于晋升的很多疑惑。掌握晋升的游戏规则之后，你才能做出更好的职业规划。

下面回顾一下本章的重点内容：

（1）互联网公司倾向于采用自立体系而不是职称体系。由于阿里和腾讯强大的影响力，国内的互联网公司一般都会对标它们的职级体系。

（2）跨越式职级的典型代表是阿里，它的特征是：相邻级别差异大、晋升机会少、同级别回报差异比较大。

（3）阶梯式职级的典型代表是腾讯，它的特征是：相邻级别差异小、晋升机会多、同级别回报差异比较小。

（4）不管是跨越式职级还是阶梯式职级，都存在一个问题，那就是"级别鸿沟"，它是很多人晋升过程中的拦路虎。当你的晋升遇到瓶颈时，不妨想一想自己有没有"本质的提升"，是不是充分地向大家证明了这种"本质的提升"。

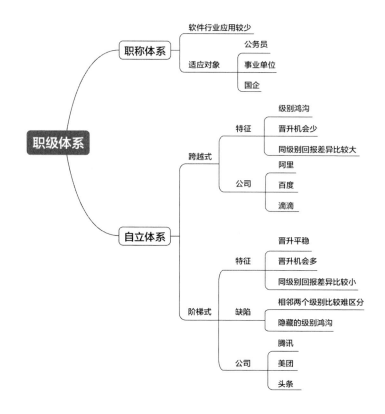

思考

你所在的公司目前采取的职级体系是哪种？你在晋升过程中遇到的最大困难或者挑战是什么？

 别让"级别鸿沟"拦住了你的晋升之路。

第2章 晋升流程:你需要通过多少"关卡"才能晋升

第1章介绍了两种常见的职级体系,帮助你从宏观上了解晋升的**总规则**。但是只掌握总规则还不够,你还需要详细地了解,在一次晋升流程中到底需要经过哪些阶段,因为这些阶段直接决定了哪些人能晋升,哪些人不能晋升。

一次完整的晋升流程一般可以分为6个阶段,如下图所示。

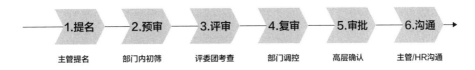

（1）提名阶段:主管决定要不要提名你去参加晋升。

（2）预审阶段:部门对提名的名单进行预审,如果你与其他竞争者竞争失败,就失去了晋升机会。

（3）评审阶段:评委团对你进行评审,考查你的能力有没有满足要求。

（4）复审阶段:部门对评审结果进行复审,确认你的晋升结果。

（5）审批阶段:复审的结果上报高层审批,审批通过之后,你的晋升结果就最终确定了。

（6）沟通阶段:主管或HR跟你沟通晋升结果。

在这6个阶段中,你直接参与的是"提名阶段""评审阶段""沟通阶段"。其中"评审阶段"是最关键的,它在很大程度上决定了晋升是否能通过,但是在"提名阶段""预审阶段""复审阶段",你也可能会被刷掉。

如果公司要完整并且严格地执行这 6 个阶段，那么需要投入很大的人力成本，所以很多公司可能会删减或者简化某些阶段。具体的做法各有不同，本章就不展开了。

接下来详细地介绍每个阶段常见的操作方式。

2.1　提名阶段

整个晋升流程的起点就是提名阶段，相当于九九八十一难的第一关。

1. 硬性条件

如果你想申请晋升，那么至少要满足以下 4 个条件：

（1）**绩效条件**：你的绩效不能差，至少要达到"正常"水平。你要是绩效垫底，恐怕就不能参加晋升了。

（2）**年限条件**：你在当前级别的工作年限必须满足晋升的硬性规定。不同职级体系要求不同，阶梯式职级一般要满 1 年，跨越式职级一般要满 2 年。

（3）**红线条件**：有的公司有内部处罚的政策，如果违反这些政策，你就会被取消当年甚至几年之内的晋升资格。你也需要满足这类涉及红线的条件。

（4）**附加条件**：有的公司为了鼓励员工重视某些事情，可能会将它跟晋升挂钩，最典型的就是专利。比如，公司规定，晋升到某个级别必须要有专利，没有专利就一票否决。所以你也需要满足这类条件。

不过，并不是只要满足这四个条件，你就一定能够申请晋升。因为它们只是硬性条件，至于你的能力有没有达到下一级别的要求，无法硬性规定，只能由人来判断。

在提名阶段，做这个判断的人就是你的直接主管，而判断结果可能会出现五种不同的情况，如下图所示。

如果你和主管都认可，那么你直接准备后续的晋升流程就行了；如果都不认可，那么你就继续努力。这两种情况是最容易处理的。

如果自己不认可，但是主管认可，那么他会过来鼓励你，如果鼓励后你又有信心了，那么不妨去试一试。可要是鼓励完，你还是不敢申请，我建议这次就不要勉强自己了。毕竟后面写材料和答辩的过程都是你本人亲自参与，如果你自己都不相信自己，那么是很难做好的。

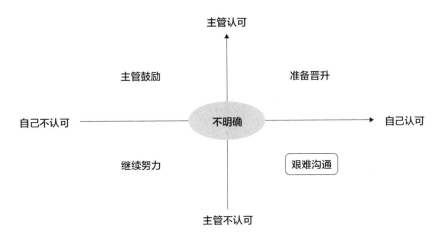

2. 最难处理的情况

最难处理的情况是什么呢？那就是**你认为自己能力够了，但主管不认可**。

这个时候要怎么办呢？我建议你主动找主管开诚布公地谈一次，听一听他对你的真实评价。要是他真的有充分的理由判断你的能力不足，那么你就要请他给出**明确的指导意见**，以及后续**有针对性的工作安排**。

举个例子，如果主管只是简单地说"你要提升 Java 编程能力"，这是不够的。你可以要求他明确地告诉你提升哪方面的 Java 编程能力，是虚拟机原理和调优、数据结构和算法，还是多线程？除此之外，他还应该说明未来一段时间给你安排什么样的工作才能让你提升这些能力。比如要提升虚拟机原理和调优能力，则可以给你安排线上问题处理和线上性能优化这样的工作。

不明确的情况

还有一种情况也值得专门提醒，那就是主管不太好明确判断的时候。

主管之所以会纠结，是因为一方面他担心自己会不会太严格，导致你错失了晋升机会，结果别的团队跟你水平差不多的员工都晋升了；另一方面，他也会担心自己会不会太宽松，结果你在后续的晋级过程中表现不太好，影响团队声誉（我确实遇到过某个团队提名了 4～

5 个候选人，最后却一个都没通过的情况）。

所以这时候，你要主动跟他提出晋升想法，表达积极进取的意愿和规划。如果当年团队内部的提名较少，那么你就有机会优先补位；如果当年团队提名人数已经超额了，那么下一次晋升时他也会优先考虑你。

2.2 预审阶段

提名之后就是预审。预审阶段主要是针对提名晋升的名单在部门内进行一次**横向拉通对比**。

这样做的目的主要有两个，第一个是**防止主管放水，提名太多**。

在提名阶段，你的主管可能因为管理压力，没有直接拒绝你的晋升请求。在预审阶段，公司就可以识别这种情况，因为负责预审的人会进行横向比较。如果两个团队规模和绩效都差不多，其中一个团队的提名人数大大超出另一个，那么对应的主管必须给出强有力的原因，否则就很容易被其他主管质疑是否在放水。

第二个目的是**防止主管之间的能力评价标准相差过大**。

之前也提到过，能力评价本身是比较主观的，每个人的标准可能不一样。也许 A 主管的标准比较严格，B 主管的标准比较宽松，这样 A 团队的员工就比较吃亏了。通过横向拉通对比，公司基本上就能统一各个团队的能力评价标准，尽量做到公平公正。

因此，如果你想要提名晋升，主管也同意了，但是一段时间后他又说你现在的能力还达不到晋升要求，那么基本就可以确定，你在"预审阶段"被否决了。

预审通常有两种方式：书面预审和会议预审。

书面预审一般用于 P7 以下级别的晋升，由管理者自己通过提名材料来审核。他会查看材料中关于你的能力和项目的描述，再结合自己平时对你的了解来评估。所以，提名材料写得好不好就很关键了，后续也会讲到提名材料的写法。

会议预审用于 P7 及以上级别的晋升，由管理者组织会议，让其他主管一起来审核。主管需要介绍自己提名的员工，然后接受其他人的"挑战"。因此，各个主管对你的了解程度就很关键。这就意味着你在平时的工作中，不要以为对方不是你的主管就可以不理他，甚至直接"怼"他，毕竟有人的地方就有"江湖"。

2.3　评审阶段

整个晋升流程中**最核心的阶段是评审阶段**。你需要向**评委团**展现自己的能力，并且经受他们的考查。这个阶段的标准流程可以分为 5 个环节，如下图所示。

整个评审阶段和多人面试基本类似，你需要先准备答辩 PPT（材料准备），然后面对评委团（3 个以上评委）进行自述，展现自己的亮点（晋升自述）。

你讲完后，会有多个评委通过问答的方式对你进行考查，验证和判断你是否达到了晋升要求（晋升答辩）。答辩完成后，评委会指出你的优缺点，并提出后续改进建议（能力评价，有的公司可能没有这个环节）。对你来说，到这里这次答辩就结束了。

最终，评委团基于答辩情况及评委们的判断，做出你是否通过晋升的判断，但这个环节的结果还不是最终晋升结果（结果确定）。评委团可以通过两种方式给出评审结果：集体讨论和独立投票。

集体讨论是指，几位评委现场讨论你的这次答辩有没有通过。这种方式有利于评委之间互相验证，但可能出现**"熟人"**问题。有"熟人"帮你说好话和有"熟人"对你说坏话，结果会相差很大，总的来说，"熟人"问题可能会影响结果的公平性。

独立投票是指，几位评委各自单独给出是否通过的意见，最后系统根据"多数票原则"判定你的晋升是否通过。

这种方式可以避免"熟人"问题，却可能出现**"隔行如隔山"**问题。如果有专家的业务领域跟你差别太大，那么可能很难准确评估你的能力。比如你是做金融业务的，现在让一个做社交应用的专家来评估，结果就可能出现比较大的偏差。

所以，**评委团的不确定性**是你遇到的第一个和运气相关的因素。你无法选择晋升评委，只能尽力提升自己的能力，争取将评委团的不确定性的影响降到最低。

2.4　复审阶段

评审阶段的结果出来之后，公司还会做一次部门级的拉通分析，这就是复审。

复审阶段主要是通过**总体的数据**来判断晋升情况，这个数据一般是**晋升通过率**。各个公司会根据实际情况给出一个指导性的参考值，只要不偏离太远，都是可以的。

但是如果偏离太远，公司就会再次对晋升结果进行调整。因此，复审阶段有两个因素可能影响你的晋升结果。

第一个因素是，公司给出的通过率参考指标可能存在"**大小年**"的现象。比如 2018 年的通过率比较高，2019 年可能就会调低一些。如果你正好在 2019 年参与晋升，也许就会受到影响。

公司通过率指标的不确定性是你可能遇到的第二个和运气相关的因素。

复审阶段第二个影响你晋升结果的因素是，如果你的水平处在中间位置，则可能因为部门通过率调控而被刷下来。

比如 3 个评委当中只有 2 个人认为你可以通过晋升，这个时候，就算公司整体的晋升通过率是正常的，但如果你所在的部门晋升通过率太高（显著高于其他部门），那么也有可能导致你被刷下来。

部门通过率调控的不确定性是你可能遇到的第三个和运气相关的因素。

复审阶段的这两个运气因素，你同样不能控制，只能尽力提升自己的能力，争取避免成为被调控的对象。如果晋升不通过，也不要过于悲观。因为这一方面说明，自己的能力确实还不是毫无争议的；另一方面，只要你持续地提升自己的能力，多参加几次晋升，总有一次运气会好的。

2.5　审批阶段

复审之后，公司层面会对各个部门上报的晋升结果做最终的确认，然后确定薪资涨幅和股权激励之类的方案。这部分的操作已经不是一般员工能够介入的范围了，只要知道有这个阶段就可以了。

2.6　沟通阶段

晋升流程的最后一步就是沟通阶段，主管（有时候会拉上 HR 一起）会把最终的晋升结果反馈给你。如果你顺利通过了，那么这次沟通肯定是比较愉快和顺畅的；如果不幸没有通过，那么主管的沟通压力就又上来了。

好在走到这一步，大部分申请者对于自己能否通过，心里还是有数的，所以整体来说，沟通不算太难。

不过，无论你的晋升是否通过，你的主管都需要明确地给出指导意见，并安排相应的工作来帮助你成长。如果他忘了，记得提醒他。

小结

本章介绍了在一次完整的晋升流程中，你要经历哪些阶段的哪些考验。一次成功的晋升就像西天取经一样，要经过重重关卡的磨炼。

下面回顾一下本章的重点内容：

（1）晋升流程分为 6 个阶段，你直接参与的是"提名""评审""沟通"这 3 个阶段。其中"评审阶段"是最关键的，很大程度上决定了你能不能晋升。不过在"提名""预审""评审""复审"这 4 个阶段中，你都有可能被刷下来。

（2）晋升路上还有一些和运气有关的因素，主要有三个，分别是评委团的不确定性、公司通过率指标的不确定性，以及部门通过率调控的不确定性。

（3）不要以为对方不是你的主管就可以不理他，甚至直接"怼"他，有人的地方就有"江湖"。平时给其他部门的合作伙伴留个好印象，晋升的时候也许有惊喜。

思考

你有晋升失败的经历吗？你觉得是在哪个阶段被刷了，可能的原因是什么？

晋升的确会受运气影响，但提升自己的能力才是关键。

第3章 晋升原则：什么样的人更容易晋升

当你了解了晋升的游戏规则和通关流程之后，自然就会产生一个疑问：我应该怎么做才能更快地晋升？

其实本书后续的所有内容都是在回答这个问题。但毕竟晋升涉及的因素太多了，不同的行业、公司和团队，个人的经历、性格和爱好，可能都会影响晋升策略的选择。

虽然在大部分情况下，你可以直接套用本书中讲解的方法，但总是会有一些特殊情况，你需要靠自己来做出判断和选择。

所以，我总结了三条晋升的核心原则，分析什么样的人更容易晋升。当你在准备晋升的过程中，遇到困惑、挫折等各种问题的时候，就可以根据你的实际情况来逐一对比这三条原则，找到自己做得不够好的地方，然后有针对性地进行提升。

3.1 主动原则：主动做事

工作要积极主动，这句话你一定听过吧，但你对它的理解真的准确吗？很多人，尤其是刚进入职场的人，可能会以为"服从命令听指挥""领导指哪儿打哪儿"就是积极主动，结果反而容易养成两个不好的习惯。

第一个不好的习惯是，认为主管肯定会帮你"搞定"晋升。

你可能非常信任主管，认为自己只要把主管安排的任务做好，晋升就是水到渠成的事情。所以你就算觉得现在分配的任务对自己的成长帮助不大，也不会主动与主管沟通，而是认为"他这么安排肯定是有道理的""也许过一段时间他就会给我安排新的任务"。这其实是不对的。

首先，并不是每个主管都会关注组员的成长。主管的做事风格可能有很多种。

- 有的主管特别关注业务目标是否达成，所以会花很多时间与产品经理和项目经理沟通交流。
- 有的主管特别关注团队形象，要求所有对外承诺的事情都一定不能延期、一定不能出问题，所以会特别重视进度、质量和风险等情况的跟进和监控。
- 有的主管特别关注自己的职位提升，所以团队成员对他来说，只是一种可利用的资源……

所以，如果你遇到的恰好是不关注组员成长的主管，就不要等着他给你分配任务了。不然你就只能长时间地停留在当前的级别，做他手底下的"工具人"。

其次，就算主管关注组员的成长，他的判断也有可能与你的判断不一致。

比如主管认为你还需要在当前岗位继续锻炼，而你却觉得自己应该尝试新的挑战了。这时候如果你不去找他沟通，那么他还会继续给你安排熟悉的重复任务。这样你的工作状态不会太好，工作积极性也不会太高。

所以，当你觉得自己的岗位没有太多挑战和能力提升空间的时候，就不要等着主管给你分配任务了。不然你身上的潜力就激发不出来，无法以最快的速度晋升。

第二个不好的习惯是，**被动接收信息**。

你可能认为把自己的本职工作做好就够了，其他事情自然有对应岗位的人负责，因此你很少去主动了解很多工作相关的信息。比如下面这些信息，对于技术人员来说，它们不属于自己岗位职责的范畴，但是在晋升的时候，它们却是评判技术人员综合能力的重要考查内容：

- 业务功能上线后业务效果如何？
- 业务效果不好的可能原因是什么？
- 整体的业务机房的部署结构是什么样的？

这些信息，有的需要找产品运营人员要数据，有的需要与业务负责人探讨，还有的需要和另外的团队交流，这些都需要你主动去找机会才有可能获取到。

主动规划工作任务，主动和别人了解更多信息，合起来就是我说的**主动做事**。**主动做事的人，比等着别人安排任务的人更容易晋升，这就是第一条原则——主动原则。**

掌握主动原则之后，我们就知道具体要怎么做了。

第一，我们要主动找主管沟通工作。

不管主管是什么风格，你都应该**定期或者不定期**地找他沟通关于工作任务的想法和意愿。一方面是听一听他对自己的看法，获取指导建议；另一方面，你也可以借此机会了解更多关于团队、业务和部门的信息，有机会的情况下尽量主动承担有挑战性的工作。

不要以为主管会自己把知道的所有信息都一一同组员分享。很多隐藏信息、非正式信息和小道信息，如果你不主动找他聊天，那么他不一定和你说。

第二，我们要主动找别人交流，了解更多信息。

很多人害怕主动找别人交流，可能有性格方面的原因，但更主要的原因还是动力不足。如果你能够意识到主动沟通带来的价值，那么很多时候就敢放开手脚干了。

如何获得动力呢？有一个方法特别有效，就是从晋升答辩的角度来看，每当你想退缩的时候，就可以问问自己："如果评委问到这个问题，自己能回答上来吗？"

事实上，晋升答辩的时候评委很可能会对这些问题感兴趣，比如"这个业务上线后效果怎么样？""没有达到预期，主要原因是什么？""机房的部署结构是什么样的？""线上服务器有多少台？""竞争对手的表现如何？""线上 TPS/QPS 是多少""新加坡机房与美国机房如何同步？"……想到这一层，你就会逼着自己去沟通了。

3.2　成长原则：不断挖掘成长点

掌握了主动原则之后，你是不是已经壮志满怀，准备好大包大揽地干活儿了呢？先等一下，这里可能还有两个思维陷阱等着你。

第一个陷阱是，**以为事情做得多，自然就能晋升**。

这个陷阱很有迷惑性。不过你仔细想想，一匹马拉磨拉了 10 年，另一匹马则是征战了 10 年，这两匹马的经验能一样吗？虽然拉磨的马走的距离可能更长，但征战的马见过的场面一定更复杂、更多样。

其实人也是这样的。只做自己会做的事情，不断地重复，你只会变成熟练工，而不会成为技术专家。所以，不要把 1 年的工作经验重复 10 年，而要真正积累 10 年的工作经验。

第二个思维陷阱更有迷惑性，那就是**以为事情做得好，自然就能晋升**。

很多人都有一种朴素的想法："我把老板安排的任务做完，保证效率和质量，拿到好的绩效，晋升肯定没问题。"结果，他们虽然拿到了好的绩效，但晋升却屡屡碰壁。

为什么会出现这种情况呢？因为不同级别的能力要求是有本质区别的，不仅仅是熟练度的区别。能够把事情做好，只能说明你已经熟练掌握当前级别所要求的能力，但并不一定意味着你的能力就自动达到下一级别的要求了。

现在，你可能觉得更乱了，怎么多做事、把事情做好反倒不对了呢？其实，多做事、把事情做好，当然是有用的。但它们的作用，主要体现在帮你拿到更好的绩效、更多的奖金，以及一定程度的工资提升。至于晋升，不光要看功劳和苦劳，更要看成长。

所以，一边做事一边挖掘成长点、提升自己能力的人，比光顾着做事的人更容易晋升，这就是第二条原则——**成长原则**。

现在我们再来看一看，基于成长原则，我们做事时正确的做法是什么。

如果现在的工作，你已经可以得心应手地完成了，那么就应该尝试更高难度、更高复杂度的工作了，而不是一味地"刷"熟练度，沉迷在自我感觉良好的状态里。

比如你一直做业务开发，已经成为组里的骨干，不但效率高，而且质量又好。那么你就可以试着完成方案设计、架构设计、架构重构和系统优化等工作。

另外，不管事情做好了还是没做好，你都应该多做复盘总结，找到可以提升和优化的点。

对于踩了坑、犯了错的事情，你肯定知道要复盘，毕竟教训的印象是非常深刻的；但是对于做得顺利的事情，你可能不会主动去挖掘可以成长的点，这样无形中就失去了很多成长的机会，即使把事情做好了，能力提升也有限。

3.3　价值原则：学习为公司产出价值的技能

掌握了成长原则之后，你是不是又像"打了鸡血"一样，准备好好学习，提升几项技能了呢？别着急，我先给你讲一个真实的故事。

有一次，一个老同学问我："华仔，你是怎么学习编译原理的？"

我觉得有点奇怪，因为他是做 Android App 业务开发的，怎么会想到要学编译原理呢？于是，我们有了下面这段对话。

我问："你怎么想到学编译原理了？"

他说："编译原理是所有编程语言的基础，这个算基础的技术能力吧，我觉得肯定要学。"

我又问："你们什么时候会用到编译原理呢？"

他想了一会，说："好像没有用到的时候。不过我觉得，多学点技术总没坏事，说不定哪天就用上了。"

我接着问："那你学了多久了，效果怎么样？"

他叹了口气，说："学了半年了，但是感觉没学懂，所以来问问你，看看你有什么经验。"

我说："我也不懂，而且我建议你别学了。编译原理虽然是基础技术，但它与你现在的工作基本没有什么关系，学习编译原理并不能让你把开发工作做得更好，或者给你的业务带来新的有用的功能。"

我想你一定能看出来，这位老同学很有上进心，也非常努力。但是很遗憾，编译原理这个技能对他目前的工作其实没什么帮助。换句话说，如果**从晋升的角度考虑**，他学习的技能无法为当前的公司创造价值，这六个月的时间其实白白浪费了。

为什么这么说呢？其实你站在公司的角度来看，就很好理解了。

公司设计职级体系的初衷是为了衡量不同员工的能力级别，然后根据级别来制定相应的薪酬、福利、管理等制度，同时鼓励员工尽量提升自己的能力，为公司产出更大的价值。

这里面有两个关键点，**能力级别**和**公司价值**，但是大部分人都只关注了能力级别，而忽略了公司价值。

这也是晋升和面试最大的区别之一。面试的时候，面试官主要考查你的能力级别，因为这时没有办法准确评估你能为公司带来的价值；但是在晋升的时候，不论你把能力吹得多么天花乱坠，如果不能体现在对公司价值的实际产出上，那么一切都是废话。

所以，也许你为了晋升，花了很多的时间和精力来提升一些"很重要""很基础"的能力，但实际上它们可能对你的晋升根本起不到什么作用。学习编译原理，研究 Linux 内核源码，天天做 LeetCode 上的题目，关注人工智能前沿技术……这些都是技术人员提升能力的时候经常踩的"坑"。

当然，我绝对不是说这些技能一定没有用，任何人都不应该学；而是说如果你想晋升，那么在投入时间和精力学习一项技能之前，不妨先思考一下，你学了这项技能，能为公司带来什么。

让能力为公司产出价值的人，比空有一身能力的人更容易晋升。这就是第三条原则**——价值原则**。

所以，能为公司产出价值的能力，才是值得优先学习的能力。现在我们以"人工智能"为例，用价值原则来判断一下，如果你的时间很宝贵，那么还值不值得学习。

- 如果你是 P5/P6 级别，做 Android App 业务功能开发，那么用不着学习人工智能，因为你现在的主要工作是把开发任务做好。
- 如果你是 P7/P8 级别，是带一个团队做 Android 开发的团队负责人，或者是负责 App 架构设计的技术专家，可能就有必要学习人工智能了，因为你需要规划和思考团队与业务下一步的技术演进方向与实施步骤。
- 如果你是 P9 级别，那么不管是什么技术方向，肯定都要了解人工智能，因为这是一个新的技术领域和方向，而新的技术往往会带来业务上质的突破。

价值原则除了告诉我们某项技能值不值得学习，还能告诉我们要学到什么程度。还是以"人工智能"为例，不同的人来学习，学习的方法和深度也是不一样的，一定要避免陷入"学习等于看源码"这个误区。

- 如果你是算法工程师，那么人工智能应用场景、算法原理、框架源码都需要去学习。
- 如果你是做 App 开发的，那么学习的重点可能就是人工智能的原理和应用场景了。
- 如果你是 P9 级别，那么学习的重点可能是人工智能的基本原理、行业的发展现状、成功和失败的案例，还有相关的产业链信息。

小结

下面我们做一个总结，本章介绍了三条晋升的核心原则：

（1）第一条原则是主动原则，主动做事的人，比等着别人安排任务的人更容易晋升。所以你应该定期或者不定期地主动找主管沟通，交流关于工作任务的想法和意愿，寻求机会；同时，你也要主动找同事交流，了解更多工作的相关信息。

（2）第二条原则是成长原则，一边做事一边挖掘成长点、提升自己能力的人，比光顾着做事的人更容易晋升。所以如果你已经能得心应手地完成现在的工作，就应该主动跳出舒适区，尝试更高难度和更高复杂度的工作；同时，不管是否做好了工作，你都应该多做复盘总结，找到可以提升和优化的点。

（3）第三条原则是价值原则，让能力为公司产出价值的人，比空有一身能力的人更容易晋升。所以，如果你的时间很宝贵，就应该优先学习能为公司产出价值的技能。

当你理解了这些原则，并且在实际做事过程中有意识地去应用这些原则之后，既能够为公司创造更大的价值，拿到好的绩效；又能够快速地提升自己的能力，达到晋升的标准。下次晋升的不是你，还能是谁呢？

思考

你觉得自己日常工作中违背了本章的哪些原则，具体是如何表现的？

不要只顾埋头干活，也要学会抬头看路！

第 4 章　晋升逻辑：别人如何判断你有没有达到晋升标准

第 3 章介绍了晋升的三大原则，分析了什么样的人更容易晋升，为你明确了努力的方向。但是努力之后，你的能力到底有没有达到晋升的标准呢？

也许你自己信心满满，但评审的人不一定认可你的能力。如果你的直接主管不认可，那么你连被提名的机会都没有；如果部门内的管理者不认可，那么你在预审的时候就会被刷掉；如果评委团不认可，那么你在评审阶段还是会"倒下"。

那么，什么样的能力水平经得起不同评审者和不同视角的考核，才能几乎没有争议地顺利晋升呢？

针对这个问题，我将用连续 3 章的篇幅给出完整的回答。本章先带你认清判断能力最本质的**底层逻辑**；第 5 章会分享一套把能力要求具体化的**通用模型**；第 6 章会带你纵向地透视不同层级对能力的**核心要求**。

4.1　一些看似客观的常见做法

接下来，我们就从一些判断能力的常见做法开始讲起。

在第 2 章介绍晋升流程的时候，我曾经说过，在评审阶段正式判断你的能力是否达到晋升标准的是**评委团**。

但是在这之前的提名和预审阶段，判断你能力的人是你的主管，可能还有 HR、经理和总监等。这些人并不会像评委那样通过将近一个小时的时间来仔细确认你有没有达到晋升标准，而是会结合你的晋升材料，凭主观感觉来判断。

实际上，**主管等人通过主观感觉来判断你能力的时候**，他们的心理压力也很大。因为没有统一的客观标准，因此很容易出现**说服力不足**的问题。

对于没有掌握正确判断方法的人来说，为了避免在提名或预审阶段引起争议，他们可能会采取简单粗暴的逻辑，**完全以客观条件为标准**。常见的做法有下面 3 种。

第 1 种是以**当前级别的年限**为标准。比如同样都是 P6，你在这个级别待了 2 年了，而坐你隔壁的老王已经待了 4 年了，你的主管可能就会优先提名老王去晋升。这也是很多人私底下"吐槽"的"优先保老员工"的现象。

第 2 种是以**工作年限**为标准。它和第 1 种有点像，区别在于它看的是总的工作年限，而不只是在当前级别的工作时间。这也有一定的合理性，因为一些社招员工虽然来公司时间不长，但是他们之前已经积累了很多工作经验，和新人还是不一样的。

第 3 种是以**绩效**为标准。简单地说，就是把绩效和能力直接挂钩，绩效好就可以去申请晋升。这样做最方便，因为绩效结果是明确的。

你可能对这些做法很熟悉，甚至觉得很有道理，但其实它们都只是**看似客观**的而已。

因为年限和绩效这些条件虽然都是确定的、可以量化的，但是它们与能力并没有直接的正相关关系。在晋升体系完备的大公司，我从来没见过评委最后靠这些条件来判断申请者的能力有没有达到晋升标准；相反，评委在最后总结的时候，会特别提醒主管以下两个要点：

（1）**无论什么年限都不是我们判断能力的标准**。花 1 年时间掌握某项技能，然后重复9 年，和 10 年时间不断在提升，两者的能力差距是巨大的。

（2）**绩效不能等同于能力**。绩效好有很多种原因，能力强只是其中之一。更何况，公司已经在工资/奖金/股票方面对绩效进行了回报。至于晋升，它是对"能力提升"的一种认可，不能作为对绩效的回报。换句话说，**绩效关注的是业务结果，晋升关注的是能力提升**。某些人可能在当前级别做事得心应手，可以拿到很好的绩效，但是能力并没有本质的提升。

4.2　第一条逻辑：提前做下一级别的事

既然如此，那么在"互联网大厂"，评委如何判断你有没有达到晋升的标准呢？其实很简单，他们会审查你做过的事情——是不是体现了**下一级别**需要的能力。

这就是第一条晋升逻辑：**在当前级别做下一级别事情的人，才有机会晋升**。

这条逻辑可能会颠覆你对晋升和工作任务安排的认知。因为按照大部分人的想法，什么级别就做什么事情，只要做好了当前级别的事情，就可以申请晋升，然后到下一级别再去做下一级别的事情。

然而实际情况是，你得提前做下一级别的事情，做好了才能申请晋升。这也就解释了为什么很多 P6 和 P7 做的事情差不多的现象。

所以，如果要判断自己是不是能够申请晋升了，一种简单有效的方式是，**看你做的事情是不是和下一级别的人类似**。想晋升的 P6 就对比 P7，想晋升的 P7 就对比 P8……以此类推。

举个例子，在很多大厂，如果你是 P6 级别的技术人员，想要申请 P7 的话，必须要"带过小项目或者小团队"（3～5 人左右）才有机会。如果你一直只是完成别人安排的项目任务，就算做得很熟练，也很难获得提名；就算主管帮你提名了，答辩的时候也很难通过。

4.3　第二条逻辑：做好当前级别的事

学完第一条晋升逻辑，你可能会想到一条晋升的捷径：**晋升通过之后，立刻跟主管要求安排下一个级别的工作**。这样你就可以按照下一级别的要求来提升自己的能力，很快就能迎来下一次晋升。

想的是挺美的，但是很遗憾，现实中这样做是行不通的。原因在于，就算是同一个级别，不同的人能力也是有差异的。主管不敢把下一个级别的事情直接交给刚晋升的人来做。

所以我们还需要补充第二条晋升逻辑：**只有把当前级别的事情做好了，才有机会晋升**。

你可能会有疑问：我都晋升到这个级别了，肯定已经具备这个级别的能力了，把这个级别的事情做好，不是理所当然的吗？

其实，真实的晋升逻辑并不是这样理解的。晋升成功只是意味着你的能力达到了当前级别的**"基础"**水平，但不一定达到**"熟练"**和**"精通"**的程度。如果你想晋升到下一个级别，就必须先在当前级别达到**"精通"**。

- 如果是**跨越式职级体系**，那么同级的人会被分为几档，例如"P6-/P6/P6+""T2C/T2B/T2A"（也有的公司会分为 ABCD 四档，但 B 和 C 的差异很难确定，所以我不推荐这种方式，这里也不多做介绍了）。
- 如果是**阶梯式职级体系**，那么同级不同等的人本来就是按照"基础""熟练""精通"来区分的，比如腾讯旧职级体系下的 T2.1/T2.2/T2.3。

虽然这些档次不一定在管理系统中体现出来，但是在 HR 和主管的心里一般都会有这样一个级别的划分。下图展示了这种划分的方式。

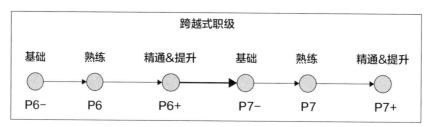

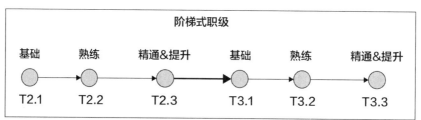

我们可以看到，只有达到了"精通"的程度，你才有机会晋升到下一级别。换句话说，只有达到了"精通"的程度，主管才会把下一级别的任务安排给你。这就像游戏王者荣耀一样，在星耀段位内部，还分了星耀 V 到星耀 I 共 5 个等级，只有星耀 I 的玩家才能参加王者段位的晋级赛。

这也是我把 P6+ 和 T2.3 级别标注为"精通&提升"的原因。因为这个级别的人，既要做当前级别的事情（因为达到了"精通"的程度，做起来效率高），又要做下一级别的事情（因为达到了"精通"的程度，要考虑晋升了）。

所以你刚完成晋升之后，不要立刻想着做下一个级别的事，急着晋升到下一级别；而应该先考虑如何把当前级别的事情做好，把当前级别的能力提升到"精通"的程度。

基础、熟练和精通的区别

刚才介绍的这两条晋升逻辑都涉及一个关键的问题：如何**区分"基础""熟练""精通"**呢？

这其实是一个世界难题，到目前为止，还没有明确客观的标准可以直接套用。不过，我根据自己的经验和理解，总结了一套相对容易操作的标准。下面简单描述一下这套标准，你可以看一下是不是很好用。

基础意味着"会做"。如果你会做某个级别要求的事情，就说明已经具备了基础能力。当然，这里的"会"是指能够**独立自主**地完成，而不是别人想好之后告诉你，你再按照别人的话去做。

熟练意味着"做好"。与基础不同，熟练是指能够把当前级别的事情做好。做好体现在做事熟练，掌握了做事的**最佳实践**，能够保证效率和质量，能够得到好的结果。

精通意味着"优化"。精通是指能够**优化**当前级别的事情，比如采取不同的方式、思维和工具来做同样的事情，并取得突破。

如果要再区分"做好"和"优化"，那么我们可以这么理解：做好只是意味着掌握了别人总结的成熟经验，而优化意味着你自己创造了**新的经验**。

什么算"新的经验"呢？并不是说要"全球首创"，而是说在自己所处的环境（团队、业务线、公司等）中是新的。比如"微服务"架构，别的公司可能早就在用了，但如果把它引入这家公司的人是你，那么这就算你的优化成果。

另外还要注意的是，我总结的这套标准，是用来判断在**某个级别**所要求的能力的，而不是**单项技能**的水平。

比如，你从事开发工作，P5/P6 的核心职责是项目开发，而项目开发涉及业务理解、项目计划、编程语言和 Bug 修复等一系列的单项技能。对于这些具体技能的水平，用技术广度或者技术深度来区分会更合适。

4.4　通用的晋升步骤

现在，我们掌握了两条关键的晋升逻辑，知道了主管和评委团是如何判断你有没有达到晋升要求的。再结合之前介绍的晋升原则，我们就可以推导出适用于各个级别的**通用晋升步骤**了。具体来说，分为以下 4 步。

第 1 步，按照晋升原则的指导，在当前级别得到好的结果，为公司创造价值，同时把当前级别要求的能力提升到精通程度（比如从 P6-到 P6+），这样你才有机会成为晋升备选人员。

第 2 步，到了精通程度之后，对照下一级别的要求来提升自己的各种能力（比如到了 P6+之后，按照 P7-的要求来提升自己），为可能的晋升机会做好准备。

第 3 步，主动寻找工作机会，尝试做下一个级别事情（比如提升了 P7 的能力之后，找 P7 级别的事情来做，争取成为负责人，主导事情的推进和落地），继续得到好的结果，向主管证明你具备下一级的能力。

第 4 步，得到工作结果之后申请晋升，向评委介绍你做过的事情，展示相关的能力和结果，证明自己具备了下一级别要求的能力。

按照这个步骤执行，你的晋升肯定会容易得多。

小结

下面回顾一下本章的主要内容。本章针对能力判断的问题，剖析了晋升的底层逻辑，并在此基础上提炼了一个通用的晋升步骤。你需要记住的重点有以下 4 条：

（1）晋升的第一条逻辑是，在当前级别做下一级别事情的人，才有机会晋升。

（2）晋升的第二条逻辑是，只有把当前级别的事情做好了，才有机会晋升。

（3）"基础""熟练""精通"三种水平的区别是，"基础"意味着"会做"，标志是能够"独立完成"；"熟练"意味着"做好"，标志是掌握"最佳实践"；"精通"意味着"优化"，标志是创造"新的经验"。

（4）通用的晋升步骤是，先把当前级别要求的能力提升到精通水平，接着按照下一级别的能力要求继续提升，然后主动寻找工作机会，尝试下一个级别的工作，最后拿着工作成果申请晋升。

思考

对照两条晋升逻辑评估一下自己的现状，你觉得自己可以尝试申请晋升了吗?

> 绩效关注的是业务结果，晋升关注的是能力提升。
>
> 先做下一级别的事，再做下一级别的人。

第 5 章　COMD 能力模型：如何把抽象的能力要求具体化

第 4 章分享了两条晋升逻辑和一套通用的晋升步骤。现在你已经知道，要先把当前级别要求的能力提升到精通程度，然后尝试做下一级别的事情。

不过在这个过程中，你还会遇到另一个麻烦，那就是不确定下一级别的能力要求到底是怎样的，所以你也不知道究竟要准备到什么程度。

举个最常见的例子，不同级别有不同的 Title（头衔），比如"工程师""高级工程师""专家工程师"等。但是，这样的 Title 对我们理解不同级别的能力要求是完全没有什么用处的。"高级工程师"到底"高级"在哪儿，可能每个人的理解都不一样。

5.1　公司统一的能力描述：抽象

为了指导员工晋升，公司一般都会对各个级别的能力要求给出描述。但是因为细分的领域实在太多了，所以公司只能进行非常抽象的描述。

比如，P7 的要求是"具备系统思考的能力，能够全面掌握某个技术领域"，而 P8 的要求是"具备前瞻判断的能力，能够规划技术领域的发展方向"。

从实际的效果来看，这样的描述**基本没什么效果**，绝大部分人看完还是一头雾水。在实际工作中，团队成员经常跟我反馈这样的困惑：

- 什么是**系统思考**能力？P7 才要求系统思考，可是我 P6 的时候参与项目开发，就需要考虑需求的合理性、索引设计的高性能、接口的兼容性和易用性、上线的灰度方案这么多事情，这些难道不是系统思考吗？

● 什么是**前瞻判断能力**？P6 要预测需求变化，P7 要规划团队技术发展，这些也是前瞻判断，为什么 P8 要特别强调前瞻判断呢？

可以说，晋升疑惑千千万，能力要求占一半。本章介绍的就是把抽象要求具体化的方法。

5.2　领域定制的能力解读：比较具体

因为公司的抽象描述很难指导实际工作，所以有些领域会独立定制自己的职级能力解读，一般是由 P8 或 P9 级别的员工以工作组的方式讨论得出的。

比如"Java 业务开发"这个领域，P6 和 P7 级别的能力解读是什么样的呢？你可以参考下面的表格。

一级领域	二级领域	P6	P7
Java	Java 高性能	熟练掌握 Java 多线程、Java 并发、Java 数据结构、Netty 框架的使用和基本原理	精通 Java 多线程、Java 并发、Java 数据结构、Netty 的原理和实现，能够自主设计适合业务需要的高性能方案
	Java 虚拟机	熟练掌握 Java 虚拟机的原理、问题定位工具的使用，能够定位线上虚拟机的相关问题	精通 Java 虚拟机原理和设计，能够根据业务需要选择合适的垃圾回收器，能够优化线上的垃圾回收策略
存储	MySQL	掌握索引的设计和调优	掌握分库分表的设计
	缓存	熟练掌握 Redis 的数据结构	熟练掌握缓存热点、缓存雪崩、缓存穿透的原理，基于业务设计存储和缓存结合的方案
业务	业务理解能力	掌握基本的需求分析方法；熟悉自己负责的业务的详细流程、业务效果	熟悉业务端到端的流程，具备初步的业务理解能力和规划能力

注：这张表格仅供参考。它不是完整的解读，不代表所有公司的实际要求。你也不需要看懂里面的所有内容，只要了解这个形式就可以了。

可以看到，这份标准与公司的描述相比，已经具体很多了。如果按照这个思路完整地把各个级别要求的能力一一列出来，不但可以作为晋升的标准，也可以作为学习的参考。

其实这种做法对员工是有利的，因为标准越明确，就越容易"照本宣科"地去做。但是从公司的角度来看，这种做法存在成本太高（有几十上百个专业领域要制定详细标准，每年都要更新）、限制创新（大家只管对照公司标准来做事，其他一概不管）等问题，所以很少有公司会这么做。

5.3 COMD 能力模型：4 种复杂度+3 个维度

为了彻底解决要求不明确的问题，让你更好地理解不同职级的能力差异，我根据自己的思考和担任晋升评委的经验，提炼出了一套兼容性很强又容易理解的能力模型：**面向复杂度的多维度能力模型**（Complexity-Oriented & Multi-Dimension Capability Model），简称 **COMD 能力模型**。

COMD 能力模型的 CO 是指 Complexity-Oriented，意思是"面向复杂度"（灵感来源于"面向对象"）；MD 是指 Multi-dimension，意思是"多维度"，也就是技术、业务和管理 3 个维度。

COMD 能力模型的核心指导思想是，**通过事情的复杂度来判断能力的高低**，级别越高，所做事情的复杂度也越高。

当然，如果只是单纯地用复杂度来判断能力高低，那么本质上和其他方法也没什么不同，看不懂的地方还是看不懂，不同的人理解还是不同。

所以，为了清晰地描述不同能力层级的差异，COMD 能力模型还进一步地明确了复杂度，具体包括规模复杂度、时间复杂度、环境复杂度和创新复杂度 4 种类型。

1. 规模复杂度

规模复杂度是指和规模大小有关的复杂度。

规模越大，复杂度越高。原因在于规模越大，节点越多，节点间的关系越复杂，而且节点间的关系复杂度是呈指数增长的。就像下面的图片所展示的：当节点数只有 3 个时，节点间的关系也只有 3 种；而节点数达到 6 个时，节点间的关系就变成了 15 种，复杂度提升了 5 倍。

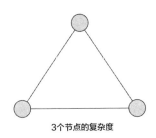
3个节点的复杂度

6个节点的复杂度

按照这个原理，我们可以对一些常见工作维度的规模复杂度进行比较，具体如下表所示。

维度	衡量标准	举例
技术	代码量	方案 A 涉及 200 行代码，方案 B 涉及 2000 行代码，方案 B 的复杂度高于方案 A
	系统数量	方案 A 涉及 1 个系统，方案 B 涉及 10 个系统，方案 B 的复杂度要高于 A
管理	团队人数	管理 70 人的复杂度要高于管理 7 个人
	涉及团队数量	A 项目涉及 2 个团队，B 项目涉及 10 个团队，B 项目的项目管理复杂度要高于 A 项目
业务	功能数量	A 需求只有 3 个功能点，B 需求有 8 个功能点，B 需求的复杂度要高于 A 需求
	关联业务方数量	以腾讯为例，假设 A 业务只要微信实现即可，B 业务需要联动微信、QQ、腾讯云一起来实现，B 业务的复杂度要高于 A 业务

当然，以上对比的前提是，除了规模，其他条件都差不多（对比其他几个复杂度时也是这样的）。就像表格中 200 行代码和 2000 行代码的对比，前提是代码复杂度是差不多的。因为 200 行核心代码的复杂度显然比 2000 行复制粘贴的代码要高。

2. 时间复杂度

时间复杂度是指和时间跨度有关的复杂度。

时间跨度越长，复杂度越高。原因在于万事万物都处于不断发展变化当中，时间跨度越长，变化的因素和可能的方向越多，越难判断准确。

三大维度的时间复杂度的对比举例如下表所示。

维度	举例
技术	预测 3 年后的技术变化比预测 1 年后的技术变化的难度更高
管理	A 项目持续 1 个月，B 项目持续 8 个月，B 项目的复杂度高于 A 项目
业务	3 年的业务规划要比 1 年的业务规划的复杂度更高

3. 环境复杂度

环境复杂度是指和环境不确定性有关的复杂度。

我们很多的判断、决策和行为都依赖于对环境的认知和反应。总的来说，环境不确定性越高，复杂度越高。

环境的不确定性具体分为环境的稳定性、环境的透明性和环境的可预见性 3 个方面：

● 环境的稳定性，指环境变化的速度快慢。
● 环境的透明性，指是否能够明确地获取环境相关的信息。
● 环境的可预见性，指是否会发生完全无法预料的"黑天鹅事件"。

环境的稳定性、透明性和可预见性越低，它的不确定性就越高，复杂度也越高。

下面这个表格从宏观的角度分析了技术、管理和业务三个维度所面临的环境不确定性。

维度	相关环境	环境的稳定性	环境的透明性	环境的可预见性
技术	整个业界	低	高	高
		新技术层出不穷	主要是受开源运动的影响。而且即使是商业闭源软件，因为要拿来售卖，也会有各种介绍资料流出	技术圈本身一般不会发生"黑天鹅事件"

续表

维度	相关环境	环境的稳定性	环境的透明性	环境的可预见性
管理	公司内	高	高	高
		公司管理环境（制度、流程、组织结构等）一般比较稳定	公司的管理制度、级别和组织结构等都是明确的	公司的发展方向一般会在远期愿景和近期战略中体现出来
业务	行业内	低/高	低	低
		互联网等行业的业务发展变化快，稳定性低；而快消等行业的业务稳定性高	竞争对手的策略都是高度保密的商业机密；用户的喜好不容易判断，客户的真正需求不容易把握；竞争趋势的变化很难准确判断	国家的政策法规难以准确预测

从表格中可以看出，对于互联网行业的业务来说，环境的稳定性、透明性和可预见性都比较低，所以它的环境复杂度是最高的。这也是在互联网大厂，大部分 P9/P10 都需要把很多时间和精力投入到业务上的主要原因。

4. 创新复杂度

创新复杂度是指和创新程度有关的复杂度。

常见的创新包括理论创新、思想（或者说方法）创新和技巧创新。理论创新的复杂度要高于思想创新，而思想创新的复杂度又高于技巧创新。以高可用技术领域为例：

- **FLP 原理和 CAP 定理属于理论创新**。它们奠定了分布式高可用设计的基础和边界，无论是缓存系统、存储系统、批处理系统、流式处理系统，还是采用微服务架构的业务系统等，都不能脱离这两个理论的约束和限制。
- **批处理和流处理属于思想创新**。对于大数据技术来说，Google 提出的批处理思路开启了大数据时代，而后来 Storm 开辟了流处理这个新的技术领域。
- **实现 Exactly Once 特性属于技巧创新**。开源框架 Flink 使用 Chandy-Lamport 算法，实现了流处理 Exactly Once 特性，能够实现消息精确投递，避免重复消息导致业务出错。

我们可以看到，创新复杂度越高，影响的范围往往也越大。理论创新会奠定整个行业的基础，而思想创新可能开辟一个新的技术领域。

另外，创新并不意味着一定要全球首创，只要相比团队现状来说有改进就行了；创新也不局限于技术领域，管理和业务一样可以创新。所以，下面这些事情都可以算作创新：

- 开发 Memcached。
- 有了 Memcached 后开发 Redis。
- 引入设计模式优化代码。
- 使用微服务来拆分系统。
- 优化项目流程。
- 提出一种新的业务模式。

各领域的部分典型创新案例如下表所示。

分类	创新	备注
技术	FLP 原理和 CAP 定理	理论创新
	Google 的批处理，Storm 的流处理	思想创新
	Flink 实现流式处理 Exactly Once 的目标	技巧创新
管理	马斯洛需求层次	理论创新
	OKR	方法创新
	Supercell 的"细胞"游戏团队模式	技巧创新
业务	AARRR 模型	理论创新
	团购业务，通过多人购买来降低价格	方法创新
	拼团业务，利用社交关系来拼团形成团购	技巧创新

除了刚才说的这 4 种通用的复杂度，在每个领域内部，也会有一些工作的复杂度本身就要比另一些工作高的情况。

比如在软件开发领域，我们一般认为各项工作的复杂度排序是这样的：

从 0 到 1 创造系统>架构重构>项目方案设计>编码实现

不过这些认知是领域经验总结形成的共识，并不能通用。所以在使用 COMD 模型的时候，你还需要结合领域经验综合判断。

5.4　COMD 能力模型与抽象描述的对比

你现在应该知道为什么公司写的那些抽象描述让人看不懂了。与 COMD 能力模型的具体拆解比起来，它们只是脱离实际的文字游戏罢了。下面以之前提出的"系统思考"和"前瞻判断"来进行说明。

1. 系统思考

比如在某些大厂，"系统思考"的确是写在 P7 级别的能力描述里的，但它不是 P7 级别才有的能力特征。实际上，P6 以上的级别都要求"系统思考"，区别只是**思考的范围**不同，也就是**规模复杂度**不同而已。

以 B2C 电商业务开发为例，在某些大厂，不同级别"系统思考"的范围如下图所示。

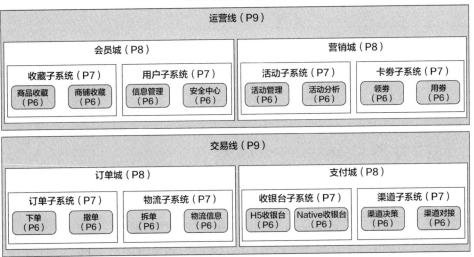

- 对于 P6 来说，系统思考的范围是某个**需求**，需要考虑需求的合理性、设计的可扩展性和上线后的稳定性等问题。
- 对于 P7 来说，系统思考的范围是单个**系统**，需要考虑的是单个系统的架构设计、架构重构和技术选型等问题。
- 对于 P8 来说，系统思考的范围是某个**领域**，需要考虑的是领域的发展趋势、架构演进、团队组织结构等问题。

● 对于 P9 来说，系统思考的范围是多个关联的业务域组成的**业务线**，需要考虑业务发展趋势、架构演进、团队组织结构等问题。

2. 前瞻判断

同样地，在某些大厂，"前瞻判断"虽然写在了 P8 的能力描述里，但其实 P6 以上都有前瞻性的要求，区别只在于前瞻范围、时间跨度和面临的环境不同而已。这些因素分别对应了规模复杂度、时间复杂度和环境复杂度。

同样以 B2C 电商业务开发为例，某些大厂 P6～P9 级别的前瞻性要求如下表所示。

级别	前瞻范围	时间跨度	环境
P6	单个需求功能	1～3 个月	单个需求场景
P7	单个子系统	6～12 个月	用户特征、喜好等
P8	多个子系统组成的业务域	1～2 年	竞争对手的策略
P9	多个业务域组成的业务线	2～3 年	竞争对手的战略、行业发展的趋势

所以说，如果你还在绞尽脑汁地钻研"为什么 P7 才提出系统思考"，以及"P8 要求的前瞻判断有什么深意"这样的问题，那么就掉到文字陷阱中了。至于怎么从陷阱里走出来呢？这就需要灵活地应用 COMD 能力模型了。

5.5　如何应用 COMD 能力模型

当你想要了解某个级别的能力要求的时候，不要再对着那些抽象和模糊的词语，不着边际地猜测和想象了。你应该静下心，坐下来填一个"能力矩阵"的表格，把每一项的要求都完整且具体地列出来。比如下面这个"能力矩阵"表格就摘录了 P6 级别的部分要求，可以作为参考。

COMD 能力模型	规模复杂度	时间复杂度	环境复杂度	创新复杂度
技术	熟练掌握端到端工作流需要的技术	不要求，P6 还不需要自己进行技术规划	熟练掌握团队已用技术，包括……（你需要根据自己的岗位细化）	能够优化端到端工作流中的各个步骤的一些做法，例如代码重构、自动化脚本等

续表

COMD 能力模型	规模复杂度	时间复杂度	环境复杂度	创新复杂度
业务	掌握某类业务相关的所有功能点	预测业务功能 1~3 个月可能的变化	熟悉竞品（竞争对手的产品）类似功能的处理逻辑	能够针对产品设计的需求逻辑提出一些优化建议
管理	负责项目子任务的推进、沟通、协调	制定项目子任务的计划	熟悉上下游接口人	总结项目中的经验教训，提出对应的改进措施并沉淀到项目流程或者规范中

如果表格里有些内容你填不出来，那么说明你对这个级别的理解还不到位。不过没有关系，我会在第 2 部分职级详解中给出每个级别通用的衡量标准。

在这个基础上，你可以请教你的主管、HR 和同事等人，来完善和细化表格中的内容。当你详细地填完了这个表格后，也就对这个级别了解得很清楚了。接下来，你就可以对照表格，针对性地提升自己的能力。

小结

下面回顾一下本章的主要内容。

（1）公司会对各个级别的能力要求给出一个抽象的描述，比如"系统思考""前瞻判断"等，但实际指导意义不大。

（2）有些领域可能会独立定制相关技术方向的能力解读。虽然这种解读比公司的抽象描述稍微具体一些，但因为投入成本太大和限制创新等原因，很难大范围推广。

（3）COMD 能力模型把能力分成技术、管理和业务三个维度，并通过规模、时间、环境和创新四个复杂度来判断能力的高低。

（4）如果你想了解某个级别的能力要求，为晋升做准备，那么可以把这个级别的能力模型表格列出来，然后针对表格内容做针对性的提升。

思考

记得有一次，团队成员跟我探讨职级的时候，问了我一个问题："为什么说 P6 是独当一面，难道 P7、P8 和 P9 没有独当一面的要求吗？"学了 COMD 能力模型之后，你会怎么回答这个问题呢？

踩着能力模型的梯子，走出文字陷阱。

第6章 职级档次：你现在应该具备的核心能力是什么

第5章介绍了 COMD 能力模型，让你能够具体拆解一个级别的能力要求，不再纠结于抽象的描述。但你可能还是不清楚每个级别的要求到底是什么。这些具体要求，我会在职级详解部分一一介绍。

不过在这之前，我想先通过三个类比带你纵向透视职级档次，对不同档次的核心能力建立一个形象的认知，如下图所示。

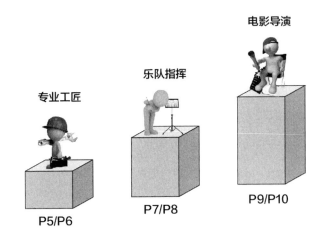

6.1 P5/P6：专业工匠

P5/P6 这一档相当于"专业工匠"，就像木匠、铁匠、粉刷匠一样，核心能力是**完成任务**。

这里的任务是指每个岗位需要完成的事情，比如开发岗位需要完成代码的编写，测试岗位需要完成测试用例的执行。

P5 和 P6 的职责一样，比较简单，不需要太多解读。这两个级别的区别是，P5 需要在别人的指导下完成工作，而 P6 可以独立完成工作。其实只要有意愿在技术领域发展，基本上每个人都能达到 P6 的水平。

P5/P6 的核心职责如下表所示。

岗位	P5/P6 核心职责	备注
开发	参与具体的项目，负责项目过程中的需求评审、方案设计、编码自测、Bug 修复、项目上线等事务	P5 和 P6 职责一样，区别是 P5 需要别人带着做
测试	参与具体的项目，负责项目过程中的需求评审、测试方案设计、测试用例执行、项目上线等事务	同上
运维	参与具体的项目，负责项目过程中的需求评审、方案评审、项目上线、线上运维等事务	同上

需要强调的是，这里列举的只是一个岗位的核心职责，并不代表这个岗位只做这些事情，比如开发岗位的 P7/P8 也是要参与编码的。

另外，这里只列举了开发、测试和运维这些技术岗位的职责。产品、运营和市场等非技术岗位的人员，也可以根据你掌握的信息来整理你所在岗位的核心职责表格。

6.2　P7/P8：乐团指挥

P7/P8 这一档相当于"乐团指挥"，核心能力是**指挥团队**。

为什么要这么类比呢？因为 P7/P8 的职责和乐团指挥的职责非常相似。乐团指挥的核心工作职责可以分为以下三个阶段：

第一阶段是总谱研究，对总谱进行深入细致的研究分析，识别和标注演奏的重点、难点与风险点。

第二阶段是排练准备，明确演奏需要的人手和乐器，根据乐团情况制定排练计划。

第三阶段是正式排练，拆解具体排练步骤(比如个体练习、分声部练习和全体排练等)，抓好每一个关键环节的落实，做好风险预防措施，推动整个乐团完成演奏。

P7/P8 的任务和乐团指挥非常像，也可以分为三个阶段，与乐团指挥的三个阶段正好一一对应。你只要把总谱换成团队的工作目标，把人手和乐器换成资源，把演奏排练换成工作目标落地就行了。

首先是分析阶段，对应乐团指挥的总谱研究；然后是计划阶段，对应排练准备；最后是落地阶段，对应正式排练。具体的对应关系如下表所示。

P7/P8	乐团指挥	工作职责
分析阶段	总谱研究	对目标进行深入细致的研究分析，识别和标注重点、难点与风险点
计划阶段	排练准备	明确需要投入的资源，根据团队情况制定计划
落地阶段	正式排练	拆解具体步骤，抓好每一个关键环节的落实，做好风险预防措施，推动整个团队完成目标

那么 P7 和 P8 的区别是什么呢？ P7 只需要指挥单个团队，而 P8 往往要指挥多个团队。

另外还需要补充一点，这里说的"团队"，包括以下两种类型：

（1）**狭义上的团队**：组织结构上的行政级别团队，比如 P7 担任的 3 ~ 10 个人团队的 Team Leader，负责团队管理、团队规划、团队考核和团队建设等管理职责。

（2）**广义上的团队**：为了完成某个目标而成立的虚拟团队（或者说临时团队），比如某个项目投入的人员组成了"项目团队"（由公司立项成立），某个专项任务投入的人员组成了"专项团队"（由管理者安排，比如"研发效能提升工作组"）。

P7/P8 的核心职责如下表所示。

岗位	P7	P8	备注
开发	（1）负责子系统的架构设计、架构重构 （2）复杂项目子系统的方案设计 （3）单个团队的技术规划、技术演进 （4）管理单个技术团队	（1）子领域的架构设计、架构重构、架构演进 （2）复杂项目子领域的方案设计 （3）子领域技术规划、技术演进 （4）管理多个技术团队	（1）App/前端也算一个子系统，特别复杂的 App/前端可以算一个子领域 （2）子领域包含多个子系统，例如电商业务的用户域、交易域就是一个子领域 （3）通常情况下，P7 负责 1～3 个子系统，而 P8 负责子领域里所有子系统
测试	（1）负责子系统测试方案的设计、测试技术演进 （2）复杂项目子系统的测试方案设计 （3）单个测试团队的技术规划、技术演进 （4）管理单个测试团队	（1）子领域的测试技术设计 （2）复杂项目子领域的测试方案设计 （3）子领域的测试技术规划、技术演进，例如交易域引入或者自己搭建自动化测试平台 （4）管理多个测试团队	（1）目前大部分的测试 P8 主要负责测试平台的搭建和测试技术的演进 （2）通常情况下，P7 负责 1～3 个子系统，而 P8 负责子领域里所有子系统
运维	（1）负责子系统部署架构设计、运维优化 （2）复杂项目的子系统部署方案设计（例如灰度、数据迁移等） （3）单个运维团队的技术规划、技术演进 （4）管理单个运维团队	（1）子领域运维技术设计 （2）复杂项目子领域的运维方案设计（例如机房迁移、上云等） （3）子领域的运维技术规划、技术演进 （4）管理多个运维团队	（1）和测试岗类似，大部分 P8 级别的运维主要负责运维平台（自动化平台、智能化平台等）的搭建和演进 （2）通常情况下，P7 负责 1～3 个子系统，而 P8 负责子领域里所有子系统

6.3　P9/P10：电影导演

P9/P10 这一档相当于"电影导演"，核心能力是**导演作品**。

为什么要这么类比呢？因为 P9/P10 的工作跟电影导演很像，具体表现在以下三个方面。

第一，他们的工作都具有一定的规模。

比如你只是拍一段 60 秒的 vlog（中文名是微录，是博客的一种类型，全称是 video blog 或 video log，意思是视频记录、视频博客、视频网络日志），还算不上电影导演；真正的电影导演拍出来的是几十分钟以上，剧本、服饰、化妆、道具、表演、运镜和剪辑都非常成熟的作品。同样地，P5～P8 这几个级别的工作都会产出一些成果，但这些成果在规模上还不足以同 P9/P10 这个级别相比。

第二，他们都是总决策者。

在一个剧组里，一般情况下导演拥有绝对的话语权。同样地，虽然 P6 可以指导别人，P7/P8 可以带团队，但工作仍然在很大程度上受到制约，关键的目标制定、资源整合和关键决策的工作，还是得由 P9/P10 来完成。

具体一点说，P9/P10 需要制定有挑战的业务目标；整合不同的团队，包括多个技术团队（比如 Android、iOS、前端、Java 后端、测试、运维等）和多个业务团队（比如腾讯的广告平台的某个业务，可能涉及 QQ、微信和应用宝等多个业务团队）；做出关键决策（例如要做什么、不做什么、先做什么和后做什么）。

第三，他们都是总负责人。

一部电影作品会打上导演的烙印，甚至呈现出强烈的导演个人风格。电影拍得不好，观众首先批评的就是导演；拍得好，赞美和荣誉也首先给到导演身上。

同样地，P9/P10 的水平、眼界、价值观和做事风格，直接决定了一条业务线的质量，因为这些因素会体现在工作过程中的各种决策里面，决定了最终的呈现效果。

另外，导演往往有自己擅长的题材，比如文艺片、喜剧片；而 P9/P10 一般也都聚焦于某个业务或者专业领域，比如电商业务、出行业务、安全领域、算法领域，很少有跨领域样样精通的人才。

P9 和 P10 的核心差异在于成果质量。还是以电影导演来类比，P9 是成熟的导演，能拍出 7 分以上的作品（基本合格）；P10 是成名的导演，能拍出 8 分以上的作品（比较优质）。

虽然对于 P9/P10 的工作成果，并没有一个通用的打分机制，但是公司能通过一些硬指标来衡量，最典型的就是直接看业务结果。

如果你负责的业务结果实现了既定的业务目标，那么你就是成熟的导演，可以胜任 P9；如果你负责的业务结果按照某个标准（用户量、收入和权威机构的测评等），进入了业界前列，有一定的名气和影响力，那么你就是成名的导演，可以胜任 P10。

P9/P10 的核心职责如下表所示。

岗位	P9/P10	备注
开发	（1）业务整体的架构设计、架构重构、架构演进 （2）复杂项目端到端的方案设计 （3）业务级的技术规划、技术演进 （4）管理某个业务的多个或者所有技术团队	（1）P9 和 P10 职责基本类似，区别在于业务的规模和知名度有差别 （2）P9/P10 的作品就是这些业务、项目、方案 （3）这里的业务是广义上的，包括业务、产品、平台等。例如：美团的外卖业务、蚂蚁金服的 OceanBase 产品、腾讯的广点通广告平台都算广义上的业务范畴 （4）如果业务规模足够大，P9 可能会管理多个团队，如果业务规模没有那么大，P9 可能管理所有团队
测试	（1）业务整体的测试技术设计 （2）复杂项目端到端的测试方案设计 （3）业务级的测试技术规划、技术演进 （4）管理某个业务的多个或者所有测试团队	同上
运维	（1）业务整体的运维技术设计 （2）复杂项目端到端的运维方案设计（例如机房规划、上云等） （3）业务级的运维技术规划、技术演进 （4）管理某个业务的多个或者所有运维团队	同上

6.4 这些类比有什么用

本章使用了"专业工匠""乐团指挥"和"电影导演"三种形象来类比不同的职级档次，但这仅仅是针对职责的相似度来说的。这种档次划分对应了行政级别的高低，但不代表艺术成就的高低。比如 P9/P10 的级别高于 P8/P7，但并不意味着电影导演的艺术成就一定高于乐团指挥。

之所以要把职级档次与你熟悉的职业角色建立联系，是希望通过形象思维的方式帮助你快速建立对每个级别的具体认知。以后我们再说到某个级别的时候，你就能迅速了解它的核心要求。

需要注意的是，本章的类比只是宏观层面的特征提炼。如果你想了解每个级别能力的细节要求，还是需要参考职级详解部分关于每个级别的详细解读。

因为阿里的级别是业界的"职级硬通货"，辨识度高，认可度高，所以我采用了阿里P5～P9 的级别作为例子进行讲解。不管你在大公司还是小公司，不管你所在公司现在是否有完善的职级体系，如果你想了解自己能力水平在行业内所处的级别，我建议你都对标阿里的职级来估计。

目前网络上已经有一些关于不同公司职级如何对应的文章；而且我也专门准备了一个番外篇，根据我的面试经验，提炼了几个典型互联网大厂的职级对应关系。这些信息你都可以参考。

小结

下面回顾一下本章的重点内容。根据能力特征，P5～P10 的 6 个等级可以分成 3 个档次，分别对应三种职业角色。

（1）P5/P6 相当于专业工匠，核心能力是执行任务，P5 和 P6 的差别在于能否独立完成任务。

（2）P7/P8 相当于乐团指挥，核心能力是指挥团队，P7 和 P8 的差别在于指挥的是单个团队还是多个团队。

（3）P9/P10 相当于电影导演，核心能力是导演作品，P9 和 P10 的差别在于导演出来的是成熟的作品还是成名的作品。

具体的对应关系如下表所示。

级别	核心能力	形象类比	能力差异
P5	完成任务	专业工匠	在别人的**指导**下完成任务
P6			独立完成任务

续表

级别	核心能力	形象类比	能力差异
P7	指挥团队	乐团指挥	指挥**单个**团队
P8			指挥**多个**团队
P9	导演作品	电影导演	导演成**熟**作品
P10			导演成**名**作品

最后再补充一点，高级别的能力要求包含低级别的能力要求。比如 P9 的核心能力是"导演成熟作品"，但肯定也要具备 P8 要求的"指挥多个团队"的能力。

思考

电影学院有专门的导演专业，学生可以不成为演员而直接学习如何成为导演。那么在职场晋升体系中，我们为什么不能直接学习 P9/P10 的技能，然后直接晋升 P9/P10 呢？

核心能力是职级的 DNA。

第 2 部分　职级详解

第 7 章 P5 提升攻略：如何快速从学生转变为"打工人"

7.1 职级详解导学

本章会基于 COMD 能力模型，从技术、业务、管理三个维度和规模、时间、环境、创新四种复杂度出发，详细解读 P5～P9 每一个级别的能力要求。同时，我也会结合过往带团队、指导他人和担任评委的经验，给出每个级别的提升建议。

我想强调的是，这里的职级解读和提升技巧绝对不只针对阿里的职级，而是通用的。不管你是在 BAT（百度、阿里、腾讯），还是在 TMD（今日头条、美团、滴滴），不管你是在互联网大厂，还是在其他公司，都可以参考。你只要把自己当前的职级对标到本书定义的级别（P5～P9），然后学习相应的内容就行了。

具体怎么对标呢？你可以参考第 6 章中的相关内容。

另外，我还想提醒一点：你的学习重点肯定是自己当前级别和下一级别的内容（比如 P5 级别的人员需要重点学习介绍 P5 和 P6 的内容），但并不意味着其他级别的内容你就可以直接跳过。

比如你现在是 P7，虽然已经顺利越过了 P5 和 P6，但你对这两个级别的理解不一定完全准确，也不一定全面。而你很可能要指导这两个级别的同事、面试这两个级别的应聘者，或者作为 Team Leader 管理这两个级别的下属。所以，认真学习 P5 和 P6 的内容，对你同样会有很大的帮助。

换一个角度想，如果你现在是 P6，看起来 P8 和 P9 好像离你还很遥远，这两个级别的内容你还要不要学呢？我建议你了解一下比较好，因为这样可以让你对自己的长远目标有一个大概的认知，有助于你做职业发展规划和晋升路线规划。

7.2　P5：从学生到"打工人"

我们先来看一下 P5 级别。P5 对应的工作年限大概是 0~3 年，本科毕业生的定级一般就是 P5，优秀的毕业生会定到 P5+，目前进 BAT 的应届生绝大部分都是 P5+。

大部分 P5 工作 2 年以后可以晋升 P6（无论是内部晋升还是跳槽定级）。如果你工作 3 年了还无法晋升 P6，那么可能需要考虑一下是否适合当前岗位了，或者反思一下自己有哪些地方做得不好。

P5 的核心能力是**在别人的指导下完成任务**，这句话有两个重点：

- **在别人的指导下**：通常是 P6 或者 P7 来带 P5。
- **任务**：项目各个阶段的各项活动。以开发为例，任务包括需求评审、方案设计、编码、修改 Bug 和上线等。

听起来好像要求不高，但这并不意味着你一毕业就自动具备了 P5 的能力。因为在学校读书和在公司工作还是有很大区别的，主要体现在以下三个方面。

1. 技术差异

大学学的技术偏重理论，而工作岗位对深度和实践的要求更高。而且就算你是研究生，你的研究方向和公司岗位的要求也很难完全匹配，更不用说前端、Android、iOS、测试、运维、DBA 等各种不同岗位的技能差异了。

2. 业务差异

大学教育不会针对某个公司的具体业务进行教学，而互联网行业的业务领域多、发展快，近几年比较火的领域有电商、支付、社交、本地生活和出行等。这些业务知识是完成工作的基础，但你在刚毕业的时候，往往没有这方面的积累。

3. 管理差异

大学学习的管理课程比较理论化，但公司的规章制度和项目流程有很多细化和具体的要求。如何熟悉和适应工作岗位的管理要求，如何与别人协作，如何推动事情落地，这些也都是完成工作的基础，但刚毕业的大学生往往处理得不够好。

正因为校园和职场环境差别这么大，所以 P5 级别的主要目标就是完成"学生"向"打工人"的角色转变。如何实现这一层蜕变，是 P5 首先要考虑的事情。

接下来分技术、业务和管理三个维度一一展开。

7.3　技术：重点积累基础技术

首先是技术维度。P5 是你职业生涯的起步阶段，也是打基础的关键时期。虽然你的技术水平还不高，但这时候的学习效果最好，技术提升也是最快的。

因为与学校的单向学习不同，这个阶段你能把刚学到的知识马上实践应用在具体工作中，能够达到"知行合一"的效果；同时，P5 承担的责任不大，等你晋升到更高级别之后，很难有这么多精力和时间用来学习了。

P5 的技术要求如下表所示。

复杂度	核心要求	详解
规模复杂度	熟练掌握岗位基本技术要求	比如 Java 后端开发最基本的要求是掌握 Java 编程语言、常用的开发工具（IDE、Git 等）、SQL 等
时间复杂度	不要求	P5 级别的任务基本都是别人指定的，不需要自己预测、规划
环境复杂度	学习团队常用技术	包括公司的基础技术平台，团队常用的框架、中间件、工具、第三方库等，P5 级别更多的是学习这些技术
创新复杂度	不要求	还在熟悉基础能力，肯定谈不上创新

P5 阶段要怎么提升技术呢？最重要的就是**基础技术的积累**。

这里的基础技术不是指大学课程中的基础知识，而是指工作岗位中实际用到的技术，不同的岗位要求不同。

比如，Java 业务开发的基础技术包括 Java 编程语言、MySQL 数据库、计算机网络、HTTP 和 Linux 操作系统基础知识等，而 iOS 业务开发的基础知识包括 Swift/Objective-C 编程语言、iOS 操作系统基础知识、Xcode、SQLite、计算机网络和 HTTP 等。

虽然它们有一部分相同，但总体来看差异还是比较大的，所以你也要根据自己的岗位有针对性地学习。

两个误区：错误理解"基础"与碎片化学习

在 P5 阶段提升技术时，很容易陷入两个误区。

第 1 个常见的误区是**错误地理解了"基础"的意思**。

在第 3 章介绍价值原则的时候提到过，很多人为了提升自己的基础能力，去学习编译原理和 Linux 内核源码，或者去背一些算法源码。结果他们到头来发现，投入了大量的时间和精力，却没什么收获。

所以你一定要记住，基础是和工作任务相关的基础，而不是整个计算机行业的基础。关于怎么学习基础技术，在番外篇中会系统地介绍。

第 2 个常见的误区是**只通过搜索来进行碎片化学习**。

工作中遇到一个问题或者一个技术点，就上网搜索几篇文章学习一下，很多人都是这么做的。

碎片化学习虽然投入时间少，但是难以保证学习效果。首先，你不可能在工作中遇到某个技术点相关的所有问题；其次，通过这种方式，你只知道一个个零散的技术点，而不知道这些技术点之间的关系。

以 HTTP 缓存为例，如果只是单纯去搜索"HTTP Cache-Control"，你确实可以知道 no-cache 和 no-store 等名词的含义。但整个 HTTP Cache 协议、浏览器的处理逻辑和服务器的处理机制这些技术点你就学不到了，而它们在分析 HTTP 性能相关的问题或者优化 Web 页面的时候都是必须要掌握的。

可能你会觉得碎片化学习是没有办法的事情，因为工作以后就不像在学校那样有整段的学习时间。

虽然客观条件是这样的，但碎片化时间并不意味着只能碎片化学习，正确的做法是"**碎片化时间，系统化学习**"。也就是说，每天都抽出一小段时间有计划地学习某项技术，哪怕每天学习 10 分钟都可以，但总体的学习内容是系统化的。

想让学习系统化，最简单的办法就是**对照一本经典的图书循序渐进地学习**。

虽然你不能把所有的内容都一次性学懂，但至少在学完一遍后，可以对一项技术的完整体系建立整体印象。这样，你后续再深入学习这项技术的时候，效率会更高。

除了图书，**学习技术类线上课程**也是一种很不错的方式。

很多线上课程的作者是在某个领域积累了丰富经验的专家，而且讲解的内容与实际工作关系紧密，再加上这些作者往往会有自己独到的理解，你学习起来会更有趣，也更有效率。

同时，线上课程往往还配有音频，适合上下班通勤的时候学习，让你更高效地利用碎片时间。

7.4　业务：熟悉业务的处理逻辑

第二个维度是业务。P5 对业务的要求主要是熟悉**各项业务的处理逻辑**。

1. 广义的业务：提供的功能和服务

什么是业务呢？

一般情况下，我们听到"业务"这个词的时候，都会理解为"某个行业的相关服务"，比如电商业务、支付业务、社交业务、游戏业务，其实这些都是"狭义"上的业务。

本书按照 COMD 能力模型拆解级别要求的时候，对"业务"的定义要更宽泛一些，是"广义上的业务"。你可以把它理解为"**你负责的系统或产品为目标对象提供的功能和服务**"。

具体到不同岗位是这样的：

（1）如果你负责 2C 或 2B 的业务系统开发测试，那么业务范围就是**我们通常理解的业务**。

（2）如果你负责内部 IT 系统的开发测试，那么业务范围就是**公司内部的各种规章制度和工作流程**。

（3）如果你负责中间件或平台的开发测试，那么业务范围主要是**中间件或平台的相关功能和服务**。换句话说，你不需要深入理解每个使用你的系统的 2C/2B 业务（可以适当了解），而要把精力放在熟悉中间件和平台本身提供的功能和服务上。

（4）如果你是运维或 DBA 之类的岗位，那么业务范围就是**运维体系相关的功能和服务**。换句话说，你不需要深入理解每个你负责维护的业务（可以适当了解），而要把精力放在熟悉运维体系提供的功能和服务上。

2. 处理逻辑：实现功能和服务的步骤

什么是业务的处理逻辑呢？它是指实现这项业务提供的功能和服务所需的步骤。直白点说，就是第一步要做什么，第二步要做什么，以此类推，一直到最后一步做什么。

以微信朋友圈为例，发图片动态的处理逻辑如下：

（1）进入"朋友圈"。

（2）点击右上角的照相机图标，App 弹出选择框。

（3）选择"从相册选择"，App 展示图片列表。

（4）点击需要发布的图片，最多选择 9 张。

（5）选择完成后，点击右上角"完成"按钮，App 进入"发表"界面。

（6）输入"这一刻的想法"。

（7）点击"所在位置"选择具体的位置。

（8）点击"提醒谁看"选择需要提醒的人员。

（9）点击"谁可以看"选择可见人群。

（10）点击"发布"按钮发布图片动态，App 返回朋友圈。

（11）朋友圈展示刚才发的图片动态。

当然，这只是一个简化后的例子，用来说明这个概念而已。所以，我只描述了整体步骤，你可以自行对照微信朋友圈的功能进行细化。

在实际工作中，处理逻辑越细化越好。比如这个例子中的第 9 步，点击"谁可以看"，它具体包括公开、私密、部分可见和不给谁看 4 个选项，每个选项的含义你都需要详细了解。

P5 的业务要求如下表所示。

复杂度	核心要求	详解
规模复杂度	掌握单个业务的实现逻辑	P5 主要是熟悉系统已有的业务的处理逻辑，这样才能在开发、测试、上线等阶段完成各种项目任务，例如编码、测试、问题处理等

续表

复杂度	核心要求	详解
时间复杂度	不要求	NA
环境复杂度	不要求	NA
创新复杂度	不要求	NA

如何才能更有效地快速熟悉自己负责的业务功能呢？

对于 2C 的业务来说，熟悉业务最有效的方法就是**让自己成为产品的深度用户**。

有些技术人员连自己负责的产品都不用，只是机械地按照项目的要求完成任务（例如开发、测试、部署这些任务）。功能上线后，他们既不亲自体验，也不关心用户的反馈。这样做的后果是，连基本的业务现状都很难清晰地了解，更别谈提升业务水平了。

所以，如果你对现在做的业务真的一点兴趣都没有，那么建议你尽早换一个自己感兴趣的业务，这样更有利于职业发展和晋升。

对于 2B 的业务来说，熟悉业务最有效的方法可能就是**多与客户交流**。

你不妨多去客户那里，看看客户实际的使用环境和使用流程，了解客户的真实的需求、痛点和想法。

说到这里，你可能担心 P5 级别不一定有这样的机会。其实，很多公司都鼓励技术人员出去与客户交流。P5 虽然不能独立承担这个任务，但是一般情况下，跟着 P6 和 P7 一起去是没有问题的。如果有可能，尽量每个季度都出去见一次客户，这能够大大提升你对业务的理解。

比如我在华为的时候，负责核心网的网管系统设计和开发。公司每年都会给我们安排几次机会去移动、电信和联通的机房里面看看设备，观察他们的维护人员使用我们系统的情况，以及听听他们对我们系统的评价和"吐槽"。

7.5　管理：了解公司的管理制度和项目流程

最后是管理维度。P5 对管理的要求主要是了解公司的管理制度和项目流程，知道自己在项目流程中的职责和任务，熟悉上下游的依赖，以及如何推进项目。

P5 对管理的要求如下表所示。

复杂度	核心要求	详解
规模复杂度	熟悉项目流程和要求	P5 主要由 P6/P7 带着参与项目，需要熟悉项目的流程和要求
时间复杂度	不要求	NA
环境复杂度	不要求	NA
创新复杂度	不要求	NA

如果你是计算机科班出身，那么应该学过《软件工程》这门课。其实这门课已经涵盖了软件项目管理的内容，比如现在常见的"瀑布开发流程"和"敏捷开发流程"。

但是不同的公司和团队，还会有很多详细的规章制度，既可能是公司的统一规定，也可能是团队的历史经验教训的积累。其中有些规则还是"红线规则"，一旦违反就会受到通报处分之类的惩罚。

对于刚入职场的 P5 来说，虽然承担的职责并不重，但很容易因为不熟悉这些规章制度而犯错。所以你还需要特别注意团队规章制度的学习，不要一不小心就踩了"坑"。

小结

本章基于 COMD 能力模型详细解读了 P5 级别的具体要求。下面我们回顾一下本章的重点内容：

（1）P5 的核心能力要求是在别人的指导下完成任务，主要提升目标是从学生转变为"打工人"。

（2）技术方面，P5 需要打好基础，学习岗位要求的基础技术。采用"碎片化时间，系统化学习"的方法提高你的技术学习效率。

（3）业务方面，P5 需要熟悉各项业务功能的实现逻辑。对于 2C 业务，你要成为产品的深度用户；对于 2B 业务，你就要多与客户交流。

（4）管理方面，P5 的重点是熟悉项目流程，避免踩"坑"。你需要注意学习公司的管理制度。

思考

你在 P5 这个级别上停留过或者已经停留了多长时间？如果时间很短，那么你的技巧是什么；如果时间比较长，那么你觉得问题在哪里？

碎片化时间，系统化学习。

第 8 章　P6 提升攻略：如何成为独立自主的"项目能手"

第 7 章我们学习了 P5 的核心能力要求是**在别人的指导下完成任务**。如果能够从 P5 晋升到 P6，就说明你已经完成了从学生到"打工人"的角色转变，成长为一名合格的员工了。本章我们就来了解一下 P6 的能力要求和提升建议。

P6 对应的工作年限是 2~5 年，核心能力要求可以用一句话来概括——**独立负责端到端的任务**。这句话有两个关键词：

- **独立**：P6 做的事情与 P5 差不多，但已经不需要别人带着做了。P5 和 P6 的开发人员都会参加需求评审，只不过 P5 参加的时候只是在听，而 P6 可能会针对需求直接提出意见。
- **端到端**：负责项目中的某部分功能的全流程相关事项。开发的端到端事项包括需求评审、方案设计、编码、修改 Bug 和上线等；测试的端到端事项包括需求评审、测试方案设计、执行测试和上线等；而产品的端到端事项包括用户分析、需求写作、数据分析和竞品分析等。

P6 和 P7 是业界主要的劳动力，这两个级别的人数加起来估计能够占到团队总人数的 60%~80%。P6 级别的主要提升目标是成为独立自主的"项目能手"。接下来从技术、业务和管理三个维度一一展开进行讲解。

8.1　技术：掌握团队用到的技术"套路"

P6 在技术方面的核心要求是**熟练掌握端到端工作流需要的技术**，因为 P6 是项目主要劳动力，需要参与项目流程中的某些阶段，完成分配的任务。

P6 级别的技术详细要求如下表所示。

复杂度	核心要求	详解
规模复杂度	熟练掌握项目端到端工作流需要的技术	（1）"熟练"可以从以下两个方面来衡量： ● 能够综合运用团队各项技术，独立完成任务 ● 能够指导 P5 应用这些技术 （2）"端到端工作流"指项目运作过程中某个岗位全流程需要完成的事情
时间复杂度	不要求	P6 还不需要自己进行技术规划
环境复杂度	熟练掌握团队已用技术	包括公司的基础技术平台，团队常用的框架、中间件、工具、第三方库等
创新复杂度	局部优化	能够优化"端到端工作流"中的各个步骤的一些做法，例如代码重构、自动化脚本等

在 P6 阶段，提升技术能力的关键就是**掌握团队用到的各种技术的"套路"**。以 Android 开发人员为例，"套路"包括设计模式、SOLID 设计原则、Android 的 MVP 架构和各类工具（比如 Fiddler、Wireshark、tcpdump）等。不同岗位的"套路"不同，既可以自行整理，也可以求助团队中有经验的同事。

在 P5 阶段，你可能只要了解一些单个的技术点就能完成工作；但是到了 P6 阶段，你就必须知道如何**整合**这些技术的"套路"，来完成端到端的项目开发任务。

以 Java 后端开发为例，P6 需要知道如何将数据库、缓存、面向对象、设计模式、HTTP 等技术点整合起来完成某个功能的开发。

提升技术深度

除了熟练使用"套路"，P6 还需要深入理解"套路"背后的技术原理和细节，提升自己的**技术深度**。

以设计模式为例，P5 可能只知道每个设计模式是什么意思，但是 P6 还要知道什么时候用设计模式，什么时候不用设计模式，具体应该用哪个设计模式。

这也是 P6 能够指导 P5 的原因：**P5 只知道 What，P6 还知道 Why**。

P6 阶段提升技术的时候，很容易掉到一个陷阱里，那就是**贪多求全**。你可能知道很多技术，其他人说起某个技术点的时候，你都有印象。但其实你只是蜻蜓点水，并没有深入学习。

正确的做法是什么呢？重点是抓住与当前工作内容强相关的技术点和技术"套路"，深入学习和研究。如果有精力，则再去拓展学习一些暂时用不到、但以后很可能会用到的技术。

千万不要因为短时间内什么流行就去学什么，一会儿学这个一会儿学那个，结果什么都懂一点，什么都不精通。

8.2　业务：掌握所有功能并深度理解处理逻辑

在业务能力上，P6 相比 P5 的提升主要体现在两方面。

一是 P6 对功能掌握得更全面。P5 只掌握了其中一部分功能，而 P6 基本上要求掌握某类业务的所有功能。

二是 P6 对处理逻辑的理解更深刻。P5 只需要知道具体的需求处理逻辑是什么，而 P6 要求理解需求的"上下文信息"，比如需求给用户/客户带来的价值是什么，解决了什么问题，为什么要设计 5 个步骤而不是 3 个步骤，为什么竞品的功能设计和我们的产品不一样。

P6 级别的业务能力要求如下表所示。

复杂度	核心要求	详解
规模复杂度	掌握某类业务相关的功能及其实现	如果采用了微服务之类的架构，那么这里的"某类"所指的范围就是单个子系统的所有功能；如果是比较大的单体系统，那么这里的"某类"所指的范围就是单个模块的所有功能 一种比较简单的衡量方法就是不管采用了什么架构，大概 3~5 个人负责"某类"功能，从行政组织结构上来看，不管这 3~5 个人是虚拟的团队还是实际的团队，都可以按照这个标准去判断
时间复杂度	预测业务功能 1~3 个月可能的变化	这里的预测粒度是"单个功能"，目的是在需求评审和方案设计的时候能够更加全面地评估和理解需求，在此基础上可以有针对性地进行可扩展设计，或者根据优先级将功能拆分为几个迭代过程进行开发 预测的时候无须预测单个功能太长时间后可能的变化，例如预测单个功能 2 年后可能的变化就没有太大的意义

复杂度	核心要求	详解
环境复杂度	熟悉竞品(竞争对手的产品)类似功能的处理逻辑	如果竞品比自己的产品提前发布某个功能，那么竞品已有的实现可以提供很多的参考信息，能够帮助我们更快、更全面地理解需求 如果竞品和自己的产品都做了某个功能，则可以通过对比相似点和差异点来更深一步理解需求，重点关注为什么会有一些差异
创新复杂度	优化需求逻辑	能够针对产品设计的需求逻辑提出一些优化建议，例如增加/删除/合并某些步骤、某些步骤换一种完成方式

P6 级别提升业务能力的核心方法是"5W1H8C1D"分析法。传统的"5W1H"分析法只关注需求的功能属性，所以我在"5W1H"的基础上，又增加了对需求的质量属性（8C）和上线后效果（1D）的考虑。

这个方法会在**专项提升部分**专门用 1 章的篇幅详细介绍。

除了这个方法，认真做好**竞品分析**也很重要。通过对比竞品和自己的产品类似功能的差异、优劣，你能够更好地理解业务。

8.3 管理：推进项目中的子任务

P6 管理能力的要求主要是能够**负责项目中子任务的推进**。

具体的管理要求如下表所示。

复杂度	核心要求	详解
规模复杂度	负责子任务的推进	项目通常会包含很多子任务,例如开发项目会按照不同的功能点划分为多个子任务,每个子任务也是需要按照项目管理流程逐步推进的。P6 需要能够端到端地完成子任务的推进，包括人力评估、时间评估、问题跟进、风险预判、沟通协调等
时间复杂度	制定子任务的计划	能够比较准确地评估子任务的时间和资源投入,并且制定对应的项目计划

复杂度	核心要求	详解
环境复杂度	熟悉上下游接口人	P6 需要独立完成子任务的推进，推进过程中会涉及与其他团队成员沟通协作，熟悉上下游团队接口人更有利于任务推进，正所谓"熟人好办事"
创新复杂度	项目级别的优化	总结项目中的经验教训，提出对应的改进措施并沉淀到项目流程或者规范中

1. 工作量评估：WBS 分解法

P6 的管理职责包括任务的工作量评估、计划制定及分配和跟踪等。其中工作量评估是 P6 的核心职责，而计划制定及分配和跟踪，主要是配合项目经理来完成的。而且，工作量评估的准确性是第一步，会直接影响后续工作的合理性。

所以，掌握工作量评估的有效方法也是 P6 在管理方面的核心能力。

很多人在评估工作量的时候没有依据，所以心里比较虚，如果项目经理或者产品经理稍微挑战一下，就很容易退让，导致工作量被压缩。到了实际项目执行的时候，他们发现工作量评估偏少了，为了赶上项目进度，就只能加班加点。

我在职业生涯中遇到过四种评估方法：

（1）**拍脑袋法**：让团队有经验的人直接拍脑袋想一个工作量数字。

（2）**扑克牌法**：找 3~5 个人，每人给一张小纸条，每个人把评估的工作量写在纸条上，最后取平均值。

（3）**对比法**：参考曾经做过的类似的项目，看看之前的项目工作量是多少，然后以此为基础想一个数字。

（4）**WBS 分解法**：把需求拆解为多项小任务，单独评估每个小任务的工作量，然后汇总；评估小任务的工作量的时候可能采用上面这 3 种方法。

从实践经验来看，WBS 分解法的效果是最好的，评估的误差基本上不会超过 20%。

WBS 的全称是 Work Breakdown Structure，中文翻译为"工作分解结构"。WBS 分解法的原理是，通过把项目工作按**阶段可交付成果**分解成更小的、更易于管理的组成部分，以此来提升项目管理的效率。

我们以朋友圈点赞为例，开发人员采用 WBS 分解方法，可以得到下面这个任务分解表格。

团队	任务项	工作量	备注
App	增加 1 个按钮	2 人天	包括 iOS 和 Android
	动态显示点赞列表	4 人天	包括 iOS 和 Android
服务端	数据库增加"赞"的表格	2 人天	采用 MySQL 存储即可，不需要缓存
	添加赞接口	2 人天	NA
	取消赞接口	2 人天	NA
	查询赞列表接口	2 人天	NA
汇总	评估工作量：14 人天；最终工作量：17 人天		Buffer 系数：1.2

备注：

（1）表格中列举的工作量都是指**开发工作量**，而不是**全流程的工作量**，所以不包含 UI/UE 设计工作量和测试工作量等，P6 级别只需要评估本岗位的工作量即可。

（2）**工作量数值**仅为示例，不代表微信开发点赞功能真正的工作量。

（3）**拆解任务项**仅为示例，实际的任务项可能比这个多。

（4）**表头**仅为示例，你可以根据实际工作需要自由定制表头。

对于分解出来的子任务项，我们就可以用"拍脑袋法"评估工作量了。这样做能够兼顾效率和效果，因为子任务项已经比较小，基本上你凭经验就能够得到比较合理的结果。就算单个任务项有偏差，也是有的偏多有的偏少，最终的偏差反而会互相抵消。

2. 避免过于乐观：加 Buffer

大部分人在评估工作量的时候都会比较乐观，但在项目实施过程中可能出现各种意外情况（比如某个开发或者测试人员生病）。在实践中，为了避免过于乐观的评估给后面的项目进度带来风险，我们往往会采取加 Buffer（缓冲）的做法，也就是说，将评估的初步结果乘以一个大于 1 的系数来作为项目的工作量。

还是以朋友圈点赞功能来说明，如果初步评估的工作量是 14 人天，Buffer 系数取 1.2，那么最终做项目计划时，参考工作量就是 17 人天（14×1.2=16.8≈17）。

这个 Buffer 系数可以在 1.2 ~ 1.6 之间浮动，一般根据项目的复杂度决定。全新的业务功能 Buffer 会高一些，修改已有业务功能时 Buffer 会低一些。

小结

本章基于 COMD 能力模型详细解读了 P6 级别的具体要求及对应的提升技巧。下面回顾一下本章的重点内容：

（1）P6 的核心能力要求是独立负责端到端的项目任务，主要提升目标是成为独立自主的"项目能手"。

（2）技术方面，P6 需要掌握团队用到的各种技术的"套路"，重点提升技术深度，学习时要避免贪多求全的心态，优先深入学习与工作内容强相关的技术。

（3）业务方面，P6 需要掌握某类业务相关的所有功能，并深度理解处理逻辑，主要的提升方法是"5W1H8C1D"分析法和竞品分析。

（4）管理方面，P6 需要负责项目子任务的推进，包括工作量评估、计划制定和沟通协调等。评估工作量的时候，建议使用 WBS 分解法，先将任务拆解成容易评估的小任务，然后独立评估每项任务，最后汇总。

思考

P6 的能力要求已经比较全面地覆盖了技术、业务和管理三个维度。假如你是晋升评委，你会如何分配这三个维度在职级能力中的占比呢，理由是什么？

> P5 只知道 What，P6 还知道 Why。

第 9 章　P7 提升攻略：如何成为让人信服的"团队专家"

第 8 章我们学习了 P6 的核心能力要求是独立负责端到端的任务。晋升到 P7，就说明你在技术上已经小有所成。

但 P7 是一个比较"尴尬"的级别，业界流传一种说法，P7 相当于王者荣耀的"永恒钻石"段位。也就是说，P7 是很多人职业发展的天花板，这个级别很难再往上晋升。

那么，P7 的能力要求是什么，如果还想继续晋升，应该如何提升自己呢？

P7 是一线团队的核心，对应的工作年限是 4 ~ 8 年，核心能力要求用一句话概括就是，**指挥单个团队达成目标**。这句话有两个关键词：团队和目标。

1. 团队

P7 和 P6 一样都是业界核心劳动力，人数众多。但管理岗位是有限的，结果自然是"僧多粥少"。

所以 P7 可以分为两种。一种是担任 Team Leader 的 P7，一般带 3 ~ 10 个人的专业团队，也就是组织结构概念上的团队，核心职责是团队管理。

另一种是作为团队骨干的 P7，他们虽然不是 Team Leader，但一般也会负责某个项目或者专项小组（比如 Android 性能优化小组和前端效能提升小组），带 3 ~ 5 个人的虚拟团队。他们不承担团队管理职责，只关注小组目标的实现。

2. 目标

担任 Team Leader 的 P7 主要是带领团队实现**业务目标**，担任虚拟团队负责人的 P7 主要是实现小组的**专项目标**。

总的来说，P7 的主要提升目标是**成为让人信服的"团队专家"**。接下来从技术、业务和管理三个维度一一展开讲解。

9.1　技术：精通团队相关技术

P7 在技术维度上的核心要求是**精通团队相关技术**。

怎么理解呢？一方面，P7 要指导团队内的 P5 和 P6，甚至还有其他 P7，所以首先自己要精通团队**已经用到的**技术；另一方面，P7 已经开始负责团队的技术规划，需要在合适的时机引入新的技术，所以也要熟悉团队**可能用到的**技术。这就是我把 P7 称为"团队专家"的原因。

P7 级别的技术详细要求如下表所示。

复杂度	核心要求	详解	与 P6 的核心差异
规模复杂度	熟练掌握团队相关的技术，是团队内的技术专家	不管是否带团队，P7 都应该是团队内的技术专家，精通团队相关的技术，包括团队已经使用的技术和可能使用的技术	P6 掌握已经用到的技术 P7 掌握团队相关的技术，包括已经用到和可能用到的
时间复杂度	能够规划团队 1 年内的技术发展	不管是否带团队，P7 都要求具备一定的技术规划能力。技术规划就要求融合对业务、当前技术、业界的技术发展趋势的理解，做出合理的判断和选择	P6 不要求 P7 需要做团队技术规划
环境复杂度	对团队相关的业界技术有一定的理解	到了 P7 级别就不能只关注团队或者公司内已有的技术能力了，而需要将眼光拓展到业界，且不能只是简单地知道业界相关技术的一堆名词，而要有一定的研究和理解，这样才能在技术规划的时候做出合理的选择和判断	P6 关注团队内的技术 P7 关注团队相关的业界技术
创新复杂度	引入新技术、新方法	通过引入符合团队的新技术、新方法来提升团队技术能力，助力业务更好地发展。不能为了追求技术先进性盲目地引入新技术，而要关注新技术能够为团队和业务带来什么价值；也不能担心新技术的风险从而闭门造车，一直只用最熟悉的技术	P6 是做局部优化 P7 是做团队级别的优化

需要注意的是，P7 虽然是"团队专家"，但并不意味着必须是团队里的技术 Top 1。一般来说，如果团队人数在 5 人以内，那么 P7 大都是 Top 1。如果团队人数是 5~10 个人，那么担任 Team Leader 的 P7 只要在 Top 3 以内就行了。

怎么要求好像变低了？这是因为 Team Leader 不只看技术，更要考虑综合能力。

1. 不要因为管理而丢掉技术

当然，你的技术也不能太弱，否则不但带团队会吃力，晋升也会受到影响。

在 P7 阶段有一个很容易踩的"坑"，那就是当上了 Team Leader 之后，**就把工作重心全部放在管理上**。

表面上看起来，你为公司做了很多事情，收获了很多成果。但其实核心工作都是由团队里其他的 P7 甚至 P6 完成的，你自己的专业技能反而荒废了。这样做的后果是，你面临晋升考核的时候，很容易被评委发现专业技能上的不足，最终晋升失败。

我就曾经遇到过这样的事。一个团队的 Team Leader 和组员同时参加晋升，他们都是 P7，结果 Team Leader 没有通过，组员却通过了。

为什么呢？因为这两个人讲的项目是一样的，但 Team Leader 的作用只是规划和讨论，反倒是组员承担了核心的分析、设计和实现工作，他在技术上的表现明显要强于 Team Leader。

通常情况下，担任 Team Leader 的 P7 本来是比其他 P7 更容易晋升的，因为他们能够自主规划工作，更容易做出成果。如果因为没有平衡好技术和管理的关系，反而错失晋升机会，可就太憋屈了。

那么，我们该如何做好技术工作和管理工作的平衡呢？别着急，我等会儿讲管理的时候会介绍具体的方法。总之你先记住一点，**不要因为管理而丢掉技术**。

2. 提升技术宽度

如果说 P6 要重点提升**技术深度**（不但知道 What，还知道 Why），那么 P7 还要重点提升**技术宽度**（不但知道 Why，还知道 Which）。

也就是说，P6 只要深入理解技术原理和技术细节就行了，而 P7 还要知道如何根据业务和团队的情况来选择合适的技术，哪怕暂时还用不到。

比如你是 Java 后端开发，在做缓存选型的时候，你要知道 Redis 和 Memcache 怎么选；如果你是做前端的，那么你就要知道 React 和 Vue 框架怎么选。

提升技术深度适合用**链式学习法**，纵向贯穿，自顶向下，挖深挖透；提升技术宽度适合用**比较学习法**，横向拉通，比较差异，分析优劣。这两种方法会在**学习方法**部分详细介绍。

大公司的业务已经具备了一定的规模，团队也有足够的人力，为了保持高速增长，往往乐于尝试新技术。

所以如果你身处大公司，在提升了技术宽度之后，就有机会使用一条晋升秘诀（或者说"潜规则"），那就是**多考虑引入新技术**。一方面，新技术在一般情况下确实能够给业务带来更好的结果；另一方面，懂新技术的人不多，早一点引入新技术就有先发优势，很容易被认为是专家。

3. 拒绝生搬硬套

但是这个秘诀不能乱用。虽然引入新技术能帮助你更快地晋升（尤其是在大厂），但是"多"不等于"盲目"，如果**生搬硬套，就**会带来很大的风险。

表面上看起来，你做了很多技术创新。但如果没有认真分析业务和团队当前的需要，没有因地制宜地调整适配，那么套用过来的技术就发挥不出预期的效果。

具体来说，有两种十分常见的错误做法。第一种常见的错误做法是**直接复制大厂的技术**。

这种做法在中小公司比较常见。很多人想当然地认为，大厂选择的技术就是好技术，毕竟连月活几亿的业务都在用，解决自己的业务问题还不是绰绰有余。而且因为有大厂背书，在说服上级的时候也比较容易。

可是等到真正落地的时候，你可能就傻眼了，怎么"橘生淮南则为橘，生于淮北则为枳"呢？

道理很简单，牛刀虽好，杀鸡却不方便。比较典型的就是近两年流行的"中台"这个概念，很多公司对中台背后复杂的驱动因素和依赖条件都没搞清楚，就照猫画虎地要上中台，要把技术架构"中台化"。

结果怎么样呢？不但没能一口吃成胖子，反而消化不良了。

第二种常见的错误做法是**盲目追求新技术**。

这种做法在大厂比较常见。很多人对新技术有一种偏爱，认为新的就是好的。但其实任何技术都遵循"没有银弹"的理念，没有一劳永逸又包治百病的神药。新技术也会带来新的复杂度，也会有自己的场景限制，也需要考虑成本问题。

比较典型的就是 Docker 容器化技术，它的核心目的是降低部署成本和提高资源利用率，业务规模越大，效果越明显。但是引入 Docker 的成本可不小，因为涉及开发、测试和运维等全流程的基础技术迁移，所以在业务没有达到一定规模的时候，很可能得不偿失。

另外，新技术刚出来的时候其实是不成熟的，后续的变化可能很大。如果用得太早，那么团队就要一直投入大量的人力来跟进技术的发展。

同样以 Docker 为例，容器化技术在经历了 Swarm、Mesos 和 Kubernetes "三国争霸"之后，才逐渐走向 Kubernetes "一统天下"的局面。如果你在"三国争霸"的时候就做了容器化，又恰好没有选 Kubernetes，之后再换成 Kubernetes，那么需要投入的成本可不小。

所以，无论是在大厂还是中小公司，引入新技术的时候都要求能够想清楚给业务和团队带来的价值，而不是仅仅因为"新"就引入，评委在考查的时候，会特别关注引入新技术背后的逻辑是否合理。

9.2 业务：关注业务整体

在业务维度，P6 更关注业务细节，而 P7 更关注业务整体。这里的业务范围是**自己团队负责**的业务。

在下面这张示意图中，我对 B2C 电商领域的业务做了一个简单的总结。可以看到，P7 的业务范围是"收藏子系统""用户子系统""活动子系统"这个级别的。

B2C电商（P10/P11）

运营线（P9）

会员城（P8）				营销城（P8）			
收藏子系统（P7）		用户子系统（P7）		活动子系统（P7）		卡券子系统（P7）	
商品收藏（P6）	商铺收藏（P6）	信息管理（P6）	安全中心（P6）	活动管理（P6）	活动分析（P6）	领券（P6）	用券（P6）

交易线（P9）

订单城（P8）				支付城（P8）			
订单子系统（P7）		物流子系统（P7）		收银台子系统（P7）		渠道子系统（P7）	
下单（P6）	撤单（P6）	拆单（P6）	物流信息（P6）	H5收银台（P6）	Native收银台（P6）	渠道决策（P6）	渠道对接（P6）

P7 级别对业务的详细要求如下表所示。

复杂度	核心要求	详解	与 P6 的核心差异
规模复杂度	掌握单个业务的整体情况	P6 关注的是本团队负责的业务功能的细节，P7 关注的是团队负责的业务的整体理解	P6 是掌握功能点 P7 是掌握业务整体
时间复杂度	预测业务整体 6～12 个月可能的变化	在做技术规划和团队规划的时候能够结合业务的发展方向来规划技术的发展 业务整体的规划虽然是由产品负责的，但 P7 级别的人员是可以提供一些想法和建议的；对于产品给出的最终规划，也要能够理解其背后的逻辑	P6 是预测业务功能变化 P7 是预测业务整体的变化
环境复杂度	熟悉竞品的整体情况	熟悉竞品和自己产品的整体差异、各自的市场地位、竞品的规划和策略等，能够更好地理解业务的规划	P6 是熟悉竞品功能逻辑 P7 是熟悉竞品业务整体
创新复杂度	能够提出一些新需求	提出一些业务需求和想法，为产品设计、产品功能出谋划策	P6 是需求逻辑优化 P7 是提出需求

1. 从 4 个方面提升业务理解力

从上面的表格中可以看出，与 P6 比起来，P7 对业务理解的要求又上升了一个档次。很多人问过我一个问题："如何提升业务理解能力？"下面讲解一个适合在 P7 阶段使用的基础方法论。

可以从 4 个方面理解业务，分别是用户特征、用户价值、获客方式和获利方式。

用户特征回答的问题是，**我们的用户是谁**。换句话说，我们的用户属于哪一类人群。用户要如何分类呢？常见的方法有两种，第一种是按照属性来划分，比如学历、收入、年龄和地域等；第二种是按照场景来划分，比如网购、K 歌、旅游、外卖和游戏等。

用户价值回答的问题是，**用户为什么要用我们的产品**。换句话说，我们产品的好处体现在哪里。它可以体现在能满足用户的某些需求，也体现在与其他产品比起来有竞争优势。比如电商三巨头淘宝、京东和拼多多，淘宝大而全，京东物流快，拼多多价格便宜。

获客方式回答的问题是，如何**让用户使用我们的产品**。用户并不会无缘无故就自动找上门来，我们必须通过宣传把他们给吸引过来。以 2C 业务为例，常见的获客方式有品牌广告、社交推荐、事件营销、SEO、线下地推和红包返利等。

获利方式回答的问题是，**我们怎么赚钱**。毕竟公司是以赚钱为第一要务的，就算现在不赚钱，也是为了将来能赚更多的钱。常见的获利方式有广告费、会员会费、增值服务、服务费和销售产品等。

从以上 4 个方面对业务进行拆解，P7 级别对业务的理解至少要达到以下 4 点要求，并且要能够量化到具体的数据：

（1）知道行业总的用户规模、自己的业务总的用户量、用户的特征分布。

（2）熟悉行业的竞品，包括行业的排名、竞品的数据，以及竞品间的差异和对比。

（3）熟悉常见的获客手段和效果指标（ROI、转换率和留存率等），知道对自己的业务来说效果最好的 3~5 个获客手段及原因。

（4）熟悉常见的获利手段和效果指标（数值和比例等），知道对自己的业务来说最核心的 3~5 个获利来源。如果负责的是用户子系统这种不直接产生收入的业务，则可以了解自己的业务对收入会有什么影响。

不管你负责的是业务 2C 还是 2B，这个方法论都是有效的。

如果它应用在 2C 业务中，就是有名的 **AARRR 漏斗模型**。你可以对用户生命周期中每个环节的行为和数据进行分析，来提升自己的业务理解能力。我会在后续的**专项提升**部分讲解如何理解和使用这个模型。

如果你从事的是 2B 业务，那么可以参考 AARRR 漏斗模型的思路。但是具体的手段和措施是与行业强相关的，不能照搬 2C 业务。既可以多向团队中有经验的前辈学习，也可以多向售前和技术支持等人员请教。

9.3　管理：管理 10 人以内的小团队

P7 和 P6 最本质的区别体现在管理维度上。从 P7 开始，你就需要管理团队了，所以管理能力的重要性大大上升。公司对你的要求不再只是完成自己的任务，还需要你带领团队一起把事情做好。

P7 级别对管理的详细要求如下表所示。

复杂度	核心要求	详解	与 P6 的核心差异
规模复杂度	负责单个团队的管理	（1）承担了 Team Leader 职责的 P7 一般管理 3～10 个人的一线团队 （2）没有承担 Team Leader 职责的 P7 一般能够带领 3～5 个人的项目团队或者虚拟小组实现目标	P6 是项目单项任务的管理 P7 是团队或者项目整体的管理
时间复杂度	制定项目计划或者团队规划	（1）承担 Team Leader 职责的 P7 需要能够制定团队 6～12 个月的规划，包括技术规划、团队规划（招聘、晋升、裁人等） （2）未承担 Team Leader 职责的 P7 需要能够制定本团队的项目计划或者虚拟小组的规划	P6 是项目单项任务的计划 P7 是团队或者项目整体的计划
环境复杂度	熟悉上下游的团队	P6 要求熟悉上下游的团队接口人即可 P7 要求熟悉上下游的团队，尤其是要与上下游团队的 Team Leader 搞好关系	P6 是熟悉上下游接口人 P7 是熟悉上下游团队
创新复杂度	团队级别的优化	引入一些新的管理方法或者措施来提升团队效率和能力，例如引入 OKR 来提升团队规划的能力	P6 是项目级别的优化 P7 是团队级别的优化

1. 管理要避免走极端

指挥团队确实是一个发展机遇，尤其是对于担任 Team Leader 的 P7 来说，因为这样能够自主规划一些有利于晋升的工作。但是反过来说，这样也充满了挑战性，因为大部分人并没有系统地学习和练习过管理技能，所以在实际管理工作中很容易走极端。

第一种走极端的表现就是**事必躬亲**。

什么意思呢？就是仍然按照以前的做事方法来带团队，无论事情大小都亲力亲为。

有的人一直是通过这种做法得到好结果的，因为思维惯性，以为只要坚持这么做，管理团队的时候也能得到好结果。

有的人特别害怕团队出问题，觉得团队的任何问题，Team Leader 都有责任，所以就自己拼命干活，给别人兜底。

还有的人认为团队成员的能力比不上自己，所以什么工作都要手把手带着做才放心，觉得只有这样才能让他们有提升。

但是，事必躬亲的弊端是很明显的。

首先，你自己会觉得非常累。毕竟一个团队的事情很多，以前你只要做好自己的事情，可能还觉得游刃有余；现在如果要做团队所有人的事情，那么肯定是吃不消的。

很多人走上管理岗位之后，觉得管理就是打杂，也是因为这个原因，各种会议、讨论和日常事务就已经让你疲于奔命了。

其次，团队成员感受不到你的信任，他们会觉得自己发挥的空间太小，没有提升空间。长此以往，就会人心浮动，非常不稳定。

第二种走极端的表现就是当**甩手掌柜**。

与事必躬亲正好相反，有些 P7 在当上 Team Leader 之后就彻底变成了甩手掌柜，只做管理不做事。来一个任务，他就找一个团队成员负责跟进，只要不出问题他就不管。还有些人，甚至出了问题也不管，而是换另外一个团队成员来处理，还美其名曰"授权式"管理。

这样做的弊端也很明显。首先，Team Leader 的专业技能会逐渐退化，后续的晋升基本无望；其次，因为技能的退化，他对团队的影响力也会逐渐减弱，团队越来越难带，很难得到好的结果。

因为上面说的这些问题，Team Leader 的身份反而成了职业发展过程中的一个陷阱。很多人没有被提拔为 Team Leader 的时候，表现得很好，绩效年年优秀，被提拔之后反而表现不好，绩效也一般。

那么 P7 要如何提升管理能力，把握担任 Team Leader 的机会呢？首要任务就是**系统化地掌握管理的基本技能**。

所谓**系统化**，就是指从整体上理解管理的手段和范围，我划分了管理的四个象限来进行说明。

所谓**基本技能**，就是指团队如何制定决策和执行任务，我总结了管理的六种风格来供你选择。这部分内容会在专项提升部分详细展开。

2. 找好管理和技术的平衡点

P7 级别的 Team Leader 还要做好管理工作和技术工作的平衡，既不能事必躬亲，也不要做甩手掌柜。关键就在于找准它们中间的平衡点。

我在这里分享一个简单的方法：**三七比例法**。也就是说，平均下来管理工作时间占 30%，技术工作时间占 70%。这个比例可以根据实际情况灵活变化，比如项目紧的时候二八开，年终总结汇报的时候四六开。

对于不是 Team Leader 的 P7 来说，管理上的提升目标主要是做一个靠谱的项目负责人。学习 PDCA 执行法（Plan-Do-Check-Act）能帮助你做到这一点，我会在**做事方法**部分为你详细解读。

小结

本章基于 COMD 能力模型详细解读了 P7 级别的具体要求及对应的提升技巧。下面回顾一下本章的重点内容：

（1）P7 的核心能力要求是指挥单个团队达成目标，主要提升目标是成为让人信服的"团队专家"。

（2）技术维度上，P7 需要精通团队相关的技术，重点提升技术宽度，主要提升方法是"比较学习法"。在这个阶段，你既要避免因为管理而丢掉技术，也要避免"生搬硬套"新技术。

（3）业务维度上，P7 需要掌握业务整体情况，从用户特征、用户价值、获客方式和获利方式 4 个方面理解业务 6～12 个月的规划。对于 2C 业务，AARRR 漏斗模型是必须要掌握的；对于 2B 业务，还应该了解行业强相关的手段和措施。

（4）管理维度上，P7 需要负责指挥单个团队。对于担任 Team Leader 的 P7 来说，需要系统化地掌握管理的基本技能，避免事必躬亲或者做甩手掌柜；对于不是 Team Leader 的 P7 来说，要学会做一个靠谱的项目负责人。

思考

虽然说 P7 是"永恒钻石"，晋升到 P8 很难，但实际上从 P6 晋升到 P7 也是一项很大的挑战，很多人经历了 3 次以上的失败后才晋升成功。你觉得最主要的原因可能是什么？

 不懂带人，你就自己干到老！

第 10 章　P8 提升攻略：如何成为有影响力的"领域专家"

前面介绍过，P7/P8 是同一档次的职级，核心能力都是指挥团队，区别只在于团队数量是一个还是多个（一般是 2~5 个）。

但是在真实的职场环境中，P7 级别就像"永恒钻石"段位，大部分人升到 P7 之后就很难再往上晋升了。为什么 P7 和 P8 的核心能力一样都是指挥团队，而 P7 升 P8 却这么难呢？指挥一个团队和指挥多个团队的区别到底体现在哪里？

10.1　从团队专家到领域专家

我们还是先剖析一下 P8 的要求。P8 对应的工作年限一般是 8 年以上，核心能力要求可以用一句话来概括——**指挥多个团队达成目标**。

这些团队的构成不是随机的，而是与业务发展阶段和团队规模大小有关，通常有两种构成模式。

第一种是**横向模式**，指的是 P8 带领的团队的专业领域相同，横向支撑多个业务。

这种模式常见于业务成熟期或者规模比较大的团队。比如某业务线所有 Android 开发人员都由 1 个 P8 带领，然后拆分为 3 个 Android 小组，每个小组支撑不同业务的 App 开发。团队结构示意图如下图所示。

第二种是**纵向模式**，指的是 P8 带领的团队的专业领域不同，端到端地纵向负责同一业务。

这种模式常见于新业务初期或者规模不大的团队，很多 BAT 出身的 P8 到创业公司担任 CTO 或者技术总监时，就会采用这种模式带团队。比如 1 个 P8 负责带某个业务的所有技术团队，包括客户端（含 Android 和 iOS）、前端、后端、运维和测试等。团队结构示意图如下图所示。

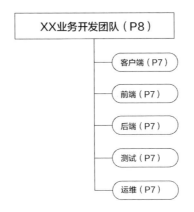

现在，我们再对比一下 P7 和 P8 的核心能力要求就会发现，虽然看上去只是从"单个团队"到"多个团队"的一字之差，但是在影响力上却发生了本质的改变，主要体现为以下两点。

第一，专业影响力范围从团队内扩大到领域内。

P7 带单个团队，而 P8 带单个领域的多个团队。如果 P8 带的是横向模式的团队，那么负责的就是单个专业领域；如果带的是纵向模式的团队，那么负责的就是单个业务领域。

这就对 P8 的**技术水平**和**业务理解**提出了更高层次的要求。

第二，组织影响力范围从单个团队扩大到多个团队。

P7 只需要指挥自己团队内部的人就行了。但 P8 不同，虽然已经带了 2～5 个 10 人以内规模的团队，但是要想实现目标，有时光靠他们还不够，P8 还需要指挥这些团队以外的人。比如有的项目涉及产品和运营互相配合，有的需要客户端、后台、运维一起协作。

这在一方面对 P8 的**管理手段**提出了更高层次的要求，另一方面也把晋升与**业务目标绑定**起来，增加了很多不确定和不可控的因素。

总的来说，P8 的主要提升目标是**成为有影响力的领域专家**。接下来从技术、业务和管理三个维度一一展开讲解。

10.2　技术：精通领域相关技术

我们先看技术维度。

P8 级别是技术能力的顶峰。在 P5～P8 的晋升过程中，考查核心都是技术能力。业务能力和管理能力只是加分项，只要技术不达标，业务能力和管理能力再好都很难晋升（相比之下，从 P9 开始，对业务能力、管理能力和业界影响力等维度的考核比重会大大上升。就算你技术能力很强，只要业务能力和管理能力不达标，同样很难晋升）。

P8 级别的技术详细要求如下表所示。

复杂度	核心要求	详解	与 P7 的核心差异
规模复杂度	精通某个领域，是某个领域的技术专家	例如 Android 技术领域、前端技术领域、Java 后端开发领域、支付业务领域、电商业务领域等	P7 是团队技术专家 P8 是领域技术专家
时间复杂度	能够规划领域 1～2 年内的技术发展	P8 是单个领域技术规划的核心人员，例如 Android 领域、前端领域、Java 业务开发领域等	P7 是 6～12 个月 P8 是 1～2 年

续表

复杂度	核心要求	详解	与 P7 的核心差异
环境复杂度	对本领域相关的业界技术有一定的理解	P8 需要关注整个领域相关的业界技术，而不是只关注自己团队相关的业界技术。例如 Android 技术领域的 P8 可能需要关注人工智能相关的技术	P7 关注的是**团队相关**的业界技术 P8 关注的是**领域相关**的业界技术
创新复杂度	引入领域级别新技术、新方法	通过引入符合领域要求的新技术、新方法来提升领域技术能力，助力业务更好地发展	P7 关注的是**团队级别**的技术 P8 关注的是**领域级别**的技术

1. 技术深度+领域相关的技术宽度

P8 提升技术能力的关键是什么呢？答案是技术深度和技术宽度齐头并进。

如果只有技术宽度，则可能给人一种比较飘的感觉，成为"什么都知道，什么都不懂"的 PPT **技术专家**；如果只有技术深度，技术视野太窄，就难以跟上业界技术的发展步伐，无法做出合理的技术判断、选择和规划。

P7 虽然也在技术深度的基础上增加了技术宽度的要求，但技术宽度的范围是和**团队相关**的，而 P8 的技术宽度范围是和**领域相关**的，范围要大得多。**这是 P7 很难晋升 P8 的第一个原因**，因为你要学习和提升的东西很多。

2. 领域的划分和边界

既然我们说 P8 是"领域专家"，那么这里的"领域"是如何划分的呢？业界一般有以下两种方法：

- 一是按照技术领域划分，比如 Android 开发、Java 业务开发和大数据等。
- 二是按照业务领域划分，比如推荐业务、广告系统和支付业务等。

通俗地说，"领域专家"就是在自己负责的领域"什么都懂"。不过问题又来了，"领域"的边界要怎么定义呢？

很多人把领域理解为"整个专业领域"，以为懂得越多越好。所以有的 Android 开发人员会学习 MySQL 或者 Redis，这样的做法在 P8 级别是不合适的，往往投入很大而收益却很少（P9 反而要这样做，因为要拓展技术广度）。

其实，要界定领域的边界，有一个很简单的方法，那就是画技能图谱。只要画出完整的技能图谱，领域的范围也就基本界定了。

很多人在晋升 P8 的时候都遇到过这样一个场景：某位评委问了你专业领域里的一项技术，你又刚好不太熟，没有回答好，结果评委团就因此认定你在技术维度上表现得不够好，最终没有让你通过晋升。

也许你觉得很委屈或者运气不好，但是从 P8 的要求来看，这种考核标准其实是有一定道理的。

可是问题在于，很多尝试晋升 P8 的技术人员已经承担了比较重的任务，没有那么多的时间来提升技术。

那么，如何才能高效地提升自己的技术深度和技术宽度呢？除了前面提到的链式学习法和比较学习法，下面再介绍两种很管用的方法。

第一种方法是**研究业界的开源项目**。

你可以通过学习和研究开源项目的原理与设计来提升技术宽度，通过研究开源项目的源码来提升技术深度。具体的学习方法可以参考《如何高效地学习开源项目》这篇文章。

当然，开源项目的数量非常多，如果每个都深入研究，那么时间和精力是不够的，可以优先关注本领域成熟的、流行的开源项目。比如 Java 后端开发领域的 MySQL、Redis、Nginx 和 Netty 等，前端开发领域的 Vue、React 和 Node.js 等，Android 开发领域的 OkHttp、Picasso 和 EventBus 等。

第二种方法是**参加业界的技术大会**，比如 QCon 技术大会、架构师峰会、GMTC（全球大前端技术大会）、GOPS（全球运维大会）和人工智能峰会等。

你可以通过参加技术大会，快速地掌握本领域相关技术在业界的应用情况。尤其是领头羊企业（BAT 和 TMD 等）的技术积累和经验，具有很好的借鉴意义。同时，你只要关注一下大会上讲得最多的技术是哪些，就能够洞察业界整体的技术发展趋势。

当然，如果你能直接在技术大会上做主题演讲，把自己在技术上的经验整理成优质的内容输出给业界，那么就更有利于晋升了。因为这会大大提升你的影响力，而 P7 升 P8 的时候，在公司和业界的技术影响力恰恰是评委考查的一个重要方面。

注：这些技术大会的门票价格都不菲，可以优先向公司申请培训经费，一般稍具规模的公司都会有类似的经费，只是数量有限，无法覆盖每个人；如果公司的名额有限，现在很多技术大会都有直播了，可以远程观看，只是效果会差一些；实在不行咬咬牙自己掏腰包也是可以的。有时候评委判断两个差不多的申请者的技术能力的时候，也会参考这些信息，**主动寻求机会去参加技术大会的人会给评委留下更好的印象。**

10.3 业务：熟悉多个业务或精通端到端业务

接着我们来看业务维度。P8 级别对业务的要求和团队构成模式有关。

如果是横向模式，那么 P8 需要熟悉团队涉及的每一个业务。而且因为这些业务本质上属于某个大的行业，所以为了能够更好地理解业务，P8 还需要对行业有一定的理解。

如果是纵向模式，则 P8 只负责 1 个业务。与横向模式相比，虽然需要熟悉的业务数量更少，但是对于理解深度的要求要高得多，除了要熟悉自己负责的业务，还要深入理解公司内或者行业内类似的业务。

P8 级别对业务的详细要求如下表所示。

复杂度	核心要求	详解	与 P7 的核心差异
规模复杂度	掌握多业务整体情况	和具体的组织结构有关，如果 P8 负责的是一个闭环的端到端业务，那么 P8 需要熟悉公司内其他类似的业务 如果 P8 负责的是一个支撑多个业务的专业领域，那么 P8 要掌握其支撑的所有业务	P7 是单个业务 P8 是多个业务
时间复杂度	预测业务功能 1～2 年可能的变化	在做技术规划和团队规划的时候能够结合业务的发展方向来规划技术的发展。业务整体的规划虽然是由产品负责的，但 P8 级别的人员是可以提供一些想法和建议的；对于产品给出的最终规划，也要能够理解其背后的逻辑	P7 是 6～12 个月 P8 是 1～2 年
环境复杂度	熟悉行业的整体情况	P8 级别需要理解业务的整体规划，因此需要开始熟悉行业的整体情况了	P7 关注"竞品" P8 关注"行业"

续表

复杂度	核心要求	详解	与 P7 的核心差异
创新复杂度	提出新业务方向	提出新的业务方向，为业务规划出谋划策	P7 是需求 P8 是业务

P5/P6 核心能力的关键词是完成"任务"，而 P7/P8 核心能力的关键词是指挥团队达成"目标"。它们的差别在于：**任务是从过程的角度来衡量的，而目标是从结果的角度来衡量的**。以最简单的需求开发为例，P5/P6 只需要按照项目计划完成各项任务就行了，而 P7/P8 要对业务最后的结果负责。

P7 虽然也要为业务结果负责，但在晋升考核的时候，技术能力还是核心考查项，业务结果是加分项；而对 P8 来说，能不能得到好的业务结果，这一点在考核中所占的比重要大得多，基本上和技术能力是平起平坐的地位。**这就是 P7 很难晋升 P8 的第二个原因。**

可能很多人会认为这么做不公平，因为业务结果很多时候并不是由技术人员决定的，比如因为不可抗力导致旅游、航空的业务量大幅下降，某些地方的政治局势不稳定导致线下消费用户量大幅减少。

虽然这些情况是客观存在的，但这并不意味着技术人员对业务结果就完全不可控了。其实，我们可以在很多方面对业务结果做出直接贡献。

以互联网 2C 业务为例，常见的技术手段包括通过降低 App 包大小提升下载成功率、优化某些功能让用户体验更好、提出更合理的方案来满足用户需求，以及设计良好的架构来应对秒杀抢购等特殊场景等。

采取合适手段的前提是，我们对业务足够了解。那么，P8 阶段要如何提升对业务的认知呢？

针对单个业务，P8 和 P7 提升的方式差不多，你可以回顾之前的内容；针对行业的业务战略，你可以借助**宝洁战略模型**，从愿景、使命、定位、策略、能力和组织等方面来理解。关于宝洁战略模型，会在**专项提升**部分详细介绍。

站在公司的角度看，引导员工得到更好的业务结果是理所当然的，这也在侧面体现了之前提到的价值原则。

不过，过于重视业务结果的做法确实会增加运气因素对晋升的影响，导致结果有时候看起来不那么公平。

比如 A 和 B 两个人都是 P7，其中 A 的能力比较强，但是运气不好，所在的团队的业务没有发展，甚至还出现了倒退；而 B 正好在一个业务快速发展的团队中，得到了更好的结果。如果他们同时申请晋升，则 B 通过的可能性反而更大。

这种现象是不可避免的，尤其是到了 P8 之后，运气很多时候就是晋升的关键，有机会展现能力并且得到好的结果的人可以晋升，有能力但是无法通过结果展现出来的人就不能晋升。

如果个人遇到这种情况，认为自己有能力但是没机会展现，那么换个岗位甚至公司可能是更好的选择，找到适合自己发展的岗位比找一个名气很大的团队更重要。

所以说，**晋升当然要靠自我奋斗，但也要考虑历史的进程。**

10.4　管理：核心是抓重点

最后是管理维度。P8 需要指挥一个领域内的多个团队。

P8 级别对管理的详细要求如下表所示。

复杂度	核心要求	详解	与 P7 的核心差异
规模复杂度	负责多个团队的管理	（1）承担了 Team Leader 职责的 P8 一般管理 3 ~ 5 个 10 人以内的子团队，子团队的 Team Leader 一般是 P7 （2）负责项目的 P8 一般能够指挥 50 人以内的项目团队	P7 是单个团队 P8 是多个团队
时间复杂度	制定项目计划或者领域规划	（1）承担 Team Leader 职责的 P8 需要制定领域内 1 ~ 2 年的规划，包括技术规划、团队规划（招聘、晋升、裁人等） （2）负责项目的 P8 需要制定端到端的项目的计划或者虚拟小组的规划	（1）P7 是团队规划，P8 是领域规划 （2）P7 是团队计划，P8 是项目整体计划
环境复杂度	熟悉端到端全流程的团队	P8 要求熟悉全流程的团队，原因在于 P8 需要对端到端整体的业务有一定的理解，自然需要对全流程各个团队都有一定的了解	P7 是上下游团队 P8 是端到端团队
创新复杂度	领域级别的优化	引入一些新的管理方法或者措施来提升领域效率和能力，例如成立跨团队的技术小组、架构审查专家团等	P7 是团队级别 P8 是领域级别

与 P7 相比，P8 的管理范围更大，可能存在以下困难：

（1）团队人员数量变多，不可能熟悉每个人了。

（2）项目数量大大增加，不可能参加每个项目了，包括需求评审、方案设计等。

（3）需要参与的各种管理事项大大增加。

所以，我们不能简单地使用和 P7 一样的管理方法，而是需要对管理技能进行升级。那么如何提升自己的管理能力呢？

核心思路就是要学会**抓重点**。我们必须认识到，P8 的管理方式不能再像 P7 那样偏重细节和执行方面的管理（否则时间和精力根本不够用），而是应该关注重点事项的管理。

我根据自己的实践经验，总结了 P8 阶段管理的三大重点。

1. 团队管理：搭建梯度

因为 P8 无法关注团队中的每一个人，很多事情的传达和具体执行效果是靠 P7/P6 级别的人来把控的，所以 P8 需要重点关注**搭建合理的团队梯度**，包括核心的 Team Leader/P7/P6 有哪些、核心人员的状态、核心人员的晋升规划等，这些都是需要重点考虑的。

什么样的团队梯度就算合理呢？一个简单的判断原则是，**每个核心人员都至少有一个备份人员**。比如 P8 自己要有 1 个以上的 P8/P7+ 能够做自己的备份人员，每个 Team Leader 要有 1 个潜在的 Team Leader 备份人员，每个核心业务都至少有 2 个 P7 能够支撑，以此类推。

2. 目标管理：参与制定，保证理解

P8 需要指挥多个团队达成业务目标，所以对于业务目标的制定和理解是很关键的。P8 级别的人已经有机会参与业务目标的讨论和制定，不能只是带着耳朵去听一下，而要真正地参与进去。

对于最终确定的业务目标，P8 级别的人必须是充分理解和赞同的，因为之后 P8 还需要向团队（包括自己直接指挥的团队和相关协作团队）解读业务目标。如果不理解或者不赞同，那么在目标讨论的过程中就应该提出来，经过讨论或者"PK"最终达成共识，这样才能为团队获取更合理的业务目标。

千万不能在讨论业务目标的时候不认同或者不理解但却不说，然后与下面团队沟通的

时候来一句"其实我也不怎么认同这个目标"，这样做会大大降低团队的积极性和稳定性。

3. 技术管理：关注演进

P8 级别的人负责的是整个领域的技术，需要重点关注领域技术的演进。也只有 P8 来做这个事情是最合适的，相比 P7 来说，P8 有几个优势：一是技术视野，P8 关注的是整个领域的技术，技术宽度比 P7 更广；二是团队资源，领域技术的演进投入可能会比较大，P8 能够协调多个团队共同来完成目标；三是业务理解能力，P8 的业务理解能力更好，而且能够掌握更多的业务信息，所以更容易结合业务来考虑技术演进。

最后，我再分享一下 P8 级别精力分配的经验。如果带横向模式的团队，则可以参考 532 标准，也就是技术占 50%、管理占 30%、业务占 20%；如果带纵向模式的团队，则可以参考 433 标准。

实际比例可以视情况灵活调整。总的原则是，既不要丢掉技术，也要重视业务，技术比例不要低于 30%，业务比例不要低于 20%。

小结

本章基于 COMD 能力模型详细解读了 P8 级别的具体要求及对应的提升技巧。下面回顾一下本章的重点内容：

（1）P8 的核心能力要求是指挥多个团队达成目标，主要提升目标是成为有影响力的领域专家。

（2）技术维度上，P8 需要精通领域相关的技术，重点拓宽领域技术宽度，既可以通过研究开源项目和参加技术大会来拓宽自己的技术宽度，也可以在技术大会上做主题演讲来提升自己的影响力。

（3）业务维度上，P8 需要熟悉多个业务，并且开始需要掌握战略规划相关的技能，以帮助自己理解业务整体规划，可以采取"宝洁战略模型"的方法快速提升自己的业务理解力。

（4）管理维度上，P8 需要负责指挥多个团队，提升自己管理技能的核心是学会抓住三个管理重点：搭建团队梯队，参与目标制定，关注技术演进。

思考

　　对于你现在负责的业务和指挥的团队来说，晋升 P8 的机会可能在哪里？如果要把握这样的机会，那么你会如何规划接下来的行动（就算你目前不是处在 P7 晋升 P8 的阶段，也不妨假设自己是团队里的 P7 来分析一下这个问题）？

> 晋升当然要靠自我奋斗，但也要考虑历史的进程。

第 11 章　P9 提升攻略：如何成为跨域整合的"业务导演"

第 10 章中提到，P8 级别是技术能力的顶峰。而本章介绍的 P9 级别，则可以说是绝大部分人的职业发展巅峰。因为就算你很厉害，如果没有合适的机遇和运气，也很难晋升到 P9，至于从 P9 继续往上晋升就更难了。

P9 级别对应的工作年限一般是 10 年以上。在 BAT 级别的大厂，P9 是管理层级分水岭，从这个级别开始就属于**中层管理者**了。

很多公司 P9 的 Title 仍然带着"技术"或者"工程师"这样的词，比如阿里的 P9 是"资深技术专家"，腾讯旧职级的 T4 是"专家工程师"。但实际上，对于 P9 这个级别来说，业务和管理工作已经占据了核心地位，尤其是业务目标管理，比如分析业务情况、讨论业务方向、规划业务突破点或新业务等。

P9 的核心能力要求可以用一句话来概括——**导演成熟的作品**。它的核心职责和电影导演类似，都包括制定目标（要拍一部什么样的电影）、整合资源（投资方、演员、编剧等）、做出决策（钱花在什么地方、找谁来主演等），以及完成作品（拍出最后上映的电影，并且收获一定的票房，至少要赚钱）。

导演的表演水平可能比不上主演，写作水平可能比不上编剧，更不用说服装、道具、摄影这些专业技能了。但导演一定是跨领域专家，对每个领域都有一定的理解，能够结合自己的作品目标来整合行业资源。

P9 也是这样的，不一定精通每一个专业领域，但一定是跨领域整合的高手。虽然在某些职级体系中，P9 和 P8 的 Title 看起来只是半斤和八两的差别（比如 P9 是"资深技术专家"，P8 是"高级技术专家"），但实际上它们的能力要求已经发生了质的变化，就像拍电影的总导演和道具组组长的差别。

总的来说，P9 的主要提升目标是成为**跨域整合的业务导演**。接下来从技术、业务和管理三个维度一一展开讲解。

11.1　技术：跨领域整合能力

首先是技术维度。

我想你心里也许有这样的疑问：如果说 P8 就已经是技术能力的顶峰了，那么 P9 及以上级别的技术水平还能提升吗？业界有很多 P9/P10 的技术专家，比如人工智能专家、算法资深专家，他们不是一直都在技术领域发展吗？

如果单论具体的某个领域的技术，那么 P9 除了自己原来在 P8 时深耕的那个领域，其他领域可能还真不如对应领域的 P8 那么精通。

你可以这么理解，P9 及以上级别在技术维度上的提升，并不是体现在单个领域**技术能力本身**上，而是体现在**整合跨领域的技术方案来打造成熟落地的作品**上。

1. 案例：面向业务的立体化高可用架构设计

下面以我晋升 P9 时展示的一个作品为例。我在 2015 年左右负责阿里游戏高可用项目，这个项目涵盖客户端（Android）、运维、后端架构重构和异地多活架构设计，整体结构如下图所示。

这个作品有三个特别的亮点：

（1）我们将"4 个 9"这种不直观的高可用指标拆解为"3 分钟定位问题、5 分钟恢复业务、平均最多 2 个月发生一次问题"。这是我在讨论的时候提出的一个创意，后来我看到很多公司都在用类似的表述。

（2）这个高可用方案是面向业务的立体化方案。通常说到高可用，首先想到的就是运维的各种保障，而我当时的核心理念是"高可用的系统是设计出来的，不是靠运维保障出来的"，所以设计了如上图所示的多个方案组合起来的立体化方案。

（3）这是整个游戏业务线第一个真正实现异地多活架构的业务。并且我还提炼出了一套完整的异地多活设计方法论，后来指导了几个其他的业务顺利实现了异地多活。

这三个亮点的要求是我作为"导演"提出的，但整个"作品"是由多个团队的多个 P7/P8 协作完成的，客户端、运维和后端都有领域负责人参与。

我基于整体的架构思路给客户端和运维提出具体的要求，由各领域提出可选方案，然后我们一起讨论。能达成共识当然最好，如果达不成共识，那么就主要由我来拍板，我参与的重点是在架构解耦（2014 年的时候我们还没有使用微服务的概念，其实就是微服务拆分）和异地多活这部分的设计。

看完了我的晋升案例，相信你已经能够初步体会到，所谓的"整合跨领域的技术打造成熟作品"到底是什么意思了。它的核心要求就是具备一定的**技术广度**，能够结合作品来整合不同领域的技术，这也是 P9 阶段提升技术能力的关键。

2. 技术广度：跨领域的技术视野

什么是技术广度呢？我们不妨把它与技术深度和技术宽度放在一起，对比理解。

比如你是前端工程师：

- 首先，你努力钻研 React 技术直到熟练掌握，这是技术深度的提升。
- 接着，你又全面掌握前端领域的所有技术，包括 Vue、JavaScript 和小程序技术等，这是技术宽度的提升。
- 然后，你开始了解后端和 AI 等领域，拥有了跨领域整合的能力，这就是技术广度的提升。

具体如下图所示。

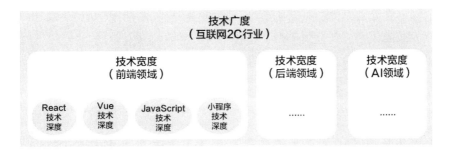

P9 级别的技术详细要求如下表所示。

复杂度	核心要求	详解	与 P8 的核心差异
规模复杂度	熟悉端到端的技术领域	P9 级别不能只关注自己在 P8 时候专注的技术领域，而需要拓展到端到端的技术技术领域，对于业务已经用到的和将来可能用到的技术都需要有一定的熟悉和理解	P8 是精通一个技术领域 P9 是熟悉端到端的技术领域
时间复杂度	能够规划业务范围内 2~3 年内的技术发展	P9 级别关注的是业务整体的技术，需要从业务发展的角度来规划整体技术的演进步骤	P8 的时间范围是 1~2 年 P9 是 2~3 年，俗称"看 3 年，做 1 年"
环境复杂度	熟悉业务相关的业界技术	P9 需要对整个业界相关的技术都有一定的熟悉和理解，尤其要关注新技术可能给业务带来的变化和突破，即使业务现在可能用不上	P8 需要关注单个技术领域相关的业界技术 P9 需要关注业务相关的业界技术
创新复杂度	创造新的方法论或者技术思想	P9 需要具备一定的业界影响力，所谓"影响力"一般指成为别人学习的对象，如果只是单纯地应用已有方法支撑的业务，那么其他人能够学习的地方不多 只有提出新的方法论或者技术思想才可以影响甚至改变行业，例如谷歌的大数据论文、微服务思潮的兴起等	P8 是技术领域级别的创新 P9 是方法论或者技术思想的创新

既然技术广度在 P9 阶段这么重要，那么应该如何提升技术广度呢？

首先，你不要陷入太细的技术细节中，比如某个工具的使用、API 如何调用等，因为这样做花费的时间太多，而且对于做关键技术决策并没有什么帮助。相反，你需要从宏观层面熟悉多个领域的技术，包括技术原理、优缺点、适应场景和业界应用等。

环式学习法就是一个利器，它能通过闭环的思维大大提高技术广度的提升效率，我会在学习方法部分详细介绍。

另一个提升重点就是**关注和学习新技术**，比如人工智能、区块链和 VR/AR 等，因为新技术可能会给业务带来新的突破。

但是因为新技术和业务的结合点并不是一目了然的，需要在目标不明确的情况下持续跟进 1～2 年时间，所以我不建议一开始就大张旗鼓地投入，也不建议直接安排别人去跟进。

最好的办法还是 P9 自己保持一定的关注度，等到时机成熟，再专门安排手下的 P7/P8 去深入研究。

11.2　业务：从理解规划到亲自导演

在业务维度上，公司也对 P9 提出了更高的要求。

按照规模和组织形式来区分，P9 负责的业务范围一般可以分为如下三类。

（1）独立的一个或者一类产品。

比如阿里云上的云数据库 Redis 版，或者云数据库 Redis 版+云数据库 MongoDB 版。

（2）某个行业中的一个或者一类业务。

比如美团 App 是一个覆盖"本地生活"行业的 App，里面会划分外卖、美食、酒店、电影等几十个具体的业务，一般 P9 会负责其中一个或者一类业务。

（3）某个中台的一个或者一类业务域。

比如电商中台可以分为支付域、订单域、商品域和用户域等几十个业务域，一般 P9 会负责其中一个或者一类业务域。

至于 P9 到底是负责一个还是一类产品、业务、业务域，这与产品、业务、业务域的复杂度、规模、公司的组织结构及自己的能力（P9-还是 P9+）都有关系。

规划和突破

但是，不管负责哪一种业务范围，对 P9 级别的考核来说，业务结果所占的比重都大大增加了，甚至超过了对技术的要求。

之前提到过，P9 要导演出成熟的业务作品，就像合格的电影导演要拍出 7 分以上的电影作品。

也就是说，P9 需要规划业务目标（既可以独立规划，也可以跟其他人一起规划），协调整合资源来落地规划（既可能是成立新团队，也可能是成立新项目），并且落地后还要得到比较好的结果。

通常情况下，P9 要能够获得有突破的业务结果才能得到认可，如果只是将已有的业务数据提升一些，那么作用是不大的，例如我设计的阿里游戏高可用方案，落地后真正实现了"3 分钟发现问题，5 分钟恢复业务"的目标，而在实现这个方案之前，我们的业务曾经 1 个月出现了 4 次大故障，最长故障时长为 6 小时。

从理解业务规划到做出业务规划并获得有突破性的结果，这是 P9 相对于 P8 的核心提升点之一，也是 P8 很难晋升 P9 的一个因素。

首先，好的业务机会本身就非常稀缺，毕竟行业的风口并不是经常有的，业务上大的发展和突破也不是年年都有。如果业务本身没有大的发展或者突破，那么相关的各种机会就会比较少。例如我前面举例的阿里游戏高可用项目，核心原因是业务发展很快，用户量大增，原有技术架构存在严重缺陷。

我曾经跟朋友说过，如果让我现在以 P7 的身份加入大厂，我再干 6 年也不一定能晋升到 P9，因为机会是可遇不可求的。

其次，内部竞争激烈，做业务规划的机会不一定能落到自己头上。

虽然 P8+ 的总体数量不是很多，但因为业务机会更加稀缺，结果还是"僧多粥少"。可能同一个业务机会抛出来，有好几个 P8+ 都想抓住，但最后只有一个人能够得到高层的认可和支持。

当然，P8+ 自己也可以提出一些创新的业务突破方向。但这些想法能不能得到高层的支持，存在很大的不确定性，因为高层会面对各种创新的想法，不可能每个都采纳。

最后，业务能不能实现突破，运气成分很大。

即使你一路过关斩将，得到了高层的认可和授权，负责将业务规划落地，但是业务结果怎么样，还是存在很大的运气因素。比如你负责某移动钱包的某个海外地区的支付业务，恰巧当地遇到了比较大的经济困难，那么开展支付业务肯定会受到很大的影响，更不用谈有什么突破性发展了。

P9 级别对业务的详细要求如下表所示。

复杂度	核心要求	详解	与 P8 的核心差异
规模复杂度	规划业务方向	P9 会作为技术代表参与业务核心决策，对于业务的发展方向和规划必须要有自己的理解、看法、想法	P8 是理解业务规划 P9 是做出业务规划
时间复杂度	规划 2～3 年业务方向和步骤	P9 需要对业务看得更长远，因为 P9 这个级别做出的业务规划落地时间长，需要投入的资源多，如果目光短浅，1 年甚至半年就改大方向的规划，反复折腾会浪费大量的时间和资源，更不用去想得到好结果了	P8 是 1～2 年 P9 是 2～3 年
环境复杂度	洞察行业的趋势	P9 要做 3 年的业务规划，除了需要对行业现状有深入的理解，还需要洞察整个行业可能的发展趋势	P8 是理解行业"现状"和"规划" P9 是洞察行业"未来"，做出"规划"
创新复杂度	寻求业务突破	P9 需要寻求业务的突破点和创新点，而不能守着已有的业务高枕无忧	P8 是业务实现 P9 是业务突破

P9 是业务规划和执行的核心人员，需要从战略的高度来思考业务方向。关于业务战略的理论和方法论很多，如果你想快速入门，那么建议学习**宝洁战略模型**。

在 P8 的提升攻略中，我也提到了可以借助宝洁战略模型来提升自己对业务规划的理解能力。不过到了 P9 级别，就不只是用它来理解业务规划了，你还要通过这个模型塑造自己的战略思维，指导自己规划业务方向和目标。

另外，业务战略和行业是强相关的，你必须**在行业内经过一定时间的摸爬滚打**，才能积累相关的经验，以及加深对行业的理解。所以，不能光靠理论学习来提升业务战略，而要做到知行合一。

当你是 P8+的时候，会有很多机会参与业务规划和分析的相关会议与讨论，你可以结合宝洁战略模型，学习 P9/P10 或等高级别的人在分析和规划业务时的思路与逻辑。

11.3　管理：授权但不要"放羊"

P9 级别的管理要求整体来说和 P8 类似，核心工作也是团队梯度、业务目标和技术演进三大块。

P9 级别对管理的详细要求如下表所示。

复杂度	核心要求	详解	与 P8 的核心差异
规模复杂度	负责业务域内所有的技术团队管理	正常情况下，P9 可以说是 100%带团队的，通常会带 3～5 个 P8 级别的团队，管理的总人数大约是 50～150 个人，这些团队隶属某个完整的业务或者大业务下的业务子域	P8 是技术领域团队 P9 是业务团队
时间复杂度	制定业务域内的团队规划、技术规划	P9 需要基于业务的发展制定 2～3 年技术发展规划、团队发展规划等	P8 是技术领域规划 P9 是业务规划
环境复杂度	熟悉业务相关的团队	P9 需要熟悉业务所有相关团队，包括产品、技术、测试、运维、运营等	P8 是端到端技术团队 P9 是全部业务团队
创新复杂度	团队文化、团队制度的创新	创造一些新的团队文化(例如阿里的中供铁军)、团队制度等	P8 是技术领域团队级别的创新 P9 是业务团队级别的创新

P9 带团队的挑战在于，因为管理范围覆盖的领域比较多，你已经不可能在每一个具体领域都达到精通的水平了。

所以，你在管理 P8 的时候，需要尽量采用授权式管理。不过一定要注意，不要把授权式管理变成了"放羊式"管理。

有些 P9 因为自己曾经不是从某个专业领域晋升上来的，对这个领域不太熟悉，就干脆把这个领域的事情完全丢给一个 P8 了事。

但是这可能会导致在做关键的技术决策的时候出现脱节：P9 懂业务，但对某个专业领域不熟悉，而 P8 虽然在专业领域上很精通，但对业务的理解一般，无论谁来做决策，都存在很大风险。

案例：小游戏 App 项目

举个例子，我在 P9 级别负责过一个小游戏的项目，简单来说，就是做一个小游戏的 App，用户在里面可以玩各种小游戏。

这个 App 要采用什么技术方案呢？当时我们内部有两种不同的意见：

（1）Android 和 iOS 团队都建议完全用原生的技术来实现，因为对于大部分玩小游戏的用户来说，手机性能都一般，使用原生的技术，用户的体验会更好。

（2）前端团队建议用 App+H5 包壳的方式快速上线，因为这是一个快速尝试的创新项目，H5 的方式能够让业务快速迭代。

在讨论决策的时候，我的老板们（在业务线上带我的 P9 和 P10）也倾向于用原生的技术方案，因为他们觉得用户体验是小游戏成功的关键。

但是经过分析，我认为 App+H5 包壳的方式更适合业务，因为小游戏体验的好坏关键在于小游戏本身。App 的交互并不复杂，原生技术不会带来体验上的优势；相比之下，用 H5 实现既能够支撑业务快速迭代，又能够满足用户体验的需求。

最后，我顶着老板们的压力立下了军令状，确定了用 App+H5 包壳的方式来实现。而后续业务的发展，也印证了这个技术方案的先见之明。

一方面，我们内部测试的时候发现，小游戏本身的设计是用户体验的关键。很多游戏在上线之后都要经过不断调优才能够满足用户体验良好的要求，而 App 本身没有成为体验的瓶颈。

另一方面，小游戏 App 上线之后，推广很困难，让用户独立下载一个小游戏 App 的成本很高。于是我们很快就在业务方向上进行调整，从独立的 App 改为嵌入到集团内成熟的 App。因为采用的是 H5 包壳的技术方案，所以迁移的成本比较小。

这个案例说明什么呢？虽然 P9 下面会有几个不同领域的 P8 专家支撑，但这并不意味着你可以直接把技术工作全都交给他们。比如小游戏 App 的技术方案，你不能甩给 Android、 iOS 和 H5 三个领域的 P8 来进行辩论和"PK"，谁赢了就听谁的。

在做业务相关的关键技术决策时，P9 必须根据自己对业务和技术的理解，自己拿主意。因为只有到了 P9 级别的人，才拥有**跨领域的技术理解，并且能够结合业务的发展来做出判断**。

与 P8 相比，因为要负责业务目标的制定和实现，所以 P9 需要在业务和管理上投入更多的精力，而在技术上投入的精力则稍微少一点。

总的来说，P9 在技术、管理和业务上的精力分配没有固定的标准。

如果业务稳步发展，则可以参考 433 的标准，也就是业务占 40%、管理占 30%、技术占 30%；如果你作为空降的 P9 接手了一个原来表现不太好的团队，就得在业务和管理上投入更多，按照业务占 30%、管理占 40%、技术占 20% 来分配精力；如果你负责的业务面临发展的天花板，那么按照 631 的比例也是可以的，也就是业务占 60%、管理占 30%、技术占 10%。

小结

本章基于 COMD 能力模型详细解读了 P9 级别的具体要求及对应的提升技巧。下面回顾一下本章的重点内容：

（1）P9 的核心能力要求是导演成熟作品，主要提升目标是成为跨领域整合的业务导演。

（2）技术维度上，P9 需要具备跨领域整合的能力，重点提升领域技术广度，可以通过环式学习法来提升自己的技术广度，通过关注和跟进新技术来提升自己的创新能力。

（3）业务维度上，P9 需要规划业务目标，并且需要掌握战略规划相关的技能，指导自己做出好的业务规划，可以采取"宝洁战略模型"的方法快速提升自己的业务规划能力。

（4）管理维度上，P9 需要负责指挥多个不同领域的团队，除了抓住三个管理重点（搭建团队梯队、参与目标制定、关注技术演进），还可以采用授权的方式管理团队，但必须注意，不要把授权变成"放羊"。

思考

既然 P9 级别管理和业务的能力比重大大上升，那么是否可以由技术出身的 P9 来管理产品运营团队，或者由产品运营出身的 P9 来管理技术团队呢？

 授权不是"放羊"，关键决策得抓。

第 3 部分　面评技巧

第 12 章　PPT 框架：标准的晋升 PPT 长什么样子

12.1　面评技巧导学

你可能会认为，"是金子总会发光"，只要自己能力达到了一定的水平，晋升就是"水到渠成"的事情。毕竟评委的眼睛都是雪亮的，他们的经验又很丰富，自然能够看出你的闪光之处。

然而现实情况并不是这样的，你的能力到底强不强，在评委的眼中可能没有那么明显。因为他们根本没有足够多的时间和精力来充分地考查你，只能通过不到 2 个小时的**面评**对你做出判断。

所谓"面评"，就是评审阶段的当面交流，包括写 PPT（前期的材料准备）、讲 PPT（晋升自述）、答辩（回答评委问题）等环节。你需要介绍证据，回答提问，向评委证明自己达到了目标级别的要求。

可以这么说，你的面评表现在很大程度上决定了你的晋升结果。如果我们把影响面评表现的因素做个排名，那么你的能力占比是 50%，而面评技巧可以占到 30%（你还记得剩余 20%是什么吗？温馨提示：可以回顾一下第 2 章）。

虽然在你能力不行的情况下，面评技巧无法帮助你通过晋升；但是如果你光有能力，却没有掌握面评的技巧，那么很可能还是会晋升失败。

所以在面评技巧部分，我会针对面评中的几个关键环节，提示常见的误区、总结实战经验。学完这一部分，你就能充分地展现自己的能力，发挥出应有的水平。

本章我们就先来看看标准的晋升 PPT 长什么样子。

12.2　晋升 PPT 的常见误区

晋升 PPT 是你用来向评委展示自己能力的关键性材料，非常重要。但是如何才能写好晋升 PPT 呢？我在做评委的时候发现，即使是申请晋升 P8 的人做的 PPT，很多也让人不满意。

根据我的观察，申请者准备晋升 PPT 的时候，经常陷入一些思维误区当中。

误区 1：晋升 PPT 的形式越炫酷越好

有些人以为 PPT 就是要做得漂亮、做得炫酷，所以采用了大量的图表和区块，明明简单的一两句话就能说清楚的事情，也要用区块占一整页 PPT，甚至还专门加一些动画效果。

事实上，PPT 的漂亮和炫酷程度并不是关键，有时反倒会成为累赘，因为评委可能会觉得你的 PPT 是"内容不够，形式来凑"。

误区 2：晋升 PPT 中列的事情越多越好

有些人在总结自己能力的时候，以为列的事情越多，就越能证明自己的能力强，于是干脆把做过的事情全部罗列出来，逐个介绍。

我曾经遇到过一个申请晋升 P7 的 Java 服务器开发人员，他把自己做过的 6 个项目、处理过的 5 个线上问题、写过的 3 篇文章及 4 次担任新员工导师的经历全部列了出来，甚至连在团队内部用 Python 做了一个小工具都没有放过，每件事情都花 1~2 页 PPT 来介绍。

最终的结果自然是没有通过晋升，因为评委无法判断哪些能力才是他的核心能力，产生了一种"他什么都会但什么都不精通"的感觉。参加过面试的读者应该都知道，一旦面试官对你形成了这种印象，那么面试结果多半要"凉"，其实晋升答辩也是这样的。

误区 3：晋升 PPT 的内容越详细越好

有些人虽然知道 PPT 不要列太多事情，而是要挑几件主要的来讲，但是对于挑出来的这几件事，介绍得特别详细，什么细节都不放过。他们这么做可能是担心因为紧张而漏讲一些事情，也可能是因为不知道评委会关注什么，以为只要都讲，总能踩到"得分点"。

这个误区有两种表现形式。第一种是虽然 PPT 页数少，但每一页的内容都特别多，密密麻麻的全是区块和文字，简直要把人逼出"密集恐惧症"。

站在评委的角度，不管是看你的 PPT，还是直接听你讲，都很难把握重点。你自以为讲了七八个点，但很可能他们听完以后只能记住三四个点，而且也不知道其中最重要的点是什么。

另外，因为不同的评委可能记住了不同的点，所以在后续的答辩环节中，他们问的问题也会比较分散，你无法通过回答一个问题在多位评委那里同时获得加分。

第二种表现形式是，虽然 PPT 每一页内容相对少一些，但页数很多，讲 PPT 的时候翻页翻得飞快。

站在评委的角度，他们无法把连续几页 PPT 的内容整合成与某个主题相关的完整内容，可能看到后面就忘了前面。

比如，我曾经遇到过一位申请者，他在介绍某个项目的设计方案的时候，第 1 页讲业务需求，第 2 页讲数据库表设计，第 3 页讲缓存，第 4 页讲并发设计，第 5 页讲业务效果，第 6 页总结一下。

本来 1 页的内容就不少，6 页合起来就更多了，再加上其他晋升事项也都是这么写的，为了能讲完，他只能把语速提得非常快。

这样 6 页讲下来，时间只用了 3 分钟，但讲的内容又很多，评委记不住他讲的内容，也无法抓住他要讲的重点，自然也就无法对这个方案做出准确的总体判断。

12.3　标准的晋升 PPT 框架

现在，我们已经了解了晋升 PPT 的常见误区，但是光知道误区还不足以写出好的 PPT。比如，我们知道了晋升 PPT 的内容不是越多越好，但到底写多少才合适呢？你肯定希望有一个明确的可以衡量的标准。

那么，在评委眼中，什么样的 PPT 是好的晋升 PPT 呢？简单来说就是，内容好才是真的好，具体要求如下：

（1）**结构清晰**：比如用金字塔原理或思维导图来讲解思路，用时间线模型来讲解发展历程，用架构图来讲解系统，用流程图来讲解业务，用 UML 类图来讲解代码等。

（2）**重点突出**：在 PPT 上，将核心内容提炼成 3～5 个点，让评委能够快速了解你要讲的内容范围。无论是总体上要讲的事项，还是每个事项的亮点，都应该遵循这个思路。

（3）**与实际讲述内容匹配**：你要讲什么，PPT 就配合呈现什么，最忌讳的就是讲的内容和 PPT 内容不相符。

接下来分享一下我这些年摸索出来的晋升 PPT 标准框架和写作技巧，供你参考。

一个标准的晋升 PPT 应该由以下三部分构成。

第一部分：自我介绍

第一部分是 1～2 页的**自我介绍**，包括以下三块内容：

一是**基本信息**，也就是你的姓名、所在团队和业务、当前级别、申请晋升的级别等信息。

通常情况下，我们是逐级晋升的。但也有跨级晋升的情况，这种情况在跨越式职级体系中比较罕见，而在阶梯式职级体系中，同级别内的跨级晋升还是比较常见的，所以你要注明一下。

二是**当前职责**，也就是你当前主要的职责，比如参与或负责什么业务、是否带团队、团队规模有多大、担任了什么关键岗位（比如项目负责人、系统 owner）等。

三是**工作经历**，也就是以前在哪里待过，做过哪些重要项目。

首先是前公司的经历，格式如下：

在职时间/公司名称/最高职位

比如：

2004～2009 华为技术有限公司　高级软件开发工程师

如果你参与过一些关键项目，也可以把这些项目的名称写上，但不要超过 3 条。

当然，要是你换工作比较频繁，公司名气不大，项目又没有什么亮点，这部分也可以不写。

其次是现公司的经历，如果你在目前的公司待得时间比较久，中间换过几个业务线，这部分也需要写上，参考格式如下：

在岗时间/业务线/最高职位/关键项目

比如：

2010.09～2013.05 支付宝 技术专家 支付宝 App 无线化项目

第二部分：自述材料

第二部分是 10～15 页的**自述材料**，用来向评委展现自己的能力。

自述材料总体的写作指导思想就是**金字塔原理**，围绕"我达到了××级别的要求"这 1 个中心主题，设计 3～5 个核心论据，每个论据分为背景、任务、行动和结果 4 个部分。整个结构就像金字塔一样，中心明确，层次分明，逻辑清晰，如下图所示。

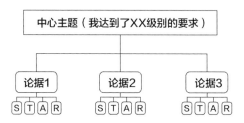

因为这一部分是晋升 PPT 的核心内容，篇幅最长，地位也最重要，不是两三句话就能完全说清楚的，所以我会在第 13 章中详细介绍利用金字塔原理写自述材料的具体方法。

第三部分：辅助内容

第三部分是 1～3 页的**辅助内容**，包括以下两部分：

一是**自我总结**，用能力矩阵或者区块的形式，把你的核心能力再提炼总结一下，让评委有一个整体的印象。

需要注意的是，这里提炼的内容需要和前面讲的内容呼应，不能前面重点讲的某项能力在总结里面看不到了。同时需要注意的是，核心能力列 3～5 项最合适，不要列出 10 项核心能力，这样就体现不出"核心"了。

二是**发展规划**，结合自己的发展目标（比如这次由 P6 晋升 P7 之后，还想继续晋升到 P8）、业务的发展趋势、自己的不足等情况，设定一个综合的发展方向和路径。

你可能会担心，把缺点也列出来，会导致评委给自己打低分。其实正好相反，这样做恰恰证明你对自己的能力有清晰的认知，并且对职业发展有长远的规划。

反倒是如果你通篇都没有谈到自己的任何缺点，那么评委很可能会问一些开放性的问题来考查你对自己的认知是否全面，比如"你觉得自己目前的主要缺点或者不足的地方在哪里"。

需要注意的是，列出来的一定是自己想清楚的缺点，不能为了列缺点而随便写几个凑数，因为评委有可能真的对这部分也展开提问。

另外还有一点也需要注意，你欠缺的能力不能是目标级别的核心要求，而应该是更高的要求，否则就是否定自己了。

比如你是 Java 服务器开发人员，现在申请晋升 P7，那么评委实际上是按照 P7-来评估的，你可以对照 P7 和 P7+的要求，看看你有哪些做得还不够。

在这种情况下，你就不能说自己对 JVM 的垃圾回收这种基础的原理和技术还不熟悉，但你可以说"希望在晋升 P7 之后，能够带 5 人以上的团队负责××项目，锻炼自己的管理能力"。

小结

本章介绍了晋升 PPT 的常见误区和标准框架，相信现在你已经掌握如何从整体上展现自己的能力和亮点了。

下面回顾一下本章的重点内容：

（1）写晋升 PPT 的时候有 3 个常见误区，分别是形式越炫酷越好，列的事情越多越好，内容越详细越好，这些都是我们要注意避免的。

（2）好的晋升 PPT 有 3 点要求，分别是结构清晰，重点突出，与实际讲述内容匹配。

（3）标准的晋升 PPT 框架可以分为 3 个部分，首先是 1～2 页的自我介绍，其次是 10～15 页的自述材料，最后是 1～3 页的辅助内容。其中自述材料最重要，总体的写作指导思想是金字塔原理。

思考

既然晋升无论是对公司还是对个人都非常重要，那么为什么不让申请者把 PPT 多写一些、多讲一些呢？这样不是能够更加全面地考查人才吗？

PPT 不要追求炫酷，内容好才是真的酷。

第 13 章　PPT 写作：怎么写才能展现自己真正的实力

在第 12 章中，我们学习了晋升 PPT 的标准框架，这个框架里最重要的内容是自述材料，而自述材料总体的**写作指导思想**就是**金字塔原理**。

金字塔的顶部是**中心主题**，自述材料的中心主题很明确，就是向评委证明你的能力达到了目标级别的要求。

金字塔的中间是**论据**，也就是你用来证明自己的能力确实达到要求的依据，常见的论据包括：你负责或者参与过的项目，你带过的团队，你负责的系统或者业务。

金字塔的底部是 **STAR**，也就是 Situation（情景）、Task（任务）、Action（行动）和 Result（结果）4 个部分。

接下来基于这个标准模型，谈谈具体的自述材料写作技巧。

13.1　技巧一：把 PPT 当成提词器

很多人因为没什么演讲经验，担心自己因为紧张而忘记要讲的内容，所以干脆把要说的话全部写在 PPT 上。这种做法有两大坏处，一是满屏充斥的信息会把评委逼出"密集恐惧症"，二是会让评委在潜意识里产生"浪费时间"的感觉。

为什么评委会觉得"浪费时间"呢？因为他们看 PPT 的时候其实是在扫读，比你讲话的速度快多了，等他们看完了，你还没念完，这段时间就相当于一个"信息真空期"。他们得不到更多有用的内容，自然就会感到烦闷，有些评委甚至会直接打断你，说"不要再念 PPT 了"。

所以说，评委最不喜欢的就是申请者照着 PPT 念。如果你在晋升答辩的时候踩了这个"雷"，会非常吃亏！

那么我们该怎么写 PPT 呢？有效的做法是把 PPT 当成"提词器"，而不是讲话稿。换句话说，PPT 上面展示的内容不是给你念的，而是用来**提示**你要讲的内容范围的。

一方面是**提示你自己**，这一页 PPT 应该讲哪几个关键点，至于具体的详细内容，不用放上去，只需要从你的嘴说出来就行了。

另一方面也是**提示评委**，告诉他们你将要讲什么，这样评委就能够快速收集自己头脑中与这些内容相关的知识、技能和经验，一边听你讲，一边理解并形成初步判断。

13.2 技巧二：围绕能力要求提炼论据

论据可以分为两类。第一类是**核心论据**，与目标级别的能力要求**强相关**，并且能够让评委眼前一亮，一般需要提炼 3~5 项。

提炼核心论据是有套路的，你可以回顾一下之前讲的 COMD 能力模型，根据目标级别的能力要求去找相关的复杂度高的工作。这些工作往往有一些共同的特点，比如持续时间长、规模大、不确定性高、有一定的挑战性或者创新性等，找起来并不难。

第二类是**辅助论据**，从侧面说明你的能力，起到锦上添花的作用，不用太多，只要 1~3 项就行。

辅助论据的价值在于，如果你和另外一位申请者在核心论据上的表现差不多，但你准备了辅助论据而他没有，或者你的辅助论据更加亮眼，那么评委很可能给你更高的评价。

整理辅助论据也不难，一些常见的辅助论据包括参加业界技术大会（证明自己主动拓宽技术视野）、在业界技术大会上演讲（证明自己有一定的业界影响力）、发表文章、出版图书、担任一些虚拟组织的组长（比如学习小组和交流小组），以及参与开源项目等。

13.3 技巧三：用 STAR 方法描述论据

提炼好论据之后，如何向评委描述才显得有理有据呢？

经过摸索和实践，我推荐你使用 STAR 方法，也就是 Situation-Task-Action-Result。你可能在准备简历和面试的时候用过 STAR 方法，但其实它在晋升答辩的时候也很管用。

1. Situation（背景）

首先是描述事情的背景。注意，不要把项目 Word 义档里的内容直接粘贴上去，而是应该提炼 1~3 条关键内容摘要。

比如某资讯类项目的背景如下：

随着行业自媒体的发展，大量质量参差不齐的内容涌现，如何让优质内容快速到达目标用户成为一个很大的挑战。

这么一大段话放到 PPT 上显然是不合适的，最好提炼为：

自媒体内容推荐

不过你在讲的时候，还是应该说"随着……挑战"那段比较长的话。

2. Task（任务）

其次是描述你在这件事情里面的角色和负责的任务。

这里要特别注意，不要把整个项目的任务写上去，因为评委关注的是**"你在项目中发挥的作用"**，而不是**"整个项目有多牛"**。

我曾经遇到过一个申请者，他在介绍项目的时候粘贴上了系统架构图，然后花了 2~3 分钟时间来讲解架构。

然后评委问了一句：**"这个架构是你设计的吗？"**

他回答说："不是，我只是参与了其中××子系统的开发。"

结果，这部分讲解不但没有加分，反而起到了负面作用，因为评委们认为他对自己的能力和职责认识得不清晰。

3. Action（行动）

然后是行动，你要讲清楚自己做了什么，展现了哪些能力，这是最关键的部分。你需要注意以下 3 点：

第一，不要把 Word 文档的内容直接粘贴到 PPT 上，PPT 只要展示你提炼的 3 ~ 5 个核心点就行了，其他内容得靠你自己讲出来。尽量用架构图、流程图、类图和思维导图等形式来展现，然后提炼几个关键内容并用文字展现出来，其他详细内容自述的时候讲出来即可，有点像游戏中的那个段子——"开局一张图，内容全靠编"，我们不能编内容，而应该是"开局一张图，内容全靠说"。

第二，PPT 上只要写**"做了什么"**，用不着写**"为什么这么做"**。因为评委肯定会在答辩环节问到这一点，而且与你进行多次的交流探讨。但是你无法预知评委究竟会怎么问，而自述时间又很宝贵，所以不可能提前把背后的思考过程全都写上。

4. Result（结果）

最后是讲述事情最终的结果，这是最不容易写好的部分。

大部分人在这个环节犯的错误就是太"虚"，只有定性的描述，没有定量的描述。

正确的做法是**"虚实结合"**，而且重点在"实"，所有事情的结果都应该围绕**效率、效果、质量和成本**这 4 个维度进行**量化评估**。

13.4　量化评估的原则

所谓量化评估，就是把要评估的内容转化成可以量化的数据来呈现。

如何做这个量化呢？根据我的经验，呈现的数据要遵循以下 3 个原则。

1. 先有基数后有比例

比例数值要有基数说明，因为只有把基数和比例结合起来才能完整地评估结果。

比如 A 和 B 两个项目都是"渗透率从 20%提升到 30%"，其中 A 项目的日活用户是 1000 万，而 B 项目的日活用户只有 10 万，那么从评委的角度看，A 项目的结果和价值明显要优于 B 项目。

2. 用绝对值而不是相对值

比例数值要用绝对值而不是相对值，因为相对值很好的原因可能是之前做得太差。

假设 A 项目是"渗透率提升 200%"，B 项目是"渗透率提升 50%"，单纯看相对值的话，肯定是 A 项目更好，但如果用绝对值来描述，结论可能就不一样了。

比如 A 项目是"渗透率从 2% 提升到 6%"，B 项目是"渗透率从 20% 提升到 30%"，那么从评委的角度看，A 项目的结果和价值就不如 B 项目了。

3. 将数值转换为"钱"

在前两个原则的例子中，我们都是单纯地根据量化数据的大小来判断结果的，但实际上只做这样的对比是不够的。

就算 A 项目是"渗透率从 2% 提升到 6%"，B 项目是"渗透率从 20% 提升到 30%"，A 项目仍然有可能大大优于 B 项目。为什么呢？因为可能 A 项目的功能重要性远远大于 B 项目，或者 A 项目的渗透率提升难度远远大于 B 项目。

这就引出了第 3 条原则：要将数值转换为"钱"。这里的"钱"可以是收入、支出、成本和人力等。

比如 A 项目是"渗透率从 2% 提升到 6%，增加广告收入 3000 万元"，B 项目是"渗透率从 20% 提升到 30%，增加会员收入 30 万元"，那么从评委的角度看，A 项目虽然数值低，但业务价值明显更大。

当然，并不是每件事情的最终结果都能够转换为"钱"，所以这条原则只要尽量满足就行了，实在无法转换的也可以不写。

下面这个表格中列举了一些通过量化评估实现虚实结合的例子。

事情	Result（虚）	Result（虚实结合）	备注
系统重构	提升了系统质量	提升了系统质量，可用性指标从 99.9% 提升到 99.98%，2019 年全年无重大事故（2018 年发生了 4 起）	（1）2018 年的 4 起重大事故就是基数，这里无法计算比例 （2）99.9% 和 99.98% 就是绝对值 （3）如果有 2018 年 4 起事故导致的损失统计，那么可以写出来，如果没有则可以不写

续表

事情	Result（虚）	Result（虚实结合）	备注
优化功能实现	提升了系统的可扩展性	提升了系统的可扩展性，同类新功能实现从 3 周缩短到 1 周，半年内支持了 12 个新功能开发，节省人力 600 人日	（1）3 周是基数，如果要写比例，那么效率提升就是 200%，如果直接写了"从 3 周缩短到 1 周"，就可以不写比例了 （2）3 周、1 周、12 个新功能、600 人日都是绝对值 （3）600 人日就是与"钱"相关的效果
测试平台	提升了测试效率	提升了测试效率，6000 个测试自动化用例的比例从 20% 提升到 80%，节省 800 测试人日	（1）6000 个测试用例是基数 （2）20% 和 80% 是绝对值 （3）800 测试人日是与"钱"相关的效果
××业务功能	提升了用户留存率	提升了用户留存率，每月 200 万新用户留存率从 20% 提升到 35%，相当于节省推广费 580 万元	（1）200 万新用户是基数 （2）20%、35%、580 万都是绝对值 （3）580 万元就是与"钱"相关的效果

特别提醒一下，之前我一直强调，PPT 只需要写提炼出来的重点和关键词，详细内容要靠你自己讲，但展示结果的 PPT 是个例外，你一定要完整写出来。也就是说，你的 PPT 里不要写这个表格里"Result（虚）"这一列的内容，而要写"Result（虚实结合）"这一列的内容。

4. 分配页数的方法

第 12 章中提到过，自述材料的总页数是 10 ~ 15 页，所以单个论据建议不要超过 3 页，否则内容总量很容易超标。

对于一个论据来说，STAR 的 4 个部分要怎么分配页数呢？一般情况下，你可以把背景、任务和结果放在第 1 页，然后把行动单独放在第 2 页；如果行动比较复杂，也可以分成 2 页，这样总页数就是 3 页。

如果某个论据真的特别好，3 页确实不够，也一定不要超过 5 页。这几页 PPT 怎么分配呢？一般是背景和任务放在第 1 页，行动放在中间的几页，结果放在最后 1 页。

如果每个行动相对独立，没有什么关联，那么每个行动和对应的结果放在同一页来讲，这样能更方便地把行动和结果对应起来。

比如论据是 Android App 性能优化，行动 1 是优化内存，行动 2 是优化网络，那么优化内存的方法和结果放在同一页 PPT，优化网络的方法和结果放在另外一页 PPT。

13.5　常见疑问处理

现在你已经掌握了自述材料的基础写作技巧，但在实际写作的时候，可能还是会遇到一些特殊情况，让你不知道到底是写还是不写，或者不知道怎么写。

接下来就针对 4 个常见的疑问，分享一下相应的应对策略。

第 1 个疑问是，业务背景很庞大，介绍起来很费时间，那么要不要先介绍一下业务背景呢？

之所以会有这个疑问，是因为如果不介绍业务背景，一上来就讲具体内容，你担心评委理解不了；如果介绍业务背景，又要花很多时间，你担心评委可能觉得你啰唆。

我的建议是，要介绍业务背景，但要根据不同的级别采取不同的方式来介绍。

如果你要晋升 P8/P9，那么大概率会遇到跨业务线的评委，介绍业务背景能让他们对你接下来讲的内容有一个大概的认知。

这时，你可以根据**产业链图**对整个行业的背景做一个概要的介绍，时间控制在 1 分钟以内。

比如，你做的是游戏直播业务，可以借助下面这张图来介绍整个游戏直播产业链。

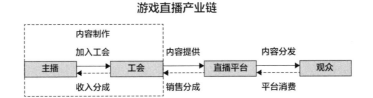

除了晋升 P8/P9 的时候可以用产业链图来介绍**行业背景**，晋升 P7/P8/P9 的时候也可以用**业务大图**来说明你负责的业务范围，这能让评委（无论是否跨业务线）对你的职责范围和所做事情的复杂度有一个直观的了解。

以支付中台为例，如果你负责的是会员中心，那么可以用下面这张图来统一说明。

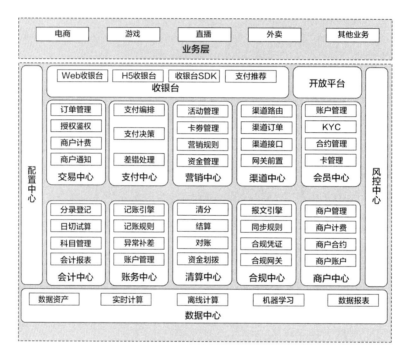

注意，这样的架构大图可以在 PPT 里展示，但在讲解的时候，对于不是自己负责的部分，在整体介绍时简单带过就行了，重点放在自己负责的部分上。还是以这张图为例，我建议按照以下顺序讲解：

（1）先整体介绍支付中台架构，从上往下分别用一句话概括每个大区块的基本作用，包括业务层、收银台、开放平台、13 个××中心等。

（2）点出自己负责的是"会员中心"，然后介绍会员中心的 4 个子项，每个子项最好也分别用一句话概括。

（3）如果有评委问到其他区块，那么知道多少就讲多少，不知道也可以直接说"暂时没有深入了解"。

第 2 个疑问是，某个项目的技术难度很高，但最终的结果不好，可不可以讲呢？

这里要分情况讨论。毕竟评委也知道，并不是所有项目都可以得到好的结果，最终结果会受很多不确定的因素影响。

如果结果不好的原因是**你不可控的因素**，比如业务调整、市场变化、国家法律政策变化等，那么是可以讲的。讲的时候注意实事求是，不要掩饰也不要回避，分析结果不好的原因，说出自己的思考和总结。

如果结果不好的原因是**你自己导致的**，比如过度设计、错误选型，以及采取了虽然先进但你还掌握不了的技术等，这类项目就不能讲。

事实上，如果真的出现这种情况，那么你是没有资格申请晋升的，早在前面的提名和预审阶段就应该被刷掉，不太可能走到评审阶段。

第 3 个疑问是，某个项目的技术难度不高，但最终结果特别好，可不可以讲呢？

我建议就不要讲了，因为晋升 PPT 自述材料的**中心主题是向评委证明你的能力达到了目标级别的要求，而不是展示绩效。**

比如你做了一个优化项目，把日志存储使用的机器从 100 台减少为 20 台，结果似乎非常好，但这个优化项目的做法其实很简单，就是对日志进行压缩。评委看到的时候不会认为你的能力有多强，只会觉得以前做得太差了。

第 4 个疑问是，做了 10 件事情，却没有 1 件特别出彩的，可不可以讲呢？

这时候还是得分情况讨论。

如果你负责的核心工作都是这个样子的，那么晋升就比较难了，评委会认为你"只有苦劳，没有功劳"。

如果出现这种问题的不是核心工作，而是辅助类的工作，那么还可以补救。建议从整体上提炼亮点，比如从积极性、主动性和责任担当等方面来展现，同时你需要提炼出一些对别人有借鉴意义的经验或者教训。不过这不能作为核心论据，只能作为辅助论据。

比如，你在 P6 阶段带了 5 个新员工，其中有 1 个甚至没有通过试用期转正，但只要不是你的原因，你就可以提炼出"新员工主力导师"这样一个论据，然后展现你带新员工的结果——"4 个转正，1 个不通过"，并且提炼出作为导师的 3 条经验和 2 条教训。其实这样的论据也是能得到评委的认可的，可以作为晋升加分项。

小结

本章分享了晋升 PPT 自述材料的写作技巧，指导思想是金字塔原理，核心技巧是 STAR 方法。

现在回顾一下本章的重点内容：

（1）写作技巧主要有三个，一是把 PPT 当成提词器，二是围绕目标级别的能力要求提炼论据，三是用 STAR 方法来描述论据。

（2）与能力要求强相关的核心论据要提炼 3~5 项，侧面说明能力的辅助论据要提炼 1~3 项，每项论据一般不超过 3 页，特别好的论据也不要超过 5 页。

（3）STAR 的结果部分要做量化评估，通过数据来呈现，需要遵循的原则有三个，一是先有基数后有比例，二是用绝对值而不是相对值，三是将数值转换为"钱"。

（4）特殊情况灵活处理，牢记一点，自述材料的中心主题是向评委证明你的能力达到了目标级别的要求。

思考

就算你没有写过晋升 PPT，也一定写过简历。结合本章的内容，你觉得你在写简历或者晋升 PPT 的时候，踩过哪些"坑"呢？

 开局一张图，内容全靠说。

第 14 章　PPT 讲解：如何讲才能让评委印象深刻

前两章介绍了晋升 PPT 的标准框架和自述材料的具体写法。

虽然写 PPT 已经是很大的挑战了，但其实讲 PPT 的难度还要更大。因为大部分人平时都缺少这方面的锻炼机会，不知道如何讲才好。讲太少了担心没讲透，讲太多了又担心显得啰唆，或者增加出错的可能性。

所以很多人对于讲 PPT 是有一定畏惧心理的，也有很多人把自己晋升失败的原因归结为不会讲 PPT。

本章分享一些讲晋升 PPT 的经验，让你不再因为这个原因错失晋升的机会。

14.1　经验一：做一个演讲者，而不是一台复读机

第 13 章分享了一个写 PPT 的技巧：把 PPT 当成提词器，而不是讲话稿。同样的道理，在讲 PPT 的时候，你要做一个演讲者，而不是一台复读机。也就是说，你不要照着 PPT 念，而应该根据 PPT 上的关键词和语句，适当地展开说明。

比如，在之前介绍的咨询类项目的例子中，PPT 上写的只有几个字——"自媒体内容推荐"；而你要讲出来的却是一大段话——"随着行业自媒体的发展，大量质量参差不齐的内容涌现，如何让优质内容快速到达目标用户成为一个很大的挑战。"

另外还有一个小技巧，讲的时候要结合 PPT 的布局，按照从左向右、从上往下的顺序来讲 PPT。因为评委看 PPT 的时候是按照这个顺序来看的，你不要跳着讲，不然会增加评委理解的负担。

14.2 经验二：一个有效页为 1 ~ 3 分钟，总时间为 20 ~ 30 分钟

不管是晋升 PPT，还是各种技术会议的演讲 PPT，你都可以根据**有效页**的数量来估算时间。什么是有效页呢？它是指去掉封面、所有目录页、Q&A、鸣谢页、封底、广告页、二维码页等过渡类和引导类页面之后，剩余的内容页。

一个有效页的讲解时间建议是 1 ~ 3 分钟，平均控制在 2 分钟左右。为什么是这个时长呢？因为如果时间再短一些，那么讲完后评委没什么印象；时间再长一些，讲完后评委只知道你讲了很多，但具体讲了什么就记不住了。

我们可以根据这个时间参考值来合并或者拆分 PPT。如果某个有效页的讲解时间不到 1 分钟，那么可以合并到其他页；如果某个有效页的讲解时间超过 3 分钟，那么可以将其拆分成 2 页。

晋升自述的时间控制在 20 ~ 30 分钟这个范围内，可以适当超时 3 ~ 5 分钟。如果超时太多，那么评委可能会直接打断你，或者提醒你加速，因为评委一天可能要面评 5 ~ 6 个人，时间安排是很紧凑的。

根据这个总时间，我们就知道晋升 PPT 有效页的标准页数是 10 ~ 15 页，太多就需要裁剪，太少就需要补充。

14.3 经验三：自述讲 What，答辩讲 Why

在面评的时候，自述环节的时间是比较短的，答辩环节才是重头戏，评委主要在答辩环节通过问答的方式来考查申请者的能力。

所以，我们不要在自述环节就把内容全部讲完，一是因为时间不够，二是因为不知道评委到底关注哪部分内容。如果我们讲了一大堆，评委都不感兴趣，这样反而浪费了时间。

合理的做法是什么呢？自述环节主要讲 What，也就是事实部分，我们做了什么；答辩环节再根据评委的问题来讲 Why，也就是这样做的原因，一般是你对技术原理的理解、对业务的思考，以及过去总结的经验教训等。

之前介绍的用来写自述材料的 STAR 方法讲的就是 What。那么针对这些 What，常见的 Why 有哪些呢？具体如下表所示。

分类	What	Why	备注
情景 （Situation）	（1）行业变化（例如快手、抖音的崛起） （2）竞争对手的策略（例如拼多多之于淘宝） （3）政策/法律/法规 （4）公司/业务战略调整 （5）业务快速发展，原有人工方式的效率太低	（1）行业为什么有这个变化，变化的特征是什么，相比以前有什么不同点，对业务的影响是什么 （2）你如何看待和理解这个策略 （3）这项法规对业务的影响是什么 （4）为什么要调整战略，已有的战略为什么不行了 （5）为什么以前采取人工方式	不是每个级别都会问相同的问题，例如，对于 P6/P7 基本不会问战略类的问题
任务 （Task）	申请者的职责和任务	（1）为什么安排你做这个事情，你觉得你做这个事情有什么优势 （2）这几项任务是核心任务吗？重要性如何	Task 部分一般问 Why 问得少一些
行动 （Action）	（1）做了××方案 （2）用了××技术 （3）用××方法处理了××问题	（1）为什么用这个方案？方案的优缺点是什么？还有其他方案吗？和业界/开源方案对比的结果如何 （2）××技术的原理是什么？有什么优缺点？类似的技术是什么？为什么你选择了 A 技术而不是 B 技术…… （3）解决××问题可能的方法有哪些？为何你选择了这个方法？通过这个问题你吸取了什么经验和教训……	答辩的核心部分，绝大部分 Why 都集中在这个环节
结果 （Result）	具体的量化效果数据	（1）你觉得这个结果好还是不好？理由是什么 （2）和业界/竞争对手对比的结果如何 （3）如果还需要进一步提升效果，那么你觉得可能还有哪些方法 （4）PD/PM 等合作方如何评价这个结果	对于 Action 很好但是 Result 一般的事情，需要特别准备，要有清晰的分析和思考

14.4　经验四：无论多忙都要安排模拟面评

这是最重要的经验，也是效果最好的经验。

能够参与晋升评审的一般都是优秀的员工，本身肯定承担了比较重的工作任务。在时间不够的情况下，很多人都选择先完成工作任务，而把晋升相关的事情一直拖着。我见过很多申请者，晋升 PPT 一直拖到答辩前两天才匆匆忙忙开始写，写的时候也是东拼西凑，写完就直接拿去用了。

其实这样做是非常吃亏的。除非出了线上的重大事故，否则对于申请人来说，晋升的优先级是最高的，毕竟 2～3 年才参加一次晋升，我们应该做好充分的准备。

产品没有经过测试，你肯定不敢直接发布吧？那么晋升 PPT 没有经过测试，你怎么就敢直接拿去讲呢？俗话说得好："临阵磨枪，不快也光。"无论多忙，我们在参加面评之前都要模拟一下，上战场之前把枪再磨一磨。

具体的方式有两种，第一种是**自己试讲**，你找一个会议室（实在没有会议室也可以在自己座位上），打开 PPT 演示模式，试着讲几遍。

试讲的时候要注意两点，一是要发出声音，不要在心里默念；二是计时，如果试讲的时候发现时间太长，就要调整 PPT 内容或者缩短某些内容的讲解时间。

一般来说，自己试讲 3 遍以上，才能讲得比较流畅。

第二种方式是**内部模拟面评**，协调部门内的高级别人员扮演评委的角色，对你进行一次模拟面评，流程和正式面评一样，你先在自述环节讲 PPT，然后在答辩环节回答问题。

内部模拟面评有三个好处：

首先，你可以感受到面评的氛围，提前适应压力，等到真正进行面评的时候就不会那么紧张了。

其次，内部高级别人员曾经参加过晋升，甚至可能担任过评委，知道评委可能会关注哪些点，能够帮助你提前发现遗漏和疏忽的地方。

最后，你也可以通过模拟面评发现 PPT 或者讲述内容中的一些错误。

另外还有一点需要注意，这毕竟只是模拟面评，内部高级别人员的关注点不一定就和评委的关注点完全一致，不能因为内部模拟面评感觉不错就放松警惕，多做点准备总是没错的。

14.5　一些常见的疑问

针对申请人问得比较多的疑问，这里一并解答。

（1）面评的时候是用自己的笔记本电脑来讲 PPT 吗？

有的公司采取的方式是，申请人把晋升 PPT 发给负责面评现场的 HR，使用公司准备的笔记本电脑来讲。

在这种情况下，对于一些不方便直接写在 PPT 里，但是评委可能会在答辩阶段问到的内容，建议整体打包发给 HR，方便现场展示给评委，比如你发表的文章链接、你在技术大会上演讲的 PPT 和你写过的设计文档等。

而有的公司是让申请人自己带笔记本电脑，这样在展示相关材料的时候更加方便。

但也要特别注意两点，一是把相关材料整理到统一的地方，避免答辩的时候在笔记本电脑上到处找；二是答辩前给自己的笔记本电脑充满电，并且关掉无关的应用，保证笔记本电脑的性能。

这个注意事项听起来有点多余，甚至有点好笑，但是我当评委的时候真的遇到过好几回，有的人讲的过程中笔记本电脑没电了，有的人笔记本电脑卡死了，现场一阵手忙脚乱。

这种失误既浪费了所有人的时间，又打断了你的思路，还会让你因为害怕这件事给评委留下不好的印象而变得更加紧张，所以一定要注意避免。

（2）坐着讲还是站着讲？

一般建议坐着讲。因为答辩的地方就是公司普通的会议室，空间不会很大，站着讲也不太方便来回走动。而且评委都坐着，你站着的话，讲的时候更容易紧张。

当然，如果你具备了演讲技巧，并且非常自信，那么站着讲看起来会更有气势一些。

（3）要不要和评委拉家常套近乎？

有的人喜欢在开场的时候来一段客套话，比如"评委们一天要面评这么多人，应该都很辛苦，非常感谢你们的付出"之类的，其实没有必要。

还有的人更夸张，看到某个评委自己比较熟，上来就说"××大神，想不到您竟然是我的评委呀，太幸运了！"这样会让所有的评委都觉得尴尬，跟你熟的评委会担心别人觉得他故意放水；跟你不熟的评委可能会想："难道我们让你感到不幸了吗？"

（4）讲的时候突然卡住了怎么办？

其实关系不大，如果超过 3 秒还没想起来，那么就不用想了，直接跳到后面能想起来的地方接着讲。关键是不要紧张，不要影响后面要讲的内容。

因为即使你卡住了没有讲，如果评委关注了，那么在后面的答辩环节他还是会问你的；如果评委不关注，那么不讲就更加没什么影响了。

（5）讲的时候被评委打断了怎么办？

这种情况说明评委觉得你太啰唆了，没有讲出重点，比较浪费时间，这时你需要立刻调整讲法，对于还没有讲的页面，翻过去之后不要急着开口，留 3 秒左右的时间想想，在这一页的内容里，评委想听的重点是什么。

当然，最好的方式是在内部模拟面评的时候就将啰唆的内容识别出来，提前规避"耗时太长，讲得太啰唆"的问题，把 PPT 和自己述述的内容调整到最佳状态。

小结

本章分享了讲解晋升 PPT 的四条经验。你只要对照这些经验多练习几次，那么到了正式面评的时候，一定能够以自信的姿态，给评委留下很好的印象。

下面回顾一下本章的重点：

（1）做一个演讲者，而不是一台复读机，对照 PPT 上的关键词或者语句，适当展开说明。

（2）按照有效页数量控制时间，一个有效页为 1～3 分钟，总时间为 20～30 分钟。

（3）自述环节讲 What，告诉评委你做了什么，结果如何；答辩环节讲 Why，告诉评委你做事的依据，背后的思考、逻辑、方法论、经验和教训。

（4）无论多忙，正式面评前都要安排内部模拟面评，提前适应并规避问题。

思考

　　如果自我感觉 PPT 没讲好，那么是不是晋升就基本没戏了？如果你认为没戏，那么理由是什么？如果你认为有戏，那么如何翻盘？

> 无论你有多么忙，模拟面评都别忘。

第 15 章 答辩技巧：回答评委提问有哪些技巧

面评主要分为三个环节：准备、自述和答辩。前几章介绍了准备环节写 PPT 的技巧，以及自述环节讲 PPT 的技巧，本章介绍答辩环节回答评委提问的技巧。

15.1 答辩很重要，但是别害怕

必须先强调一下，**答辩环节才是直接决定你能否通过晋升的关键**。因为即使你在写 PPT 和讲 PPT 的时候表现不好，答辩环节还是可以弥补的；反过来则不行，如果你的 PPT 写得很漂亮、讲得也很有条理，但是答辩环节表现不过关，那么还是无法通过晋升。

很多在答辩环节表现不好的人，都会把失败的原因归结于口才不行或者压力太大。

其实以我多年的经验来看，口才不行很少成为晋升失败的原因，因为**绝大部分评委都会尽力去挖掘你的亮点**。

这有点像一个段子说的："如果你在大学的考试中考了 60 分，那么这很可能不是你努力的结果，而是老师努力的结果。"晋升评委也是这样的，如果你第一次回答的时候没讲清楚，他们会觉得可能是因为你没听懂这个问题，通常会换个问法，再给你一次机会。

当然，如果换了两种问法你都回答不到点上，他们就会认为你确实没有掌握相关的技能。

不过，压力太大有时真的会导致晋升失败。我想你可能也有过这样的经历，评委问到某个问题，你答不上来，感觉整个人懵了，甚至等到评委换成别的问题的时候，你还没有回过神来。

提高抗压能力没什么诀窍，就是平时多锻炼，比如内部模拟面评、给别人培训、向高级别的管理人员汇报，以及在技术大会上做演讲等。

因为决定答辩表现的核心还是平时积累的经验，正所谓"台上一分钟，台下十年功"，所以光靠"临时抱佛脚"突击一下，很难侥幸过关。具体如何在平时的学习和工作中积累呢？我会在后续的**学习方法**和**做事方法**部分详细讲解。

但是，答辩时间只有 40～60 分钟，就算你平时有足够的积累，想要在这么短的时间里充分地展现出来，也是需要技巧的。

15.2 技巧一：明确问题类型，回答关键内容

回答评委提问的时候，有两个很常见的错误。

一是**急于回答**，评委提问话音未落，你就赶紧开始回答，以为这样可以体现出自己在这方面了解得很清楚。

但是评委可能不这么看。如果你确实答到点子上还好；如果没有，评委会认为你没有抓住重点，对与问题相关的内容掌握得不太好。

二是**越多越好**，评委随便问一个问题，你都要说好几分钟，甚至非要等到评委打断才能收住。

这么做一方面导致你能回答的问题不多（因为总时间有限），无法充分利用这个环节展现自己的能力；另一方面也会让评委认为你抓不住重点，对工作的理解不够深刻。

正确的做法是，不要急于回答，先明确问题属于哪种**类型**，想想评委的**关注点**是什么，然后整理这方面的**关键内容**，最后组织语言开口回答。

常见的问题类型和它们对应的关注点与关键内容如下表所示。

问题类型	关注点	关键内容
What	结果	事情+结果
How	过程	方法+步骤
Why	原因	原理+思考

接下来我们逐一拆解。

1. What 类问题

What 类问题关注的是**结果**，回答的关键内容是"**做了什么事情+得到什么结果**"，其中事情部分最好用 3 句话描述清楚，结果部分尽量用数据来描述。

What 类问题问得比较少，因为大部分内容你已经在自述环节讲过了。评委问这类问题，一般是发现了你遗漏的内容，或者对某些细节感兴趣，希望更全面地了解一些信息。比如，你在 PPT 里写了某个业务的日活数据，评委可能会进一步问月活和新用户留存等数据。

这类问题用几句话回答清楚就行，不要展开长篇大论，把时间控制在 30 秒以内。你也不需要为了避免评委问这类问题，在 PPT 里面把所有的数据都列出来，因为那样会让 PPT 显得没有重点。

2. How 类问题

How 类问题关注的是**过程**，回答的关键内容是"**做事情的方法+实施的步骤**"，其中方法部分要点出**关键词**，也就是评委提问的引子，而步骤部分要有**逻辑**，常见的时间逻辑、空间逻辑和业务逻辑等都可以使用。

比如，你在晋升 PPT 里写的是"采用微服务重构系统"，并且给出了拆分前后的架构图，然后介绍说："我们采用微服务的方法将原来耦合的业务系统拆分成 4 个微服务子系统……"

那么评委可能会问："你们的微服务落地过程，具体是怎么做的？"

在这个例子中，方法部分的关键词就是**微服务**，步骤部分的逻辑可以是**业务优先级**，按照优先级从低到高的顺序进行拆分，第一步拆分 A 服务，第二步拆分 B 服务，第三步拆分 C 服务，总共拆分成 4 个服务（原有服务+A+B+C）。

然后，你再补充在拆分服务的过程中遇到了哪些挑战和困难，分别是如何应对的，这样就回答得差不多了。

How 类问题比较常见，因为自述环节不会展示太多过程信息。为了全面了解你的能力，对于一些比较复杂的事情，评委一般会关注具体的落地步骤，以及落地过程中你具体负责了哪些工作，再针对这些工作进行考查。

如果你在 PPT 里已经将步骤列出来了，那么评委可能会直接针对具体步骤进行考查。

通常情况下，How 类问题用 1 ~ 2 分钟来回答比较合适。

3. Why 类问题

Why 类问题关注的是**原因**，回答的关键内容是"**技术原理+思考过程**"。具体来说，Why 类问题可以再继续细分。

第一类是技术相关的 Why 类问题，一般回答相关原理，包括技术理论、技术原则和技术方法论等，比如高可用的 CAP 理论、网络编程的多路复用、浏览器渲染原理等。

举个例子，如果评委问："为什么 Netty 的性能高？"你就需要回答和 Reactor 网络编程模式和零拷贝等原理相关的内容。

这类问题从回答技巧上说比较简单。因为技术原理都是业界公认的，你能不能回答好，关键在于平时有没有积累，毕竟现场编也编不出来。

第二类是决策相关的 Why 类问题，一般回答决策背后的思考，包括分析过程、分析方法、分析框架和决策标准等。

举个例子，你做了一个创新的旅游业务，支持**互助旅游**。什么是互助旅游呢？就是你来我的城市，我带你玩；等到我去你的城市的时候，你再带我玩。在这个业务里，你选择了从大学生群体开始试点。

如果评委问："为什么你要从大学生群体开始试点呢？"你就需要从大学生的特点、业务的目标和最终决策的标准等角度来回答这个问题。比如你可以这么说：

"首先，目前中国的在校大学生总共有××万人，规模不小，而且他们有一定的消费能力。"

"另外，大学生群体喜欢尝试新事物，学业压力没有高中时期那么大，有比较多的个人时间来探索世界，而他们的高中同学往往又分散在不同城市上大学，本身就有比较强的探望和旅游需求。"

"总的来说，不论是从群体数量和消费能力考虑，还是从潜在需求方面考虑，大学生都满足我们的创新项目在初创期进行快速尝试和验证的要求，所以我们选择了大学生作为我们的业务试点用户。"

以上回答内容仅仅作为示例，可能并不完善。如果你讲的是自己真正做的业务，那么只要你平时有这方面的思考和积累，其实是可以回答很多内容的。

这类问题是比较难回答的，因为思考没有统一的标准，同样一件事情要如何思考，不同公司和团队的要求可能都不一样，有的要求快速尝试和验证，有的要求仔细分析和论证，没有哪种方法是绝对正确的。

但有趣的地方在于，即使我们平时没有积累，现场也能够说上几句，甚至说一大段。这很容易给我们一种错觉，以为自己每个问题都能回答一大串，晋升应该没问题，结果却往往是晋升失败。

为什么呢？很可能是因为评委并不认可我们的思考。那么如何才能让自己的思考得到评委的认可呢？答案就是，在平时的工作中积累相关的经验，比如：

（1）P5/P6 参加需求评审的时候，除了关注要做什么，也可以多听或者多问，为什么要这样设计。

（2）P7/P8 给高级别人员汇报的时候，学习他们的分析框架、重点关注的地方和思考过程。

（3）参加项目或者业务总结会议的时候，看看各方如何评价做得好的和做得不好的项目或业务，如何分析背后的各种原因。

（4）采用后续章节介绍的"3C 做事法""4D 总结法""5W 分析法"等做事方法来提升自己思考的系统性和深度。

需要注意的是，如果你要在团队已有的成熟方法上取得突破，那么需要有特别的思考和充分的准备，不然就会面临被几个评委轮番"轰炸"的风险。

第三类是综合类问题，与技术和决策都有关系，你的回答既要包括原理，也要包括思考。

比如评委问："为什么你们选择 Memcache，而不是 Redis？"

你既需要回答 Memcache 和 Redis 在技术上的主要差异，也需要回答具体业务选择 Memcache 的原因。

你可以这样回答："我们的业务需要做文本和图片内容的缓存，数据结构简单，但可能会出现几百 KB 大小的缓存对象，当缓存内容比较大的时候，Redis 的单进程模式会存在多连接 I/O 操作互相影响的问题，其性能不如 Memcache 的多线程模式。"

Why 类问题是答辩环节的核心，可以占到问题总数的 50%～80%，而且级别越高，占比越高。原因在于，评委需要通过 Why 类的问题来考查到底是你自己达到了某个级别的要求，还是你只是完成了别人安排的任务。

这也是评委需要把你的绩效和能力分开来看的原因。你拿到好的绩效，也不能说明能力一定有提升，可能只是因为你的主管的能力很强，而你主要是服从安排，按照他的要求完成任务；也可能只是因为你的运气比较好，正好碰到上升期的业务。

通常情况下，Why 类问题也用 1～2 分钟来回答比较合适。

就算你能回答的内容很多，也不要一上来就滔滔不绝，而是每次都应该回答几个要点。如果评委有兴趣，就会继续问下去；如果评委认为你已经达到要求，就不会再问了。

同样以 Netty 为例，如果评委问："Netty 高性能的原理是什么？"

你可以回答 Reactor 网络编程模式和零拷贝等原理。

如果评委还有兴趣，可能就会继续问："Reactor 网络编程模式的性能为什么高？"

这时你再回答多路复用和多线程等内容就行了。

15.3　技巧二：答不上来就想办法回到熟悉的领域

不管你的能力有多强，答辩的时候都有可能遇到自己不会的问题。

但有的人很害怕遇到这种情况，担心一旦某个问题答不上来，晋升就会失败，于是根据自己的一知半解强行回答。

而且评委的很多问题，我们平时可能在某些场合听到过或者看到过，也不能算完全不知道，所以有些"口才好"的人，甚至还能装作很懂的样子说上好几分钟。

这样做表面上是回答了问题，实际上是给自己"挖坑"。因为在评委看来，首先你表现了能力上的缺陷，其次你还暴露了态度上的问题。他们只要愿意，稍微追问几个问题，就可以把你问得哑口无言。

遇到不会的问题，正确的做法是，**不要编、不要蒙，老老实实承认不会，然后引导评委关注自己其他的技能，回到自己熟悉的领域。因为晋升的时候，你根本不用证明自己全知全能，只要向评委展示出你的核心能力就够了。**

比如你可以说："抱歉，这部分我没有深入研究，但是我在××技术上花费了比较多的时间，进行了深入的研究。"

当然，引导评委关注的技能必须是你真正有信心的，不要随口一说又给自己"挖坑"。如果实在不知道怎么引导，那么干脆不要引导，承认自己不懂这个问题就行了。

15.4　技巧三：发生争执就及时终止话题

答辩环节还可能出现的一种特殊情况，就是你和评委关于某个问题的答案产生了争执，谁也说服不了谁。

这个时候，千万不要继续吵下去。因为就算后来证明你是对的，在答辩环节与评委争论也没有任何好处。

首先，大部分评委都会为了证明自己，不断地抓住这个问题和你一直辩论下去，这样一来你就没有时间回答其他评委的问题，展示你的其他能力了。

其次，一般来说，评委的工作经验比你丰富，对技术的理解比你深刻，所以你出错的概率要高于评委出错的概率。

最后，就算最后证明你是对的，评委是错的，也不可能重新答辩一次或者修改晋升结果，因为这样相当于直接否定评委，影响很不好。

所以答辩阶段产生争执时，你可以这样说："这部分内容我可能还没有研究透彻，后面我再深入研究一下。"

和技巧二不同的是，这里尽量不要说"我对××技术有深入的研究"，避免与你争执的评委为了面子，抓住下一个问题继续对你"穷追猛打"。

小结

本章分享了面评答辩环节几个有用的技巧。核心的思想是，你不需要证明自己什么都会，只要在有限的时间里，充分地展现自己的核心能力就行了。

现在回顾一下本章的重点：

（1）不要急于回答问题，也不要长篇大论，先想清楚问题类型，然后回答到点子上，这才是最有效的。

（2）What 类问题关注结果，需要回答"做了什么事情+得到什么结果"，时间在 30 秒以内；How 类问颢关注过程，需要回答"做事情的方法+实施的步骤"，时间为 1~2 分钟；Why 类问题关注原因，需要回答"技术原理+思考过程"，时间为 1~2 分钟。

（3）答不上来的问题不要编，直接承认不会，然后引导评委回到你熟悉的领域来提问。

（4）与评委发生争执的时候及时终止话题，千万不要继续吵下去。

面评技巧部分到这里就讲完了。再次强调一点，虽然这些技巧可以帮助你更好地表现自己，但实际的专业能力和抗压能力还需要你平时在学习和工作中慢慢积累。

思考

既然答辩环节这么重要，是不是可以把以前参加这个级别晋升的人遇到的答辩问题整理成类似"Java 面试宝典"这样的内容？假如有这样的"晋升答辩宝典"，你觉得它能让你更加容易地通过答辩吗？

不用证明全知全能，只要展示核心能力。

第 4 部分　学习方法

第 16 章　你应该掌握哪些学习方法

我相信绝大部分人都愿意通过学习来提升自己的能力，但是在你学习的过程中，肯定会遇到很多困难。比如有读者提出了如下图所示的非常典型的问题。

> **hua168**　　　　　　　　　　　2020-12-17 16:21
>
> 大神，动不动就要精通，我有疑问
> 1.官方技术文档和市面上的书，大部分是入门，部分进阶，自己怎么弄成精通？连大门在哪里都不知道😂
> 2.有老婆孩子，撇开加班不讲，下班要陪老婆孩子，每天就能抽1~1.5小时学习，在累的情况下学习往往效率低，有那么多时间成长成精通？

不知道你是不是也有这样的感受：平时上班就比较忙，还要陪对象吃饭逛街看电影，或者送孩子去上培训班，根本就没什么时间学习；等到哪天好不容易有点空余时间，又因为没有计划，只能随便找本书或者上网看一下论坛；就算知道要专门提升某个技能，也不知道如何学才能达到精通的水平；过段时间回头一看，前几周学的知识又忘得差不多了；与别人交流一下子就暴露了水平……

其实你遇到的这些学习相关的困难，我在过去的职业生涯中也都遇到过。为此，我看了很多书来学习各种学习技巧，同时我自己也尝试总结了一些更加适合互联网行业的学习技巧。经过多年的实践检验和筛选，我逐步形成了一套系统的学习方法。

16.1　指导原则和关键问题

我认为一套系统的学习方法，既需要一个统领全局的宏观指导原则，让人能够一目了然地理解它的核心内容，也要能够回答以下四个关键问题：

（1）**时间从哪里来**？如果没有足够的时间投入，那么再好的理论也只是纸上谈兵。

（2）**学什么**？找到正确的学习方向，明确了学习的目标，才能做到有的放矢。

（3）**如何学**？不同的学习目的应该有个同的学习方法，保证学习的投入产出比。

（4）如何**保证学习效果**？解决"学了用不上""学了就忘"两个常见的影响学习效果的问题。

按照这个思路，我梳理了这套学习方法的大纲，如下图所示。

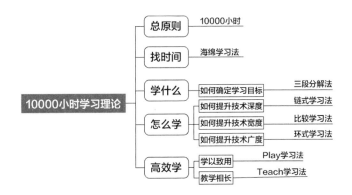

接下来逐个简要介绍一下。

16.2　学习方法简介

1. 指导原则：10000 小时定律

总的指导原则是 10000 小时定律，它是一个很出名的用于专业领域能力提升的理论，有大量的相关资料可以参考（例如《异类》《1 万小时天才理论》等），其核心思想是，如果你想要在专业领域不断提升自己的能力，那么必须投入足够的时间。

2. 找时间：海绵学习法

10000 小时可不短，相当于平均每天 3 小时，持续 10 年的时间。如何才能找到自己的 10000 小时呢？这就要靠海绵学习法了。

海绵学习法是一个时间管理方法，它可以让你轻松地挤出时间，既不会对工作、家庭和娱乐有明显的影响，又能够兼顾学习。

3. 学什么：三段分解法

有了时间之后，我们要学什么呢？如何才能制定合理的学习目标呢？如何制订可行的学习计划并能够真正落地呢？这就要靠三段分解法了。

三段分解法是一个制定学习目标和计划的方法，它基于职业等级体系，将 10000 小时逐级分解，最终落实为可以实施的各项学习行动。

4. 如何学：链式学习法、环式学习法、比较学习法

确定目标和计划后，我们具体要如何提升技术能力呢？在职级详解部分你已经了解到，技术能力可以拆解成技术深度、技术宽度和技术广度 3 个维度。

针对技术能力的不同维度，下面分享 3 个不同的学习方法：

- **链式学习法**适合提升技术深度，通过自顶向下逐步深入的方式，将关联技术逐一掌握。
- **比较学习法**适合提升技术宽度，通过比较相似的知识或者技能，全面掌握单个领域的技术。
- **环式学习法**适合提升技术广度，通过学习业务闭环流程中的相关技术，全面掌握多个领域的技术。

5. 保证效果：Play 学习法、Teach 学习法

就算用对了方法，我们在学习过程中还是会遇到一些难以解决的困难，这些困难会导致我们学习效果不好。

第一个常见困难是，如果平时不学，那么真正要用的时候又来不及临时学；如果平时学了，则可能要等很久才能在工作中找到实践机会，到时候技术可能都生疏了。

第二个常见的困难是，学完之后感觉学得不深，与别人讨论的时候，或者在晋升答辩环节被问到的时候，就发现很多知识明明学过，却说不出个所以然来。

针对这两个常见的影响学习效果的问题，我通过学习和实践，归纳提炼出如下两种学习方法：

- **Play 学习法**可以用来解决工作中暂时没有实践机会的问题，学以致"玩"，通过"玩耍"的方式来应用。
- **Teach 学习法**可以用来解决学得不深的问题，教学相长，通过"教学"的方式来加深理解。

16.3 组合使用

这些学习方法是相辅相成的，你可以根据当前的级别和实际工作内容，把它们组合起来使用，具体的方式如下：

第一步，无论你当前是什么级别，先用"三段分解法"规划你的学习目标和计划。

第二步，使用"海绵学习法"找到你可以用于学习的时间。

第三步，根据学习目标采取相应的学习方法。

- 如果你是 Java 后端 P5/P6/P7 级别，你的技术提升以技术深度为主，那么可以采取"链式学习法"来学习 MySQL 以提升技术深度。
- 如果你是 P7/P8 级别，除了技术深度，还需要提升技术宽度，那么可以采取"比较学习法"来学习 PostgreSQL、MongoDB 和 Elasticsearch 等存储系统。
- 如果你是 P8/P9 级别，那么可以采用"环式学习法"来学习跨领域的技能，比如学习 Vue、小程序和人工智能等业务闭环流程涉及的技术。

具体如下图所示。

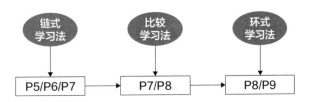

当然，并不是说每个级别都只能用指定的学习方法，例如 Java 后端 P6/P7 的技术人员一样可以使用"环式学习法"从整体上概要地了解前端的基本原理。

第四步，采用"Play 学习法、Teach 学习法"来加强效果。

小结

下面总结一下本章的重点内容：

（1）一套系统的学习方法，既需要一个总的指导原则，也需要回答 4 个关键问题：**时间从哪里来？学什么？如何学？如何保证效果？**

（2）在这套学习方法中，10000 小时定律提供了指导原则；海绵学习法解决了时间从哪里来的问题；三段分解法解决了学什么的问题；链式、环式和比较学习法解决了如何学的问题，Play 学习法和 Teach 学习法解决了如何保证学习效果的问题。

（3）学习方法是相辅相成的，你需要基于当前的级别和工作内容，把多个方法组合起来使用。

思考

你在学习过程中遇到的最大困难或者困惑是什么？你尝试了什么解决方法呢，效果怎么样？

> *不要光靠悬梁刺股，掌握方法不再辛苦。*

第 17 章　海绵学习法：如何找到你的 10000 小时

第 16 章简要地介绍了一套系统的学习方法，而它的指导原则就是 **10000 小时定律**。

10000 小时定律的走红，与畅销书作家马尔科姆·格拉德威尔（Malcolm Gladwell）有很大的关系。2008 年他在《异类》这本书里介绍了安德斯·艾利克森（Anders Ericsson）教授的研究成果，并提炼出了这个定律，即要想成功就必须要有 10000 小时的投入。

17.1　10000 小时定律意味着什么

1. 成为专家需要 10 年

单纯说 10000 小时，我们可能没有一个直观的概念。其实艾利克森在 *The Role of Deliberate Practice in the Acquisition of Expert Performance* 这篇论文中总结前人的研究成果时，曾经提到过一个 **10 年定律**：

如果一个作曲家从 6 岁开始练习，那么他的第一个成名作品的发表时间不会早于 16 岁；如果他从 6~9 岁开始练习，那么他的第一个成名作品会在 22 岁左右发表。

经过学者们的不断研究，10 年定律已经在不同的领域得到了证实，包括音乐、数学、网球、游泳和长跑等。

如果我们把 10000 小时换算一下，就会发现这两个定律基本上是一致的：平均一天投入 3 小时，一年是 365 天，那么 10 年投入的就是 10950 小时。

所以，10000 小时定律意味着，**成为某个领域的专家，需要花费 10 年的时间**。

2. 5000+5000 不等于 10000

10000 小时定律所说的"成功"或者"成为专家"，是指在某一个领域，而不是所有领域一通百通。

所以专业聚焦对于 10000 小时定律的落地非常关键，如果你从 A 领域转行到 B 领域，而它们的差异又比较大，那么你分别在这两个领域投入的时间是不能累加的，相当于以前在 A 领域的积累被浪费了。

换句话说，分别在两个不同的领域投入了 5000 个小时的人才，在专业度上比不过专注在某一个领域投入了 10000 个小时的专家。所以，分清楚同一个领域和不同的领域是很重要的。

互联网行业的领域划分

互联网行业典型的领域划分如下图所示。

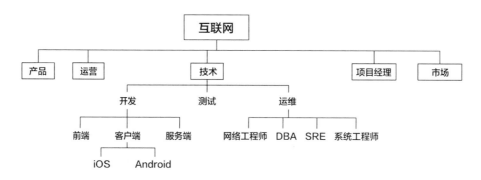

（注意，这张图并不是完整的领域划分，比如"运营"和"测试"肯定也有各自的子领域，这里为了简洁地描述问题，只展开了"技术—开发—客户端"这条线作为例子。）

从上图中可以看到，一级领域有产品、运营、技术、项目经理和市场；技术下面的二级领域有开发、测试和运维；开发下面的三级领域有前端、客户端和服务端；客户端下面的四级领域是 iOS 和 Android。

一级领域的技术和运营属于两个不同的领域，应该是没有争议的；二级领域的开发和测试属于两个不同的领域，应该也是普遍共识。

但是，像前端和客户端、iOS 和 Android 这种，它们是属于两个领域，还是属于同一个领域不同的技能呢？人们可能会有不同的意见，比如最近几年流行的"全栈开发"就提倡前端、客户端和服务端的开发都要掌握。

那么，我们的 10000 小时到底投入到哪个级别上才最有效果呢？是四级领域 iOS，还是二级领域客户端，又或者是二级领域开发呢？

我建议在三级领域这个级别上进行投入。因为判断是不是同一个领域的方法，就是看**面对的问题和采取的思维方式是否类似**，至于工具本身，并不是区分的标准。

以客户端领域为例，无论是 iOS 开发还是 Android 开发，面对的问题都是如何在移动设备上做好和用户的交互，都需要考虑用户交互、App 性能优化和 App 生命周期管理等。

从这个角度来说，客户端和前端其实也可以算同一个领域，因为前端面对的问题和采取的思维方式与客户端其实是类似的。这也是现在很多团队提倡"大前端"概念的原因，毕竟两者关注的都是"用户体验和交互"这个领域。

但是，服务端就很难和客户端归为同一个领域，因为这两个领域面对的问题和采取的思维方式是截然不同的。客户端关注的是用户体验和交互，服务端关注的数据处理和系统架构。这就和跑步很像，短跑名将博尔特可以参加 100 米、200 米和 4×100 米的短跑比赛，但他不会参加 5000 米或 10000 米的长跑比赛。

在互联网行业发展，明确领域的边界非常关键。因为这将影响你的发展路线，是在某个领域投入 10000 个小时的专家，还是在好几个领域分别投入几千小时的多面手。

虽然多面手可能在某些特定场景下也能够发挥很大的作用，但如果你想在大公司按照职级体系正常发展，那么专注某一个领域往往会更有优势。

当然，如果你已经达到了 P9 以上级别，必须要整合跨领域的技术来打造成熟的业务作品，那么肯定是要在至少精通某一个领域的基础上继续跨领域学习的。

3. 工作时间外也要主动提升

刚才我们说到，10000 个小时相当于连续 10 年平均每天投入 3 个小时。

你可能会问："我每天工作 10 个小时，这样算下来，岂不是不到 4 年就可以成为专家了？"

很明显，这是不太可能的。原因在于，工作中的很多时间都是在做一些重复的事情，只是让已经掌握的技能变得更熟练而已，边际效益是越来越低的。所以，工作 1 个小时不等于学习 1 个小时。

这就像你练习小提琴，每天只练习《生日快乐歌》这个曲子，就算练 10 年也不可能成为专业小提琴手。你必须先练习某个难度的曲谱，熟练后再练习下一难度的曲谱，这样逐步提升难度，最终才能成为专业的小提琴手。

同样的道理，如果你想高效地提升自己，就必须不断地主动学习新的、复杂度更高的技能，等到工作中用得上的时候，抓住机会在实践的过程中练习，获得经验教训，进一步加深对技能的理解和掌握。如此循环往复，一步一步地提升自己的能力。

以我个人的经验来看，1 天的上班时间大约有 2 个小时的有效提升时间。当然，这个数值不是绝对的，对于不断拓展创新的工作，这个数值大于 2 个小时；对于重复性比较高的工作，这个数值小于 2 个小时。

因此，除了上班时间，建议尽量保证每天能够有 1 个小时的主动提升时间。

平均每天 1 个小时，看起来好像不多，但对于大部分人来说是很难做到的。互联网行业的人加班比较多，感觉身体天天被掏空，周末又有各种娱乐活动，成家的还有家庭要照顾……总之，就是感觉钱总是不够，时间也总是不够。

很多人面对这种情况干脆就放弃学习了；也有的人意志力强一点，会强迫自己牺牲休闲娱乐的时间投入到学习中，但他们也很难坚持，通常都是"三分钟热度"，劲头一过就恢复了原样。

17.2　海绵学习法

如何解决时间不够这个问题呢？"海绵学习法"就是针对性的解决方法。

我把这个方法取名为"海绵学习法"，其实是借用了鲁迅的名言——"时间就像海绵里的水，只要愿挤，总还是有的。"

海绵学习法的关键就是"挤时间"。它既不需要我们放弃所有的休闲娱乐，也不需要强行"打鸡血"逼着自己去学，而是让我们通过长期坚持的方式，达到"积少成多、聚沙成塔"的效果。

下面，我们就看看日常工作和生活中，有哪些地方可以挤出时间来学习。

1. 早晨的 30 分钟

首先，我们可以把起床的闹钟提前 30 分钟，比如原来 07:30 的闹钟可以改为 07:00。不用担心提前 30 分钟起床会影响休息质量，习惯以后，早起 30 分钟不但不会影响一天的精力，甚至可能让人更有精神。

早起的时间可以用来看书，30 分钟基本上可以看完一本书的一个章节了。

2. 通勤的 2 小时

然后是通勤，大城市的上班通勤时间在 1 小时左右，每天往返就有 2 小时了。

你可以根据通勤方式选择不同的学习方式。如果坐公交车或者自己开车上下班，那么可以听图书和线上课程的音频；如果坐地铁，除了听音频，也可以看电子书和线上课程，要是有座位，还可以看纸质书。

3. 上班的第一个 30 分钟

刚到工位的第一个 30 分钟（或者开完晨会后的 30 分钟），这时候一般没什么会议，也很少有人来打扰，大脑又是最活跃的时间，所以学习的效果非常好。

不用担心这 30 分钟会影响项目进度，一天当中总会有其他事情浪费 30 分钟以上的时间，比如不必要的会议、低效的沟通、玩手机等。如果担心影响项目进度，那么可以在别的事情上提高效率。

4. 睡前的 30 分钟

大部分人在睡前都会进行一些休闲娱乐活动来放松自己，比如玩游戏、追剧、看电影、看短视频等。对于忙碌了一天的劳动者来说，适当的放松是必不可少的，我们不必完全放弃这些活动，只需要从中挤出 30 分钟就行了。

比如少玩 2 局王者荣耀，30 分钟就挤出来了，从整个赛季来看，完全不会影响你的段位；少看一集电视剧，也能够节省 30 分钟以上的时间；至于少看 30 分钟的短视频，就更加没什么影响了。

5. 周末的 2 小时

大部分人周末都会安排一些耗时很长的活动，比如购物、逛街、聚会、看电影、旅游和睡懒觉等。只要你有意识地挤时间，那么很容易就能挤出 2 小时的时间，比如购物、逛街和聚会的时候控制时间、早点回去；减少一些"无效社交"的时间；旅游的时候做好时间规划；本来准备睡 10 小时懒觉，改为睡 9 小时……

6. 关键还是意志力

这些方法对你原来工作和生活的影响很小，但只要长期坚持，积累的时间规模和个人的成长速度都是非常可观的。我通过这种方式，一年阅读的非技术图书可以达到 80 本以上，技术相关的图书可以达到 20 本以上。

当然，这些方法仍然需要我们稍微克服一下人性的弱点，只是用不着"头悬梁锥刺股"这样夸张而已。如果你连少打一局游戏、少看一集电视剧这样的意志力都没有，那么无论多么有效的方法对你来说都是没有意义的。

小结

本章分享了如何将 10000 小时定律具体落地的第一个关键方法：海绵学习法。通过海绵学习法我们可以做到既不对工作、家庭和休闲有较大影响，又能够保证有足够的时间来提升自己。

下面回顾一下本章的重点：

（1）按平均每天投入 3 小时计算，10000 小时定律意味着，成为某个领域的专家需要花费 10 年的时间。

（2）不同的领域，面对的问题和采取的思维方式也不同，投入的时间是不能叠加的。

（3）上班时间不能直接等价为有效的提升时间，我们每天下班后还应该主动投入 1 个小时来学习。

（4）海绵学习法既不需要完全放弃休闲娱乐，也不需要强行"打鸡血"，只需要稍微克服一下人性的弱点，长期坚持，积少成多。挤出的时间来源包括早晨的 30 分钟、通勤的 2 小时、上班的第一个 30 分钟、睡前的 30 分钟和周末的 2 小时等。

思考

分析一下你目前每天的时间分布，你觉得自己可以从哪些地方挤时间？大约能挤出多久？

不要让"没时间"成为你不努力的借口。

第 18 章　三段分解法：如何利用 10000 小时成为专家

　　10000 小时定律虽然理论上很简单，但真正要落地实行也并不那么容易。第 17 章介绍了如何通过海绵学习法来获取你的 10000 个小时，但是就算有了时间，你也很难十年如一日地坚持学习。

　　能否坚持，当然要看你对自己的事业是否有"激情"。但如果只靠激情来支撑，那么持续 10 年依然是一个很大的挑战。因为我们的大脑在进化的过程中，已经形成了需要不断地正反馈才能保持兴奋的机制。也就是说，与其在第 10 年给一个大奖励，还不如每个月都给一个小奖励。所以除了激情，你还需要"先定一个能达成的小目标"。

　　具体要如何制定小目标呢？本章介绍一个三段分解法，把"10 年成为专家"这个大目标，分解成一个个可以在短期内达成的小目标。

18.1　第一段：分解"等级"

　　第一段分解，是在当前状态和最终的目标状态之间，分解出中间的等级。

　　10 年成为专家这个目标虽然比较长远、宏大，但并不意味着在成为专家之前，我们一直停留在"菜鸟"阶段原地踏步。在"菜鸟"和专家之间，其实有几个关键的里程碑，这些里程碑就是中间的等级。

　　大部分的专业领域都有比较正式的等级划分标准，例如钢琴专业从 1 级到 10 级，跆拳道从白带到黑带。对于互联网领域来说，虽然没有通用的专业等级标准，但不同的公司都会有类似的职级体系，你可以直接以公司的职级体系来划分中间等级。

以跨越式职级为例，从 P5 到 P9，你经历的等级包括以下这些：

- P5，职场新手，工作 1～3 年，需要别人带你完成任务。
- P6，项目能手，工作 3～5 年，能够独立完成任务。
- P7，团队专家，工作 4～8 年，能够带领小团队实现目标。
- P8，领域专家，工作 8 年以上，能够带领多个团队实现目标。
- P9，业务导演，工作 10 年以上，能够导演成熟落地的作品。

我们可以看到，虽然说至少 10 年才可能成为 P9 这个级别的专家，但是你 3 年就可以达到 P6，5 年就可能达到 P7，8 年就可能达到 P8，在这个过程中，你一直在成长和提升，早就不是当初的"菜鸟"了。

分解出中间的各个等级之后，我们核对一下自己目前所处的位置，然后瞄准下一个最近的等级，继续第二段的分解。

18.2　第二段：分解"技能"

虽然向下一个等级努力的时间是 2～3 年，与 10 年比起来已经缩短了不少，但这个时间还是比较长的。为了更好地利用这 2～3 年的时间，我们需要进一步分解。

第二段分解的目标就不是等级了，而是技能，也就是为了达到下一个等级的要求，你需要针对哪些技能做专项提升。

如果你所在的公司已经有成熟的职级体系，那么可以参考 COMD 能力模型，整理出当前级别和下一级别的能力要求矩阵，这样就可以一目了然地看出具体的能力差距项有哪些了。

如果你所在的公司目前没有成熟的职级体系，或者你准备跳槽到某个心仪的公司，那么可以采取一个取巧的方式来明确能力差距项，那就是直接查看公司的招聘要求。

以阿里招聘网站上的"Java 开发专家"这个职位为例，招聘要求如下：

Java 开发专家

职位描述

1. 蚂蚁国际出海关键年份，有机会参与多个全球钱包的设计与开发。

2. 和海外技术生态对接，同时面临跨洲、跨国家的技术挑战。

3. 从点到面，如果说国内支付宝是点，那么国际是做面，架构能力能够得到很大的提升。

4. 空间很大，需要有强心力的人参与。

职责：

1. 参与蚂蚁国际钱包平台架构设计与开发，承担核心功能代码编写，开发与维护系统公用核心模块。

2. 理解业务，主导各类业务及技术改造类项目的系统分析与设计工作，主导技术难题攻关，持续提升系统在大规模分布式系统环境下高并发、海量请求数下的高处理性能，解决各类潜在系统技术风险，保证系统的安全、稳定、快速运行。

3. 负责指导、培训普通开发工程师，审核开发工程师的设计与研发质量。

职位要求

1. 扎实的 Java 编程基础，精通 Java EE、SOA、OSGi 等相关技术；对各种开源的框架如 Spring、Hibernate 等有深入的了解，对框架本身有过开发或重构经历者可优先考虑。

2. 三年以上大型数据库如 MySQL 使用经验，三年以上大规模高并发访问的 Web 应用系统设计和开发经验。

3. 熟练掌握 UNIX/Linux 操作系统，对常用命令运用娴熟，能够根据实际需要快速编写 Shell 脚本。

4. 具备良好的识别和设计通用框架及模块的能力。

5. 有金融或支付行业经验优先。

可以看到，"Java 开发专家"（对标阿里 P7）要求的技能包括 Java、Spring、SOA、MySQL、Hibernate 和 Linux/UNIX 等。多查看一些类似的职位描述（不同公司、不同业务线），你就能了解"Java 开发专家"大概要求的技能范围。

但实际上，真实的技能要求会比职位描述更加细致，比如"熟练掌握 Java 编程技术"到底意味着什么，职位描述是不会写得特别清楚的。我个人的习惯是将这些要求整理为一个思维导图，详细列出每个技术点，如下图所示。

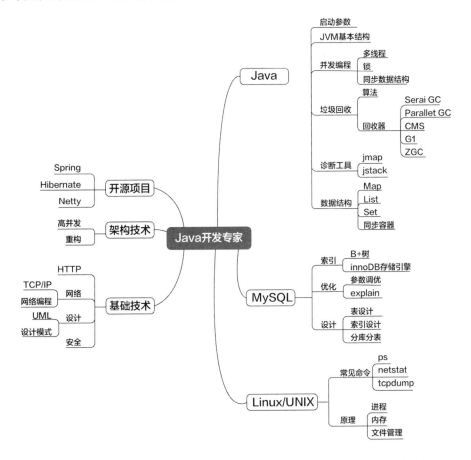

注意，这张图只是一个示例，并不是说所有 Java 开发专家都一定是这个要求，比如互联网行业和电信行业的要求就不一样，你需要根据自己的行业和技术方向整理出适合自己的思维导图。

有了这样一个思维导图后，我们就可以开始第二段分解了。分解的方法很简单，**哪里**

不懂补哪里！比如你感觉自己现在的数据库水平很一般，只会写 CRUD 语句，其他的知识都不懂，那么你就专攻数据库这一部分，通过一段时间的专项提升来掌握这个技能。

专项提升某个技能的持续时间既不能太短，也不能太长，一般建议在 6 个月左右。

时间太短，容易陷入为了"完成任务"而去学习的误区，技能没有真正得到有效提升。例如我曾指导一个下属学习 MySQL，结果他就看了几个 PPT 就说自己学完了，其实远远没有熟练掌握 MySQL 的相关技能。

时间太长，其他技能就来不及提升了，要是你 2 年时间都用来提升数据库的技能，那么操作系统怎么办？网络怎么办？所以 6 个月为一个周期，基本上刚刚好。

举个例子，如果你目前的岗位是 Java 后端开发，级别是 P5，晋升到 P6 需要掌握数据库、Linux 操作系统、网络编程的技术，那么最终的二段目标分解如下：

- 2022.01～2022.06：提升数据库水平。
- 2022.07～2022.12：提升 Linux 水平。
- 2023.01～2023.06：提升网络和网络编程水平。

当然，二段的提升目标顺序并不是一成不变的，很多时候你还需要根据工作内容进行调整。比如主管最近正好安排你负责优化系统性能，降低机器负载，那么你完全可以把"提升 Linux 水平"挪到"提升数据库水平"之前。

18.3　第三段：分解"行动"

第二段分解之后，我们得到了 6 个月左右的技能提升目标，接下来要做的就是通过第三段分解，将技能提升目标分解为具体要做的事情，然后按照计划执行。

比如你的二段目标是"提升 Linux 水平"。那么，怎样才能提升呢？你可以上网搜索（知乎是一个好地方），也可以请教有经验的朋友，把二段目标细化为 1～2 个月的三段目标。

以我刚加入 UC 的情况为例，之前我在华为的时候，是在 Windows 平台上用 VC6 进行开发的，而到了 UC 之后，是在 Linux 平台上用 C++开发的。所以我当时就确定了"提升 Linux 水平"这个目标，然后通过上网查、向别人请教等方法，最终将这个目标分解为 4

个行动：

- 1.5 个月：通读《UNIX 环境高级编程》。
- 1.5 个月：通读《Linux 系统编程》。
- 2 个月：通读《UNIX 网络编程 卷 1》。
- 1 个月：Linux 常用命令实战，包括 tcpdump、ps 和 top 等。

把 6 个月的技能提升目标进一步分解成 1～2 个月的具体行动目标之后，实施起来就简单多了。我每 1～2 个月只需要专注做好一件事，每次完成后都很有成就感，既感觉自己的水平有了提升，又佩服自己能够坚持按计划完成任务。这样的双重激励让我更有动力去完成下一个目标。

当然，**在具体落地的时候，你还需要进一步分解到周**，比如下周看完某本书的哪几个章节。但是在做计划的时候，建议先分解到月就可以了，因为一开始就直接分解到周还是比较耗费时间的，而且如果出现计划之外的事情，那么调整计划本身花费的时间和精力的成本也比较高。

最后，我大约花了 2 年的时间将 Linux、网络和 MySQL 三个重点技能从一无所知提升到高级的水平。很多同事都问我，之前在华为是不是就是做这方面的，因为他们觉得短时间能达到这个水平是不太可能的。

小结

本章分享了三段分解法。虽然我举的例子都是技术领域的，但这个方法在很多其他领域也适用，比如产品和运营等。

通过这个方法，你可以把宏大的目标逐步分解成可以落地的日常行动，一边"仰望星空"，朝着最终的方向前进，一边"脚踏实地"，一步一个脚印地去实现它。

下面回顾一下三段分解法的要点：

（1）第一段是分解等级，参考专业领域的等级划分标准或公司的职级体系，在当前状态和专家之间划分出 3～5 个中间等级，把 10 年的宏大目标分解成 2～3 年的一段目标。

（2）第二段是分解技能，参考 COMD 能力模型和招聘网站的职位描述，整理下一个等级的技能需求，列出自己需要重点提升的 3～5 个技能点，把 2～3 年的一段目标分解成 6 个月左右的二段目标。

（3）第三段是分解行动，参考同行在网上分享的经验和朋友的建议，确定提升单项技能的 3~5 个具体行动，把 6 个月左右的二段目标分解成 1~2 个月的三段目标。

（4）虽然最终执行计划的时候要落实到周，但是制定计划的时候分解到月就行了，这样做的好处是，计划调整起来更加方便灵活。

三段分解法的思维导图如下图所示。

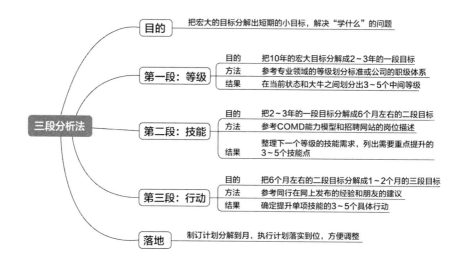

思考

以后端 Java 开发为例，P5/P6/P7/P8 都有"Java 编程技术"的相关要求，我们为什么不在 P5 的时候就安排时间全部学完，彻底掌握这项技术呢？

> 要实现 1 亿元的"小目标"，先落地 1 周的小行动。

第 19 章　链式／比较／环式学习法：如何多维度提升技术能力

第 18 章介绍了三段分解法，把"10 年成为专家"这个宏大的目标分解成 1～2 个月的可落地计划，再按周来执行实际的行动。

但是，不同级别的**核心要求**是不一样的，晋升时评委的**考查重点**也不一样，所以在成长过程中，我们主要提升的**技术维度**也在发生变化。

一般来说，P5/P6/P7 主要提升**技术深度**，P7/P8 主要提升**技术宽度**，P8/P9 主要提升**技术广度**。

这三个不同的技术维度分别适合用不同的方法来提升，本章一一介绍这些方法，让你的学习更有针对性，在回答评委提问的时候也能做到游刃有余。

19.1　链式学习法：提升技术深度

提升技术深度，最好使用**链式学习法**。

如果你参加过晋升答辩，那么一定经历过评委的"追命连环问"，比如：

（1）你在讲解 PPT 的时候提到，某个项目使用了 Netty 技术，评委首先会问 Netty 的一些技术点。

（2）当你回答 Netty 的本质是 Reactor 网络模型的时候，评委又会问 Reactor 网络模型的原理。

（3）当你回答 Reactor 的基础是 Java NIO 的时候，评委又会问 Java 的 NIO/BIO 的技术细节。

（4）当你回答 Java 的 NIO 在 Linux 平台上是基于 epoll 实现的时候，评委又会问 Linux 的 epoll/select 等的原理。

......

面对这种"打破砂锅问到底"的方式，如果平时没有充足的准备，那么很可能会卡住。

所谓"链式学习法"，就是学习的过程好像从水里拉起一根链条，拉出一环后面又接着一环，最后将整个链条全部拉出来。

当知识连接成锁链时，**环环相扣**，你对技术的理解就很透彻，评委问到底，你就能答到底。

但是知识的锁链不是胡乱连接的，环环相扣的方式很有讲究。常见的方式有以下两种：

- 第一种是**自顶向下、层层关联**，打通一项技术的领域分层。
- 第二种是**由表及里、层层深入**，打通一项技术的细节分层。

以 Netty 网络编程为例，相关领域一共可以分为 6 层，要么上层依赖下层，比如 Netty 依赖 Java 网络编程，Java 网络编程在 Linux 上又依赖 Linux 提供的网络编程接口；要么下层是上层的应用和实现，比如 TCP/IP 是原理，而 Linux 网络调优和工具是 TCP/IP 的具体应用。它的领域分层图如下图所示。

Netty领域深度

编程框架	Netty（Java）	
编程语言	Java网络编程	
操作系统	Linux网络编程	
计算机网络	TCP/UDP	IP
工具&配置	Linux网络调优	Linux网络工具
操作系统内核	Linux内核实现	

注：

（1）以上图示仅为示例，你需要根据自己的实际工作情况来分析。如果你是在 Windows
平台上做开发的，那么上图中"操作系统"这一层就要改为"Windows 网络编程"，
"工具&配置"这一层就要改为"Wireshark"之类的。

（2）具体分层关系并没有业界统一的标准，比如"工具&配置"这一层，如果你认为
应该放在"计算机网络"那一层的上面，其实也是可以的。

同样以 Netty 网络编程为例，技术细节可以分为 4 层，它的细节分层图如下图所示。

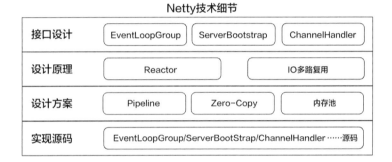

1. 链式学习法的步骤

链式学习法的第一步，就是要**明确一项技术的深度可以分为哪些层**。

具体来说，就是画出"领域分层图"和"细节分层图"。一开始你可能会觉得画不出
来，这恰恰说明你对深度的理解还不够，而尝试画图本身就是一个梳理结构、强化认知的
过程。

画出了两张图之后，第二步就是要**明确你自己要学到哪一层**。

学得太浅，达不到提升深度的目的；学得太深，又会耗费太多的时间和精力。以 Netty
网络编程为例，从我实践和指导别人的经验来看，领域分层图的 6 层不用都学，大部分人
学 3～5 层就够了；不过细节分层图的 4 层，还是建议你每一层都学。

确定学到哪一层之后，第三步就是要**明确每一层应该怎么学**。

在领域分层图中，越往上越偏应用，实际工作中用得越多，越往下越偏原理（包括相

关的工具和配置），实际工作中用得越少。所以总的原则是，在上层投入更多时间，更关注细节和熟练使用，在下层投入相对少的时间，更加关注原理和简单应用。

比如对于 Netty 网络的领域分层图，如果你不是 Netty 项目的开发人员，只是想使用 Netty 来搭建自己的系统，那么 "Linux 网络编程" 这一层，你只要掌握 select/epoll 等技术原理和优缺点就行了，可以简单了解 epoll 提供的 API；但是对于 Netty 本身提供的 API，则是越熟练越好。

在细节分层图中，你需要详细地学习每一层。需要注意的是，对于 "实现源码" 这一层，你不需要掌握每一行源码，只要掌握关键源码就行了，也就是和设计原理及设计方案相关的源码。

2. 链式学习法的优点

链式学习法主要有两个优点。

1）促使我们主动提升相关技能

大部分人在实际工作中，很多技术都只接触到了领域分层图和细节分层图中的前 2 层，没有进一步去了解。

如果采用链式学习法，你就会意识到，使用一项技术完成了工作，并不意味着你就完全掌握了这项技术。你还需要把刚刚自己用到的技术作为切入点，画出完整的领域分层图和细节分层图，然后逐一 "攻破"，这样才能提升深度，达到精通的水平。

2）将知识和技能系统化

明确知识和技能点之间的关联关系，有助于更好地理解与应用这些知识和技能。

例如，如果我们要在 Linux 平台上基于 Netty 开发并发 10 万个连接的高性能服务器，那么既要深入掌握 Netty 的技术细节，又要掌握领域深度相关的技术，包括：

- Netty 的技术细节：设置 Netty 的相关参数（ChannelOption.SO_BACKLOG，ChannelOption.TCP_NODELAY，ChannelOption.SO_REUSEADDR 等）。
- Java 网络编程：调试的时候需要知道 Java 的网络编程 API，等等。
- Linux 网络工具：使用 Linux 网络工具定位问题。
- Linux 操作系统配置：修改 Linux 的最大文件句柄数、优化 Linux 的 TCP/IP 参数（net.ipv4.tcp_tw_reuse、net.ipv4.tcp_keepalive_time 等）。

只有使用链式学习法，你才能系统地了解这些关联的知识和技能，以及如何将它们串起来。

下面我们回顾一下链式学习法的重点：

（1）链式学习法是让知识形成锁链，环环相扣，主要用来提升技术深度。

（2）链式学习法的步骤包括：明确一项技术的深度可以分为哪些层，明确要学到哪一层，明确每一层应该如何学。

（3）链式学习法的优点：促使我们主动提升相关技能，将知识和技能系统化。

19.2　比较学习法：提升技术宽度

提升技术宽度，最好使用**比较学习法**。

如果你有过晋升 P7 或者更高级别的经历，那么肯定被问到过大量与 "Why" 有关的问题，比如：

（1）为什么选择 Redis，为什么不用 Memecached？

（2）为什么选择 MySQL 而不是 Redis？

（3）选择 Flink 的理由是什么（除了 Flink 本身的技术特点，还需要你回答为什么选择 Flink 而不是 Spark 或者 Storm）？

……

这些问题大部分都是考查你思考、判断和决策的逻辑与过程。如果你只有技术深度而没有技术宽度，那么这时就会陷入窘境：单个技术细节你都很熟悉，但却无法解释为什么用这个，而不用那个。

所谓比较学习法，就是**横向比较**同一个领域中类似的技术，梳理它们的异同，分析它们各自的优缺点和适用场景。

这样你就能加深对整个领域的理解，评委问的每个为什么，你都能回答得有理有据。

1. 比较学习法的步骤

比较学习法的具体操作步骤如下：

（1）先用链式学习法掌握某个领域的一项技术，将这个领域的关键技术点整理成表格。

（2）基于整理好的技术点，学习这个领域的另一项技术，将它们在技术点上的差异整理成思维导图。

（3）找出差异较大的技术点，将背后的原理和对应用场景的影响整理成表格。

接下来以缓存领域的 Memcache 和 Redis 为例说明比较学习法的用法。

（1）先用链式学习法掌握 Memcache 技术，整理出缓存领域的 6 个关键技术点，如下表所示。

技术点	说明
集群方案	是否支持集群，集群的实现原理和方案
并发方案	进程线程模型，网络模型
持久化	是否支持持久化，存储格式，存储方案
高可用	主备，集群，故障恢复
数据结构	数据结构设计
性能	性能测试结果，各种场景性能对比

（2）基于这 6 个技术点快速掌握 Redis 技术，整理出 Memcache 和 Redis 在这些技术点上的差异，如下图所示。

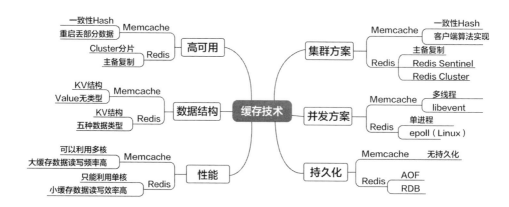

（3）找出差异较大的技术点，包括并发方案、数据结构、高可用和持久化，整理出它们背后的原理和对应用场景的影响，如下表所示。

差异点	原理	应用场景
并发方案	Redis 使用单进程可以做无锁设计，Memcache 需要使用 CAS 锁，更复杂一些；但是 Redis 会出现某个大缓存对象的读写影响其他缓存的操作	如果有较多大的缓存对象读写就使用 Memcache，否则使用 Redis
数据结构	Redis 定位就是结构化的 KV 存储系统，Memcache 只是缓存系统	如果是数据库+缓存这种组合方案就能满足需求，那么使用 Memcache 更简单一些；如果业务上有 MySQL 难以满足但使用 Redis 可以很好满足的强需求，则使用 Redis
高可用/持久化	Redis 定位就是结构化的 KV 存储系统，Memcache 只是缓存系统	如果缓存生成的代价很高，丢失后可能引起严重的系统问题，则使用 Redis；如果短时间丢失部分缓存的影响不大，则使用 Memcache

注：表格中的内容仅为示例，实际内容不止这么多，如果你有兴趣，则可以上网搜索或者自行补充完整。

2. 比较学习法的优点

比较学习法主要有三个优点。

1）学得快

同一个领域的技术在功能上大都是类似的，区别往往在于实现方案和细节。所以当你掌握了一项技术之后，再学习同一个领域的另一项技术，就不需要从 0 开始了，因为基础的部分你已经学会了，只要重点关注它们的差异点就能够快速掌握。

2）学得全

整理关键技术点和制作思维导图的过程，会促使你把一个领域的技术体系化，更全面、更系统地掌握这个领域。

3）学得深

从差异点到背后的原理再到应用场景的思考过程，会让你对技术的取舍之道理解得更深，在每一次技术选择时都能给出让人信服的理由。

下面我们回顾一下比较学习法的重点：

（1）比较学习法是横向对比，让选择有理有据，主要用来提升技术宽度。

（2）比较学习法的步骤包括：整理领域关键技术点，整理不同技术的差异点，整理差异点背后的原理和对应用场景的影响。

（3）比较学习法的优点：学得快，学得全，学得深。

19.3 环式学习法：提升技术广度

提升技术广度，最好使用环式学习法。

很多人一听要提升广度，就以为学得越多越好，想到什么牛就学什么，看到什么热就追什么。学了一段时间，感觉学了很多，但好像什么也不会，网撒得很广，却没捞到几条鱼。

所谓环式学习法，就是构建一个完整的闭环过程，将多个领域的"鱼"一网打尽。

技术上常见的闭环是**功能环**，代表某个功能的处理过程。以一个最简单的"用户登录"为例，假设它的实现方式是在手机 App 上用前端做登录页面，后端使用微服务架构来存储，那么就可以构建这样一个功能环，如下图所示。

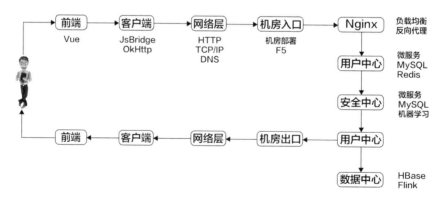

注意：

（1）上图仅为示意，你可以根据实际情况自己完善，比如拆分为更多环，或者每个环增加更多的技术点。

（2）上图是用 PPT 画的，你也可以根据自己的喜好采用其他画图工具，例如 UML 类工具。

这里要说明一点，环式学习法更加适合**业务系统相关**的技术人员，而不太适合**中间件**（数据库、缓存、消息队列和服务中心等）相关的技术人员，因为中间件的技术更加专注于深度和宽度，和具体的业务关系不大，对技术广度的要求并不高。

当然，如果你已经达到了 P8+/P9 这个级别，那么无论什么领域，都可以采用环式学习法来学习跨领域的技术。

除了功能环，还有很多构建闭环的思路，比如业务上常见的"业务环"，它代表某个业务的处理步骤，以及管理上常见的"流程环"，它代表某件事情的处理步骤。

所以，环式学习法不但可以用来提升技术广度，也可以用来提升业务能力和管理水平。

1. 环式学习法的步骤

环式学习法的第一步，就是**把闭环画出来**。

具体的画法是将完整的闭环分为几个关键的环节，然后标出每个环节的关键内容。

以"用户登录"这个功能环为例，它可以分为前端、客户端、网络层、机房入口、Nginx、用户中心、安全中心和数据中心，共 8 个环节；每个环节又涉及不同的技术，比如客户端涉及 JsBridge 和 OkHttp，用户中心涉及微服务、MySQL 和 Redis 等，涉及的技术共有 18 项。

通过这么一个简单的功能环，你就可以看出技术广度的边界和范围；而且这些技术都是业务上实际用到的，你完全不用担心自己是没有目的地乱学。

环式学习法第二步，就是**由近及远，逐步攻克闭环上的各个节点**。

就算是同一个闭环，不同领域的技术人员的学习顺序也是不同的。还是以用户登录这个功能环为例，前端的技术人员需要先学习客户端的 JsBridge 和 OkHttp 等知识，然后学习服务端相关的知识；而服务端的技术人员需要先学 Nginx 和安全中心相关的知识，之后再逐步扩展到客户端和前端。

通常来说，职业等级越高，技术广度的要求也越高，功能环上要求掌握的相关技术也越多。

对于单个技术，你还是需要用链式学习法来学习，但因为数量太多，全部严格按照链式学习法的要求来学习是不太现实的。我的建议是，可以先不去研究源码，只要学习接口设计、设计原理、设计方案这 3 层就行了；在合适的时候或者有时间的时候，可以看看核心源码以加深理解。

2. 提升业务能力也很重要

很多技术人员有一个误区，认为业务设计是产品经理的事情，产品经理设计好了，技术人员再把自己负责的那部分做好就行了。

这种想法会让你在工作中非常被动，而且可能吃大亏。常见的吃亏场景包括：

（1）讨论需求的时候，因为不懂业务，就算产品的业务需求不合理、实现代价很高，你也发现不了。结果到了设计甚至编码阶段，你才发现自己做得累死累活，效果还不好。

（2）处理线上故障的时候，因为不熟悉业务，只能被动接受别人的分析和推断，很容易"背锅"。

（3）因为不熟悉业务，无法承担整体需求分析和方案设计这种任务，导致个人能力得不到锻炼，失去很多晋升机会。

无论是前端、客户端还是服务端的技术人员，最好都花点时间，通过业务环了解业务的整个流程。

用户登录的业务环如下图所示。

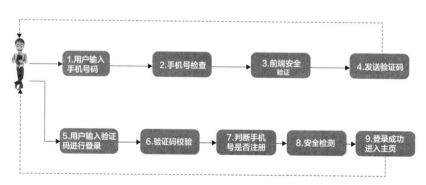

注意：上图仅为示例，省略了很多分支和细节，实际的业务流程图比这个要复杂，可以直接参考产品经理的需求文档。

3. 环式学习法的优点

环式学习法有两个优点。

1）培养全局视野

在画出完整闭环的过程中，你可以端到端地了解全流程涉及哪些系统或者模块，每个模块的关键技术是什么，从而培养全局的视野和能力。

2）避免盲目地广撒网却捞不到鱼

环式学习法划定的范围是实际工作的闭环，能够形成一套有效的组合拳，大大提升学习效率。所以你只要对照环来提升就可以了，不用再担心广撒网却捞不到鱼了。

下面我们回顾一下环式学习法的重点：

（1）环式学习法是构建闭环，打出组合拳，主要用来提升技术广度。

（2）环式学习法的步骤包括：先把闭环画出来，然后由近及远，逐步攻克闭环上的各个节点。

（3）环式学习法的优点：培养全局视野，避免盲目地广撒网却捞不到鱼。

思考

在你的面试或者晋升的过程中，有没有因为某个专业方面的问题没答上来而留下遗憾的经历？学完本章的内容后，你觉得可以用什么方式来学习，避免以后再留下类似的遗憾呢？

源码不是万能的，不同技术维度要使用不同的学习方法。

第 20 章　如何画好领域分层图

之前介绍了用于提升技术深度的**链式学习法**。链式学习法的第一步，就是明确一项技术的深度可以分为哪些层，并画出**领域分层图**和**细节分层图**。

其中细节分层图基本上可以按照固定的模板去画（接口设计、设计原理、设计方案和实现源码），但是领域分层图并没有统一的模板，因为不同技术领域的分层方式可能会有很大差异。

我之前没有详细讲解领域分层图的画法，而是说"尝试画图本身就是一个梳理结构、强化认知的过程"。

因为我想强调的是：**画图本身的技巧和效率并没有那么重要，对你成长帮助最大的，是为了画出这张图而去整理、思考和探索的过程。**

20.1　不用担心画得不准确

你可能会担心，如果领域分层图画得不准确怎么办？

首先，领域分层图本来就是需要迭代优化的，很少有人一开始就能画得非常准确。

实际的情况是，你先画一个初稿，然后通过整理、思考和探索，对相关技术的理解更加深刻和全面，发现原来存在的一些问题，比如分层关系不合理、某一层遗漏了一些技术点等，然后修改，经过不断的迭代优化，最终得到比较准确的版本。

其次，领域分层图就算画得不够准确，你学习的过程也没有白费。

一般情况下，你不会错得太离谱，你学到的内容就算与当前想学的技术的关联性没有那么强，但下次提升另一项技术的深度时，很可能就用上了。而且随着你积累的经验越来越丰富，以后再画领域分层图的时候就会越来越熟练。

当然，你可能过几个月就要参加晋升了，没有多少时间用来慢慢试错迭代；或者你真的对自己的探索能力没什么把握，必须掌握一个可靠的画图方法才能放心。

考虑到这些情况，下面分享一些画领域分层图的具体经验。

20.2　"拿来主义"

最简单的方法当然就是**"拿来主义"**，你可以找团队内部熟悉某项技术的高手来帮你画，也可以根据网上搜到的相关文章或者思维导图来整理。

这种方法的好处是耗时少，也不会走偏，但它也有缺点。

首先，**你自己的理解深度还是不够**，因为你缺少了自己去探索的过程。

其次，**对外界的依赖太大**，你并不是刚好每次都能找到这样的高手，而网上的资料也存在不完整、老旧过时甚至错误的风险。

最后，**这种方法往往只适合热门、成熟的技术领域**，而对于冷门、新兴的技术领域，你能"拿来"的内容非常少，还是得靠自己去产出。

20.3　画领域分层图的步骤

假设你对某个技术完全不了解，团队里也没有人熟悉，在网上又只能找到非常基础的资料，这时该如何画领域分层图呢？

以下是我最近学习 ClickHouse 时的画图过程。

第一步，搜集资料。

在有官方文档的情况下，先看官方文档是最保险的，比如我看的就是 ClickHouse 的英文官方文档，它已经很全面了。

你可能会有疑问，如果我想学习的技术不像 ClickHouse 有比较成熟的官方文档，那么该怎么办呢？

我的想法是，成熟的项目一定有成熟的文档。如果一个项目没有官方文档或者官方文档很差，只能靠你自己看代码去摸索，那么我建议你先不要去学习。

首先，这样学习的效率太低了；其次，这说明项目本身就有问题，要么还不成熟，容易误导你，要么没什么人维护，出了问题也没人管你，无论哪种情况你都很容易踩"坑"。

当然，不同的学习对象有不同类型的资料，但不管什么类型的资料，首先都要看权威资料，包括官方文档、经典图书、研究论文等，比如 ClickHouse 的官方文档、《UNIX 环境编程》《TCP/IP 详解》和谷歌的大数据论文等，都属于各自领域的权威资料。

第二步，挖掘技术点。

我根据官方文档中的内容，挖掘出了一些相关的技术点。

ClickHouse® is a **column-oriented database** management system (DBMS) for online analytical processing of queries (**OLAP**).

Why Column-Oriented Databases Work Better in the **OLAP** Scenario?
Column-oriented databases are better suited to OLAP scenarios: they are at least 100 times faster in processing most queries.

这两段话涉及两个技术点：**列式数据库**（Column-Oriented Database）和 **OLAP**。

There are two ways to do this:
1. A **vector** engine. All operations are written for vectors, instead of for separate values. This means you don't need to call operations very often, and dispatching costs are negligible. Operation code contains an optimized internal cycle.
2. **Code generation**. The code generated for the query has all the indirect calls in it.

而这段话又涉及两个技术点：**矢量计算**（Vector）和**代码生成**（Code Generation）。

可以看到，光是简单的一篇 ClickHouse 介绍文档，我已经挖掘出了至少 4 个关联的技术点。

第三步，针对技术点学习。

比如你已经挖掘出了列式数据库这个技术点，但是没有相关的积累，那么你可以立刻开始学习与它相关的内容，也可以初步看完 ClickHouse 的资料之后再来学习。具体采用哪种方式，根据你的个人习惯来选择就行了。

我看到列式数据库这个技术点之后，就在网上找到了一篇不错的文章，里面又引出了 HBase、NSM、DSM 等相关的概念。当然，只看这一篇文章肯定是不够的，我会结合多篇资料，最后形成综合的理解。

第四步，画出初稿。

了解了这些重要的技术点之后，我尝试整理了 ClickHouse 领域分层图的初稿，如下图所示。

第五步，迭代优化。

你可能会觉得这张图比较简单。不过没关系，在阅读资料和思考的过程中，我会继续**迭代优化**这张图，比如之后还可能加上与矢量计算相关的 CPU 结构。

即使是这张简单的领域分层图，内容已经足够我学习几个星期了，我会以这张图为基础先开始学习，学习的过程又会拓展我对这个领域的认识，促使我继续迭代优化。

当我把图片上的内容学完之后，我可以通过培训的方式给团队讲解 ClickHouse，回答他们的疑问，借助团队的力量来帮助自己加深理解，进一步迭代优化这张图。

小结

下面回顾一下本章的重点内容：

（1）画领域分层图的技巧和效率并没有那么重要，对你成长帮助最大的，是为了画出这张图而去整理、思考和探索的过程。

（2）画领域分层图最简单的方式是"拿来主义"，找团队内部熟悉某项技术的高手来帮你画，或者根据网上搜到的相关文章或者思维导图来整理。

（3）如果"拿来主义"不能满足你的需求，或者你对自己有更高的要求，那么可以通过 5 个步骤来画领域分层图：搜集资料→挖掘技术点→针对技术点学习→画出初稿→迭代优化。

思考

参考本章中介绍的方法，你能够把自己最近想提升的一项技术的领域分层图画出来吗?

 探索试错的过程比直接得到结果更有价值。

第 21 章　Play&Teach：如何摆脱"从入门到忘记"的学习困境

第 20 章我们学到了，针对不同技术维度的学习目标，可以采用不同的学习方法。

不过就算你用对了方法，在学习过程中往往还是会遇到一些难以解决的困难，导致学习变成了"从入门到忘记"。

如何摆脱这种学习困境，保证学习效果呢？本章将介绍两种方法。

21.1　Play 学习法

从科学学习的角度来看，**学以致用**的效果是最好的，光学不练学得不深，时间一长可能就忘记了。

但我们在实践中会遇到一个常见的困难，那就是团队当前的工作任务中并**没有相关的实践机会**。在这种情况下，你学习某个技术就会陷入两难的困境：如果学的话，得不到实践，学得不深；如果不学的话，真的要用的时候又来不及了。

这时该怎么办呢？完全放弃肯定是不可取的，因为机会都是留给有准备的人的，如果来了一个新的任务正好要用到某个技术，到时候肯定是团队内谁懂这个技术就安排谁完成这个任务，不会等到某个人学习完了再给他安排任务。

所以，我们需要找到一种方法，在暂时没有实践机会的情况下也能学好技术，这就是 Play 学习法。

所谓 Play 学习法，就是**通过模拟实践中的场景进行学习和训练**。

华盛顿国家儿童博物馆有一句著名的馆训：What I hear, I forget. What I see, I remember. What I do, I understand.

Play 学习法就是主动创造"Do"的机会来提升自己对新技能的理解和记忆。

如果你喜欢看动物世界之类的节目，那么应该有这样的印象：狮子这类肉食动物，在成年以前特别喜欢玩耍打闹，这并不是贪玩，而是在练习捕猎的技巧，为成年后的真实捕猎做好部分准备。

Play 学习法就和肉食动物的这种玩耍学习非常像。它的做法比较简单，主要分为三个步骤：

（1）按照链式学习法的方式学习某项技术。

（2）列举常见的场景，搭建模拟场景。

（3）在模拟场景中测试、体验和练习。

常见的模拟场景及相应的作用如下表所示。

场景	任务	作用	备注
入门使用	（1）搭建环境：安装、配置、运行 （2）编写 Demo	熟悉基本的使用，包括安装、配置、运行等	适用所有技术
核心功能	使用其核心功能	熟悉核心功能的使用方法，熟悉常用的 API、工具、SDK 等	适用所有技术
性能测试	测试其核心功能的性能	初步了解其性能表现	（1）适用于中间件系统（如 Nginx）、存储系统（如 MySQL）、计算系统（如 Flink） （2）框架类不太好测试，例如 Netty、Spring Boot，因为有很多自己写的代码，如果只是写 hello world 这种用例，则测试结果不具有参考性
异常测试	测试异常情况下系统的反应	更加全面地了解系统的能力	更适合独立运行的中间件系统

Play 学习法不但让你在没有实践机会的时候，也能够比较好地掌握一项技术，而且它与直接在工作中实践的学习方式相比，还有一个独特的优势：**你可以模拟各种在实践工作中很难出现、但只要出现就可能导致故障的场景。**

比如为了验证 ZooKeeper 的集群选举功能，模拟的时候可以采取拔网线、直接"杀"进程、删除存储文件等各种非常规的手段。

这些手段在线上运行环境中肯定不能使用，甚至在开发阶段的测试环境中也不敢随便使用，因为一旦服务或者应用恢复不了，就可能导致项目延期，个人需要承担责任。

如果采用 Play 学习法，我们就可以通过模拟场景来积累相关的经验和技能，等到线上真正出现类似问题的时候就能够快速地处理。

Play 学习法能够帮助我们更好地学习技术，但这并不意味着它能够完全取代工作中的实践，工作中的实践仍然是非常重要的提升自己的方式。

这就像小狮子光是通过玩耍打闹，还不能完全熟练地掌握捕猎技巧一样，年轻的狮子刚开始捕猎的时候，成功率都是很低的。要成为真正的捕猎能手，还需要很多次实战的磨炼。

如果说精通一项技术是 100 分，那么通过链式学习法你可以达到 60 分，通过 Play 学习法你可以达到 70 分甚至 80 分，如果想达到 80 分以上，那么实践是必不可少的。

下面我们回顾一下 Play 学习法的重点：

（1）Play 学习法是通过模拟实践中的场景进行训练的。

（2）Play 学习法的步骤包括：按照链式学习法的方式学习某项技术；列举常见的场景，搭建模拟场景；在模拟场景中测试、体验和练习。

（3）Play 学习法的独特优势在于，可以模拟各种在实践工作中很难出现、但只要出现就可能导致故障的场景。

21.2　Teach 学习法

除了缺少实践机会，我们在学习的时候还会遇到另一个常见的困难，那就是学得不深，理解不够透彻。

很多人都有类似的经历：自己学习某项技术的时候感觉学得差不多了，甚至已经在工作中具体实践了，但是一旦跟别人讨论，或者在晋升的时候面对评委的提问，又会感觉很多知识都没有完全掌握。

这种现象背后的原因是，每个人的知识和技能都是有一定局限性的，不同的人的理解会不一样，关注点会不一样，所以在讨论或者"PK"的时候自然会遇到各种各样的问题。就算你有实践机会，也不太可能一两次就把一项技术相关的知识全部用到，总会存在认知的盲区。

我想你肯定不希望在晋升答辩的时候连自己熟悉的内容都回答不好。那么怎么办呢？Teach 学习法可以帮助你加深理解。

所谓 Teach 学习法，就是**通过教别人来提升自己**。

- 印度有一句谚语：To learn，read. To know，write. To master，teach.
- 中国也有一句成语：**教学相长**。

结合这些智慧，我们可以总结学习的四个主要方法：Read、Write、Do、Teach。前面介绍的 Play 学习法是关于 Do 的，而 Teach 学习法对应的是 Write 和 Teach。

之所以把 Write 也算作 Teach 学习法的一部分，是因为教别人有两种方式，一种是当面给别人进行培训指导，另一种是写好资料给别人阅读，比如图书和在线课程。

所以，Teach 学习法包括两种形式：写作和培训。

1. 写作

很多人一听到"写作"两个字，第一反应就是要有文学天分，自己没有文学天分，所以文章就写不好，这其实是一个很大的误区。

技术文章的写作不是文学创作，不需要优美的文笔和有吸引力的情节，看技术文章的读者关注的也不是文字是否优美，情节是否吸引人，而是讲得清不清楚，讲得对不对。

如果你想写一篇技术文章，但是感觉不知道怎么写，那么主要的原因不是不会写文章，而是还没有完整地掌握这个技术，不知道哪些是重点，不了解整个体系，对体系里面的各个部分的协作关系不清楚。

那么，是不是一定要等到彻底理解某个技术后才能动笔呢？其实不需要，因为写作本身就是帮助我们学习和梳理的一个过程。比如我在写《从零开始学架构》这本书的时候，并不是把书中的每个内容都研究得一清二楚了才开始动笔的，而是先有了一个整体的构思，然后在写作的过程中边写边完善，有的内容是突然灵感爆发加上去的。

写作对学习的帮助主要体现在以下两个方面。

第一，写作有助于系统地整理技术体系。

当你开始准备写作的时候，肯定需要思考整体的结构应该如何设计，而这个思考的过程其实就是整理技术体系的过程。比如知名博主程序猿 DD 的 Spring Boot2.X 教程的结构设计就清晰地反映了他整理出来的技术体系。

只有当你在脑海中形成了完整的技术体系，才能知道应该先讲什么，后讲什么；哪些是重点，哪些可以简单带过；是一篇文章讲完，还是讲一个系列。

第二，写作有助于了解细节。

写作看起来只是把自己知道的东西用文字表达出来，但其实你在写作的时候，大脑每时每刻都在思考：这是什么意思？这样说对吗？这里要给别人讲吗？为什么要这么说？怎样才能表达清楚？

所以，写作可以让你主动思考各种细节，一旦发现有疑问的地方，就会停下来去查证和研究。

我在写 CAP 原理相关的内容之前，也觉得自己在这方面已经理解得很清楚了，但是真正写的时候，看到"All nodes see the same data at the same time"这句话，却自然而然地产生了一个疑惑：

通过网络复制总会有时间差，就算是 1ms 差异，那也不满足"at the same time"的说法，这里为什么这么说呢？

经过研究和查证，我才了解到这里的说法确实不严谨。第一个原因是，在事务执行过程中，节点间的数据是不一致的；第二个原因是，CAP 定理是忽略了网络延迟的（参考《CAP 理论十二年回顾："规则"变了》）。

等到我在写这一章，介绍这个例子的时候，又想到了第三个可能的原因：CAP 定理同时忽略了复制的代价，比如将 1KB 数据从 A 节点传输到 B 节点，B 节点将 1KB 数据写入存储也是需要时间的。

当然，绝大部分相关技术在网络上已经有很多文章了，我们直接搜一篇看不是更方便吗？为何非得自己费时费力来写类似的内容呢？

原因在于，当我们看别人写的内容时，我们采取的方式其实是"Read"，能吸收的可能只有 30%～50%，而自己写出来，即使内容是类似的，也能够让自己对技术的掌握程度达到 60%～70%。

可是，写作是需要投入时间的。如果每一项技术我们都用写文章的方式来学，那么时间确实会不够用。哪些技术应该自己写文章，哪些技术可以通过看书或者上网搜文章来学习呢？

核心的指导原则就是，**看技术和自己工作的相关度**，对于强相关的核心技术，自己写文章来学习；而对于弱相关的非核心技术，可以通过阅读资料来学习。

比如，对 Java 服务端开发来说，JVM 垃圾回收就是强相关的技术，而 Linux 系统编程就是弱相关的技术；如果是在 Linux 平台用 C/C++开发，那么 Linux 系统编程就是强相关的技术，Java 的技术就是弱相关的技术。

2. 培训

写作的时候，我们没有时间要求，没有现场压力，一句没写好可以重写，今天写不出来可以等到明天再写。

但培训就不同，培训的时间是有限的，有现场压力，听众可能会提出各种意想不到的问题，所以培训对你的能力要求更高，锻炼效果也更好。

首先，要完成一场培训，你需要写培训材料。培训材料的准备过程就是一个写作的过程，写 PPT 这类培训材料，与写 Word 文档比起来，更能够锻炼你的总结、归纳和提炼的能力。写作带给你的帮助，培训也可以提供。

其次，培训需要你在有限的时间内讲清楚一个主题，你必须对这个主题掌握到一定的程度才可以做到，这就会促使你思考与主题有关的各种信息和可能的问题。

另外，在培训过程中，你会和听众进行各种交流，这些交流本身既能够促进你对培训内容的理解，也能够锻炼你的临场反应能力。

除了以上这些作用，培训还有一个好处是其他所有学习方法都不具备的，那就是**为晋**

升答辩积累现场经验。

很多人晋升答辩失败，临场表现差也是一个重要的原因，比如说话紧张，讲 PPT 的时候忘词，问答的时候没有听明白评委问题就急于回答，等等。

有的人归结于自己天生口才不行，心理承压能力太差，其实没有那么严重，毕竟晋升答辩不是 TED 演讲，评委也不是来看脱口秀的。答辩的临场表现不过关，主要还是因为平时缺少训练。

我之前带团队的时候，对于团队中准备申请晋升的人，我都会强制要求他们做几次培训。通过这种方式训练 3～4 次以后，他们就很少在答辩的时候出现因为表达和临场发挥的问题而晋升失败的情况了。就算还是有一点点紧张，但因为之前通过培训锻炼了心理素质，所以不会影响答辩效果。

下面回顾一下 Teach 学习法的重点：

（1）Teach 学习法是通过教别人来提升自己。

（2）Teach 学习法包括两种形式：写作和培训。

（3）写作有助于系统地整理技术体系和了解细节。

（4）除了具备写作的优点，培训还能够强迫你思考与主题有关的各种信息和可能的问题，促进你对培训内容的理解，锻炼你的临场反应能力，为晋升答辩积累现场经验。

思考

你是否有过"从入门到放弃"的学习经历？你觉得主要原因是什么？是否可以应用本章中的哪个方法来改进？

学以致"玩"，教学相长。

第 5 部分　做事方法

第 22 章　你应该掌握哪些做事方法

你在工作中肯定听到过这样的评价，"这个人做事很靠谱"或者"这个人做事很厉害"。

但你有没有想过：**同一个部门的人，级别一样，岗位职责一样，参与的项目也差不多，为什么你会觉得其中某些人做事就是比大部分人更靠谱、更厉害呢？**

你可能会认为，这是因为他们态度更积极，更加会表现。

如果你带过团队就会知道，**做事的态度和做事的能力不是等价的。**

尤其是在部门绩效拉通和晋升预审这些场合中，如果你向其他部门的负责人介绍自己团队的某个成员"做事积极主动，很认真，很拼"，那么多半会被"怼"得很惨。

比如有人可能会说："晚上 9 点下班就算拼了？我们团队的×××做项目的时候都是 11 点才准备下班。"

那么，高级别的管理者是如何判断你的做事能力的呢？

我自己带过很多人，也经常跟其他的 P8、P9 和 P10 这个级别的管理者交流学习。我发现，有三条判断标准是能够达成共识的。

22.1　做事能力的判断标准

标准一：具备闭环思维

闭环思维是最基本的能力要素，也就是说，**做事的时候不能只是完成任务，而是要从端到端的角度思考和落地。**

无论什么事情，端到端的过程都可以分为**事前规划**、**事中执行**和**事后总结**三个阶段，但是大部分人都只关注"事中执行"的阶段，而对事前和事后两个阶段并不在意。

第一个原因是，这两个阶段不是自己负责的。

比如对技术人员来说，需求是产品经理提出的，需求上线后也是产品经理来做业务分析，这些都不是技术人员的本职工作。

第二个原因是，这两个阶段的任务并不一定是强制要求的。

比如有些团队的负责人是问题驱动型的，要么完成项目任务，要么处理问题，而不会主动去规划什么事情，因为规划有时是一件很费脑筋的事情。

也有的人完成任务就"万事大吉"，接着去做下一个任务，而不会对当前任务进行总结，不会去想哪些做得好可以传承，哪些做得不好可以改进。

如果你具备了闭环思维，那么就算不是你自己负责的事情，或者不是强制要求的事情，也会想方设法地去了解更多信息，思考下次如何做得更好，这就是晋升原则中的**主动原则**和**成长原则**的核心。

以开发人员为例，虽然你只负责开发环节，但是如果按照闭环思维来做事，那么在做事之前你除了理解需求，还应该了解"为什么实现这个需求""需求的价值是什么"（事前规划），需求上线之后，你还应该了解"需求上线后的结果怎么样？""具体的业务数据是多少？""我通过做这件事情收获了什么"（事后总结），等等。

如果你本来就是端到端地负责某件事情，那么更加需要学会事后复盘、给领导汇报等技巧了，而不是做完事情之后被动地等着别人来问结果。

标准二：有方法论指导

具备了闭环思维，做事就已经比较靠谱了。但是事情能不能做得漂亮，光有闭环思维是不够的，还需要看做事有没有方法论。也就是说，**做事的时候不只靠经验教训的历史积累，还需要有一套系统的流程或者模板**。

方法论的第一个优势在于，无论遇到什么情况，你都能得到比较好的结果，能够保证交付质量的下限。如果只凭经验，那么下次情况稍微发生一些变化，你就不适应了。

方法论的第二个优势在于，你的行为背后是有一套逻辑支撑的，而不是拍脑袋随便决定的，这样会更有说服力。

比如你说"我觉得××业务功能可以改一改"，但是又给不出充分的理由，那么别人很可能认为你是在瞎指挥；如果你采用了 AARRR 漏斗模型来分析业务数据，在这个模型的基础上提出改进建议，那么别人接受的可能性就大得多。

标准三：能得到好的结果

有了方法论是不是就一定很厉害呢？其实还不一定。

首先，虽然有方法论，但其实是错误的。

其次，你之前形成的方法论可能很厉害，但并不适合当前公司或者业务。

所以，判断你的方法论好不好，其实还是要看最后的结果好不好，给公司带来了多少价值，这也是晋升原则中的**价值原则**的内容。

虽然我们说是否能够得到好的结果会有运气的成分，但剔除运气的因素，方法论的影响也很大。这也是很多从大公司出来的高级别人员拿着原来的方法论到了中小公司或者创业公司，生搬硬套导致水土不服的原因。

22.2 做事方法简介

经过多年的实践检验和筛选，我逐步形成了一套系统的做事方法论，它按照闭环思维的三个阶段展开，整体结构如下图所示。

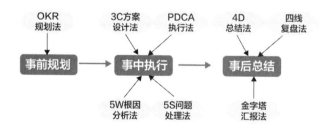

1. 事前规划

OKR 规划法：英特尔提出、谷歌发扬光大的方法，通过合理地设定目标和分解关键成果来弥补 KPI 的缺陷，用于制定工作规划。OKR 规划不同于传统 KPI 规划，更加注重聚焦和逻辑，你可以理解为"OKR 方法教你如何制定高效的 KPI"。

2. 事中执行

3C 方案设计法：我原创的方法，通过制定多个备选方案来系统地分析事情相关的方方面面，避免思维狭隘，用于设计合理的落地方案。

PDCA 执行法：美国人提出、日本人发扬光大的方法，通过四个环节的循环来把控执行过程，保证具体事项高效高质地落地，用于推进事情的执行。

5W 根因分析法：丰田集团提出的方法，又叫"丰田五问法"，通过五个为什么来深挖问题本质，用于分析根本原因。

5S 问题处理法：我原创的方法，通过五个步骤来解决问题，化"危"为"机"，用于系统地处理问题。

3. 事后总结

4D 总结法：我原创的方法，通过四个维度来整理做事的收获，能够帮助你在完成任务后进一步全方位地提升自己的能力，用于事后总结。

金字塔汇报法：我参考麦肯锡的金字塔原理所提出的方法，通过遵循四个原则来展示工作成果，从而更容易获得高级别管理人员的认可，用于事后汇报。

四线复盘法：我原创的方法，通过四个角度来复盘重大问题，达到公平公正的处理效果，避免"背锅"和"甩锅"，用于发生重大问题后的复盘改进。

小结

以上这些做事方法是我个人经验的归纳总结，希望能给你一些启发。当你不熟悉的时候，可以先照搬这些方法；而当你积累了一定的经验后，就不用再局限于这些方法了，可以自己尝试和总结一些新的方法，不过一定要记得按照之前介绍的三条标准来检验。

下面总结一下本章的重点内容：

（1）关于做事能力，有三条业界达成共识的判断标准，分别是闭环思维、方法论和结果。

（2）我总结的做事方法分为事前规划、事中执行和事后总结三个阶段，包括 OKR 规划法、3C 方案设计法、PDCA 执行法、5W 根因分析法、5S 问题处理法、4D 总结法、金字塔汇报法和四线复盘法等 8 种方法。

思考

你在工作中用过本章提到的做事方法吗，效果怎么样？或者你自己有没有比较有特色的做事方法呢？

 思维要闭环，做事有方法，结果是关键。

第 23 章　OKR 的优势：为什么要用 OKR 取代 KPI 做团队规划

如果让 Team Leader 选出自己工作中最头疼的几件事情，那么团队规划一定是其中之一，因为这件事情很难有确定的标准，感觉怎么做都有一定的道理，但又不太确定什么样的规划才能得到好结果。

是不是说，如果你不是 Team Leader，就不用掌握团队规划的方法了呢？其实并不是。

首先，作为团队成员，你需要理解 Team Leader 的规划，并且根据他的规划分解出自己的规划；当你自己学会了团队规划后，就更容易发现潜在的机会，然后向 Team Leader 争取这些机会。

其次，现在到了 P6+级别就可能带人了，如果你想晋升到 P7，则必须具备一定的管理能力，而无论你是带实体团队还是虚拟团队，都要掌握团队规划的方法。

1. KPI：关键绩效指标

团队规划到底要如何做呢？耳熟能详的就是 KPI 了。

KPI 的英文全称是 Key Performance Indicator，意思是**关键绩效指标**。它把公司的目标自上而下地分解，并且通过相关的关键绩效指标来衡量实际的执行效果。

2. KPI 的问题

虽然 KPI 规划法曾经是比较先进的管理方法，但是到了今天，它的缺点也暴露无遗。

首先，它只适合标准化的、目标稳定的工作。

比如在一家生产洗衣液的工厂，生产线是标准化的流水线，KPI 可以设定为产量、停机时间和良品率等，产品销售是目标稳定的活动，KPI 可以设定为销售量和市场占有率等。

但是，工厂的**技术创新**就不适合用 KPI 来衡量了，因为创新有很大的不确定性，既不可能标准化，也不可能稳定产出。

其次，它会给团队带来不好的风气。

索尼公司前常务董事天外伺朗就写过一篇名为《绩效主义毁了索尼》的文章，痛批 KPI 规划法带来的问题。这篇文章在业界流传很广，其激起的广泛讨论现在都没有停止。

如果我们先抛开文章结论对不对、观点是不是太偏激、索尼对 KPI 的理解是不是准确这些争议不谈，只看其中描述的现象，就会发现很多公司都存在同样的问题，比如：

（1）**故意定低指标**：几乎所有人都把指标定得比较低，因为这样容易实现。

（2）**只顾短期效益**：追求眼前利益的风气蔓延，短期内难见效益的工作都受到轻视，比如质量检验和老化处理等。

（3）**一切只看指标**：上司不把部下当有感情的人来对待，一切都用指标来衡量。

（4）**工作和考核本末倒置**：绩效考核需要把各种工作量化，但是很多工作无法简单地量化，所以公司在绩效考核上花费了大量的精力和时间，而在真正的工作上却敷衍了事，本末倒置。

3. KPI 的困惑

KPI 规划法的这些缺点，在互联网公司的技术团队中往往会进一步放大，很多 Team Leader 在使用这种方法的时候都遇到过问题，比如：

第一，程序员的工作要如何量化？

代码行数？版本数？Bug 数？这些指标都是不可行的！

比如某通信大厂考核**程序员**的关键指标是 **Bug 的数量和等级**，而考核**测试员**的关键指标是**发现的 Bug 数量和等级**。

结果呢？程序员和测试员为了一个问题是 Bug 还是需求遗漏、Bug 的等级是严重还是一般，能够吵 2 小时；2 小时吵不出结果，就拉上双方主管再吵 2 小时；还吵不出结果，就拉上经理继续吵 2 小时。

于是最后就看谁会吵，谁"官"大，搞得程序员和测试员身心俱疲，关系很紧张。

第二，技术团队如何体现工作中的贡献呢?

既然代码量、版本数、需求数、Bug 数这些指标不可行，那么如何体现技术团队对业务的贡献呢?

有的的公司喜欢用"技术团队承担 30% 的业务指标"这样的方式来制定技术团队的 KPI。比如公司业务的整体目标是"新增用户 100 万"，技术团队直接按照 30% 的比例制定自己的 KPI 为"新增用户 30 万"。

但实际上这种 KPI 没有什么意义，因为技术团队的工作并不能直观地转换为业务数据，最后只能是看运气，业务目标达到了技术团队就跟着"吃肉"，业务目标没达到技术团队就跟着挨罚。

第三，有风险的工作谁愿意做?

很多前瞻性和拓展性的工作也伴随着风险，比如引入 Elasticsearch，理论上是可以提升搜索性能的，但在引入的这一年可能会带来很多问题，之后能带来多少收益还不确定。

在 KPI 的机制下，这种有风险的工作很可能没有人愿意去做，因为大家都不想犯错。

23.1　技术团队规划的常见角度

考虑到这些问题，使用 KPI 规划法的时候，很多技术团队的 Team Leader 会从以下 3 个角度来做团队规划。

1. 解决问题

比如解决版本延迟、线上 Bug 和团队成员士气不高等问题。

这是最容易找的角度，因为没有完美的团队，只要去找，一定能找到问题；而且这个角度看上去就很有价值，因为出问题肯定是不好的，解决问题总归是有好处的。

2. 优化性能

既包括**团队优化**，比如提升开发效率和质量，提升团队成员战斗力；也包括**技术优化**，比如将 App 的崩溃率从 0.5% 优化到 0.3%，将后台接口响应时间从 50ms 优化到 30ms。

这也是很多人喜欢用的一个角度，因为它非常简单明确，不需要太多的思考，毕竟没有哪个产品和系统是完美的，每年都可以找到各种优化点，并且这些优化点还可以用指标衡量，看起来就是一个完美的 KPI。

3. 引入新技术

比如引入 Flutter 实现双端统一开发，引入机器学习实现系统的某个功能。

业界各种新技术不断涌现，新技术有可能让生产效率或者生产质量大幅提升，所以引入新技术看起来既可以提升团队技术水平，又可以提升产品竞争力。

但是，从这些角度来做 KPI 规划，往往得不到很好的绩效结果。主要原因在于，**这些都是团队和技术的角度，没有结合业务目标，所以就算你做得很好，价值也不一定能体现出来。**

我曾经多次遇到过这样的场景：

某个技术团队的负责人兴致高昂地介绍了自己的团队规划。技术领导问了一句："为什么要现在做这个事情，这个事情给业务带来什么价值？"

结果这位负责人答不上来了，因为在整个规划的过程中，他都没有思考过。最后，他的规划汇报没通过，被领导要求重新规划。

你可能会认为：**这些事情本身都是有价值的，为什么不可以作为规划内容呢？** 比如 App 崩溃率从 0.5%优化到 0.3%，用户体验肯定是提升了的！

我不否认这个事情本身的价值，但团队规划需要考虑的是如何做才能创造最大的价值。因为团队的资源和时间是有限的，需要让投入产出比最大化。

同样以 App 崩溃率为例，如果你的 App 是在东南亚市场推出的，受当地市场的手机档次的限制，崩溃率 0.5%与国内市场比感觉很高了，但其实在当地已经算很好的了。

你花了很大力气，将崩溃率从 0.5%提升到 0.3%，确实有利于用户体验，但是这部分提升带来的价值对用户来说感知不明显。

相比之下，如果你花同样的资源按照当地用户的操作习惯将 UI 改版，可能效果会非常明显。

23.2　OKR：目标与关键成果

为了解决 KPI 规划法的问题，英特尔公司创始人安迪·格鲁夫（Andy Grove）提出了另一种团队规划法，后来由约翰·杜尔（John Doerr）引入谷歌发扬光大。

目前，硅谷的知名企业都在使用 OKR 规划法，如微软（Microsoft）、领英（LinkedIn）、推特（Twitter）、亚马逊（Amazon）、脸书（Meta）和雅虎（Yahoo）等。

OKR 的英文全称是 Objectives and Key Results，意思是**目标与关键成果**。它的实施步骤如下：

首先，设定业务**目标**（Objectives），比如提升市场占有率。

然后，为每个目标设定**关键结果**（Key Results），也就是为了实现目标具体要做的事情，以及具体的标准，比如为了实现"提升市场占有率"这个目标，准备"请××明星做代言人""投入 100 亿元作为用户补贴"等。

23.3　OKR 与 KPI 的区别是什么

大部分人第一次接触 OKR 的时候都很疑惑：OKR 和 KPI 看上去好像没什么区别，如果用数据来描述 OKR 的一个关键结果（KR），似乎就是 KPI 的一项指标。

既然如此，我们为什么要强调用 OKR，而不用 KPI 呢？其实它们的本质区别就藏在名字里。

KPI 的关键词是 Indicators，而 OKR 的关键词是 Objectives。

换句话说，KPI 关注的是数据**指标**，而 OKR 关注的是业务**目标**。

下面举几个例子来说明：

- 假如你是**程序员**，如果关注指标，那么你想到的是代码行数、Bug 数和单元测试覆盖率；而如果关注目标，那么你想到的是解决产品的卡顿问题和实现精准推荐。
- 假如你是**足球运动员**，如果关注指标，那么你想到的是进球数、助攻数、跑动距离和比赛场次；而如果关注目标，那么你想到的是夺冠、四强和保级。

- 假如你是××专车**的业务负责人**，如果关注指标，那么你想到的是司机数量、订单数和乘客数；而如果关注目标，那么你想到的可能是让××专车成为网约车行业第二。

所以，不要小看指标和目标这两个词的力量，它们代表的是两种思维方式。

当你使用 KPI 规划法，更关注数据指标的时候，第一反应是"**我要履行什么职责**"，思维就会受到限制，只会关注当前已有的工作，不太可能去思考接下来应该做的事情是什么。

而当你使用 OKR 规划法，更关注业务目标的时候，第一反应是"**我要做成什么事情**"，思维就会更加开阔，而不会局限于当前正在做的事情，可以根据实际情况判断和选择接下来应该要做的事情。

方向对了，就不怕路途遥远；方向不对，数据再漂亮也没有意义。在快速发展的互联网行业，我们需要拥抱变化、不断调整，显然 OKR 规划法更加适用。

《绩效主义毁了索尼》文章里有一句话："具有讽刺意味的是，因单枪三束彩色显像管电视机获得成功而沾沾自喜的索尼，却在液晶和等离子薄型电视机的开发方面落后了。"

如何理解这句话呢？按照 KPI 的思维，彩色显像管电视机是已经在做的产品，自然要把**销量数据**做得越高越好；但是按照 OKR 的思维，整个行业都在转向液晶和等离子电视，必须尽快切换**产品方向**。

彼得·德鲁克在《管理的实践》一书中说道："并不是有了工作才有目标，而是相反，有了目标才能确定每个人的工作。所以企业的使命和任务必须转化为目标。"

这句话非常好地诠释了 KPI 和 OKR 的区别，提炼一下就是：**KPI 让我们正确地做事，OKR 让我们做正确的事。**

你知道大部分的人的 KPI 是如何制定的吗？先看有哪几个指标，然后每个指标做一些提升，就当成 KPI 提交。

我就亲身经历过这样的 KPI 讨论场景：

某手游交易网站的产品经理列出了 5 个指标，用户量、成交额、用户安全、发货速度和收入，然后给每个指标设定了一个增长量。

团队内部讨论的时候，我提了一个问题："为什么要制定这些 KPI？"

产品经理的回答是："这些指标每个都很重要啊，你说哪个不重要呢？"

事实上，这些指标在不同时期的重要程度是不一样的，有的指标甚至是互相冲突的。

- 如果业务目标是做到市场份额行业第一，那么**用户量**作为核心指标就必须增长，你需要到搜索引擎买流量、补贴新用户和免交易手续费等，但这样做肯定会增加支出、减少收入。
- 如果集团要求创新业务必须实现盈亏平衡，那么**收入**作为核心目标就必须增长，你就不能免除交易手续费，而是要实现交易阶梯收费，但这样又会影响用户量和成交额，因为有一部分用户会因为手续费的原因转移到其他交易平台。

当使用 OKR 规划法的时候，需要先根据环境变化和业务发展进行判断和取舍，明确业务目标，然后才能基于目标分解出合理的 KPI。

所以有一种说法是这样的：**OKR 其实就是一种高效的 KPI 制定方法。**

23.4　OKR 与 KPI 的联系是什么

虽然 OKR 和 KPI 有着本质区别，但这并不意味着它们截然相反、水火不容。

前面我也提到过，OKR 的 KR 和 KPI 的表现形式基本一致。比如下面这个例子中的 KR，我们说它是 KPI 也没什么问题。

某 App 业务负责人的 OKR：
- O：App 注册用户数达到 5000 万。
- KR1：2021 全年新增用户 1500 万。
- KR2：月活用户达到 2500 万。
- KR3：新用户月留存率达到 40%。

所以，OKR 和 KPI 其实有着内在的联系，如下图所示。

如上图所示，OKR 的 KR 有两种表现形式，一种是 KPI 指标，另一种是里程碑事件。

因为 KPI 的要求是**可以量化的**，而 OKR 的要求是**可以衡量的**，有着微妙的不同。既可以用量化的数据来衡量，也可以用里程碑式的关键节点来衡量。

量化的 KR 很常见，比如前面提到的"2021 全年新增用户 1500 万"。

里程碑式的 KR 指的是**关键事项的落地**，难以量化但可以衡量。以索尼公司为例，彩色显像管电视的开发项目立项时的 KR 应该是"19××年开发出彩色显像管电视"，这就是一个无法量化但可以衡量的结果。

互联网行业常见的里程碑 KR 有"××业务上线""完成推荐系统从 0 到 1 开发""落地敏捷开发流程"。

小结

下面我们回顾一下本章的重点内容：

（1）KPI 的缺点有两方面，一是只适合标准化的、目标稳定的工作，二是会给团队带来不好的风气，比如故意定低指标、只顾短期效益、一切只看指标、工作和考核本末倒置等。

（2）技术团队的 Team Leader 做团队规划有 3 个常见做法：解决问题、优化性能和引入新技术，但是因为没有结合业务目标，因此价值很难体现。

（3）OKR 规划法关注业务目标，可以根据实际情况及时调整，更适合快速发展的行业。

（4）OKR 是一种高效的 KPI 制定方法，KPI 是 KR 的一种形式。当你先明确业务目标，再根据环境变化和业务发展进行取舍时，才能制定出合理的 KPI。

思考

　　你完整地制订过团队或者自己的 KPI 吗？在这个过程中遇到了哪些疑惑和困难，学完本章你有解决问题的思路了吗？

KPI 让我们正确地做事，OKR 让我们做正确的事。

第 24 章　OKR 规划法：Team Leader 如何做团队规划

第 23 章介绍了 KPI 的问题和 OKR 的优势，你一定很想知道：OKR 到底要如何使用呢？

其实，用 OKR 做规划可以分为两个阶段。

第一个阶段是，P9/P10 级别的**业务负责人**针对**整条业务线**做业务规划。

第二个阶段是，P7/P8 级别的 Team Leader 针对**专业团队**做团队规划。

你可能会想，做团队规划，是不是只要了解第二阶段就行了呢？并不是这样的，P7/P8 级别的 Team Leader 同样要了解第一阶段。

因为只有理解业务规划背后的逻辑，才能做出与之匹配的团队规划。

这也是为什么在很多公司中，当你的级别到了 P7+ 的时候，就有机会参与业务规划的讨论的原因。

本章介绍在这两个阶段如何使用 OKR 规划法来做规划。

24.1　阶段一：业务规划

我们先来看第一个阶段：业务规划。

第一步：聚焦业务目标（O）

业务规划的第一步是聚焦业务目标，也就是 O。

聚焦是 OKR 规划法的第一核心理念，也是 OKR 和 KPI 在做法上的核心区别之一。

业务负责人（有可能不是一个人，而是一个决策团队）使用 OKR 进行规划的时候，要在众多可以选择的方向中，挑出最重要的几个，一般不超过 3 个。

而如果使用 KPI，很多人进行规划的时候，就是简单地把一些指标的数值分别增加一点。

这就是使用 OKR 规划的优势：**聚焦于最重要的事情，争取形成合力和突破**。因为目标太多会导致资源投入分散，难以形成突破，形象地说，10 个 60 分的目标不如一个 100 分的目标。

这一步看上去很简单，但其实是**整个 OKR 规划过程中最难的一步**。

我参加过很多次业务目标通晒大会，在介绍业务规划的 P9/P10 级别的负责人中，几乎每次都有人被挑战，甚至被批评得很惨。

而业务线内部讨论业务目标时，也经常发生激烈的争执，如果争执不下，就只能更高级别的领导来做决定，但其实领导也是凭感觉和经验来拍板的。

为什么会出现这种情况呢？因为做业务规划有两个很大的难点。

一是你**面对的环境和处理的信息本身就有很大的不确定性**。比如竞品的策略、行业的动态和用户的心理，这些都无法通过数据确切地体现，不管是谁，都只能靠推断甚至猜测，不可能百分之百保证准确性。

二是就算在条件和信息上达成一致，但**不同的人制定规划的时候判断和选择的标准也是不同的**。比如你知道了竞品的策略，那么现在要与它贴身短打、正面硬刚，还是要避其锋芒、错位竞争呢？其实各有各的道理，谁对谁错，可能只有事后才知道。

因为业务规划存在这么大的困难，所以千万不要觉得 OKR 规划法是包治百病、一用就见效的灵丹妙药。

毕竟方法本身不能取代经验，你还是得在工作中摸爬滚打，慢慢积累经验，加深对业务的理解才行。

不过，聚焦业务目标过程中的争执，本身也是一个澄清和完善的过程。总的来说，OKR 规划法还是比其他方法（比如 KPI 规划法）更有逻辑，更有说服力。

聚焦的目标既可以是定性的描述，比如"提升用户满意度"，也可以是可衡量的，比如"市场占有率排名前三"，通常情况下不要求量化。因为 KR 中会有具体的数据描述，在目标中只要把数据的意义提炼出来就行了。

如果一定要在目标中体现数据，那么也是可以的，具体来说有两种方式。

第一种是在 KR 中直接拆解目标中的数据，KR 的数据总和大于或等于目标中的数据，例如：

O：新增用户数 2000 万。

KR1：短视频平台买量拉新 1000 万用户。

KR2：开发新业务拉新 600 万用户。

KR3：通过与其他平台换量拉新 500 万用户。

第二种是在 KR 中添加辅助的指标，例如：

O：新增用户数 2000 万。

KR1：新增用户数 2000 万。

KR2：投入资金不超过 1 亿元。

KR3：新用户月留存率不低于 40%。

第二步：分解关键结果（KR）

聚焦业务目标之后，第二步是**分解**关键结果，也就是 KR。对于每个目标，业务负责人都要提出 3～5 个 KR。

这些 KR 一方面用来评判目标有没有实现的衡量标准，另一方面也体现出为了实现目标，可能要做的具体事情的范围。

比如业务 KR 中的"新增用户数 2000 万"，那么下面的团队可能就会进一步分解出"短视频平台买量××万用户""开发新业务拉新××万用户"之类的工作。

所以 KR 太多不行，比如你列了 10 条，对应的事情太多，就会导致精力和资源分散，难以形成突破。

而且 KR 太少也不行，比如你只列 1 条，这既说明没有全面地考虑到各种实现目标的方法，也会导致衡量标准太单一，最后可能为了追求短期的单个数据指标而忽视业务长远的发展。

比如曾经有业务把"新增用户数××万"作为唯一的 KR，于是下面的 P7/P8 执行的时候只管"砸钱买量"，不管用户质量。

结果到了年底一看，新增用户数达标了，但支出远远超出预算，用户留存率也很低；第二年严格控制预算之后，新增用户数立刻被"打回原形"，用户活跃率更是远远不达标。

所以，我们需要综合 3~5 个 KR 一起来判断有没有实现业务目标。

第 23 章提到，KR 有两种表现形式，一种是可以量化的 KPI，比如"用户量增长 100万"；另一种是虽然不能量化但是可以衡量的**里程碑**事件，比如"2021 年 6 月实现千人千面功能"。

所以 KR 不能采取定性的描述，像"用户量大幅增长"这样肯定是不合格的，因为不可衡量。

对于可以量化的 KR，关键在于具体的数值应该定多少，太低了看起来没有挑战，太高了看起来没有希望，但具体定多少并没有明确的标准。一般来说，既可以参考历史数据、竞品数据或行业数据，也可以举全公司之力来定一个非常有挑战的目标值。

24.2　阶段二：团队规划

现在，我们再来看第二个阶段：团队规划。

第一步：对齐业务 OKR

团队规划的第一步是**对齐业务规划的 OKR**。

对齐是 OKR 规划的第二核心理念，也是 OKR 和 KPI 在做法上的另一个核心区别。

下一级的 Team Leader 要对照上一级业务 OKR，看看自己的团队能够贡献什么价值和力量，从而让整个公司"心往一处想，劲往一处使"。

假设现在业务规划的 OKR 如下：

O：总用户数达到行业第一。

KR1：新增用户数 2000 万。

KR2：投入资金不超过 1 亿元。

KR3：新用户月留存率不低于 40%。

如果你是技术团队的 Team Leader，那么要如何对齐呢？

首先，针对 KR1，技术团队能做的事情包括"降低 App 包大小""SEO 优化""开发××新业务""开发小程序"等。

其次，针对 KR2，技术团队能做的事情不多，除非运营人员明确指出"某个大渠道的 ROI 偏低，主要原因是包太大影响转化"，这时你就可以直接把解决问题作为团队的目标。

最后，针对 KR3，技术团队能做的事情包括"优化用户体验""新用户连续签到奖励""新用户引导"等。

可以看到，光是对照业务规划的一个 OKR，我们就能够想到很多关联的事情。按照同样的思路，再对照其他的 OKR 继续分析，把想到的事情分类整合排序，形成自己团队的 OKR，对齐业务 OKR 的工作就完成了。

当然，对齐的过程同样需要"聚焦"，你的判断和选择同样得是有逻辑的，不能把所有关联的事情全部都罗列出来。

比如在刚才例子中，针对 KR3"新用户月留存率不低于 40%"，你想到了可以通过"优化用户体验"技术手段来提升新用户留存率。

但是，"用户体验"真的是影响新用户留存的关键因素吗？这就需要论证了。你不能简单地摆出"提升用户体验肯定可以提升用户留存"这样的大道理，而是应该通过数据分析或者用户调研的结果来证明它们的逻辑关系。

第二步：补充专业 OKR

对齐业务 OKR 之后，团队规划的第二步是补充专业 OKR。

如果说对齐业务 OKR 是自上而下的传导，那么补充专业 OKR 就是自下而上的提炼。 Team Leader 要结合业务目标和团队情况，提出专业上的 OKR，和业务上的 OKR 共同组成团队完整的 OKR。

以技术团队为例，假设现在的业务系统问题比较多，团队成员要花很多时间来处理各种线上问题。

虽然因为团队成员的能力很强，最终这些问题没有对业务直接产生影响，但是站在整个团队角度来看，这会降低团队成员的工作效率和质量，长此以往，就会影响正常的版本开发进度。

针对这种情况，Team Leader 可能需要提炼一个专业目标：季度线上问题平均数量从 XX 减少到 YY。

这样的目标很难通过对齐得到，只能由技术团队自己提出来。

自上而下的传导需要很强的业务理解能力，而自下而上的提炼需要有很强的专业能力，这两种能力相辅相成，用 OKR 做团队规划的时候缺一不可。

所以，OKR 规划法对于 Team Leader 来说，也是一个不小的考验。

24.3　举例：技术团队的 OKR 是如何诞生的

假设某个技术团队负责一款电商 App 的技术支持工作，现在，我们通过一个完整的例子看看这个团队的 OKR 是如何诞生的。

第一，业务负责人确定 2021 上半年的业务目标，其中之一是用户量增长。

第二，业务负责人分解 KR，比如针对用户量增长这个目标，业务负责人分解出了 3 个 KR，具体如下图所示。

第三，技术团队 Team Leader 拿到业务规划的 OKR 之后，进行对齐。

KR1 是 "用户量增长 4000 万"，乍一看好像和技术团队没有太大关系，但实际上这就是技术团队需要基于业务来思考技术的一个典型 KR。

Team Leader 从技术的角度来分析业务的目标：哪些技术指标和用户增长量有关，它们与哪些技术有关，团队现在是否具备这些技术，还有没有优化的空间？

比如影响用户增长量的一些技术指标，就包括"安装包大小""App 启动时间""App 崩溃率""App 耗电情况"等。

经过分析，Team Leader 认为目前的安装包太大，并且 App 启动时间较长，于是提出了 2 条对应的 KR：

（1）App 安装包从 20MB 缩减到 8MB。

（2）App 启动时间从 2s 优化到 500ms。

KR2 是"买量支出不超过 10 亿元"，一般来说这与技术团队的关系不大，不需要关注。

但是 Team Leader 了解到，现在运营的系统无法评估每个渠道的买量效果，所以他增加了 1 条对应的 KR：

（3）新增渠道质量监测功能。

这也反映出，如果技术团队的 Team Leader 能了解更多的业务信息，就可以为业务做出更大的贡献。

KR3 是"推出新业务 A"，Team Leader 把它直接变成了自己团队的 1 条 KR：

（4）推出新业务 A。

Team Leader 再继续对齐其他业务规划的 OKR，得到了 2 条对应的 KR：

（5）改版 B 业务。

（6）后端服务器接口平均响应时间从 60ms 提升到 30ms。

然后，他对这 6 条 KR 进行分类整合排序，归纳了两个目标：

- O1：优化技术指标，提升用户体验。
- O2：保证关键业务和功能上线。

所以，Team Leader 通过对齐业务 OKR 得到的结果如下图所示。

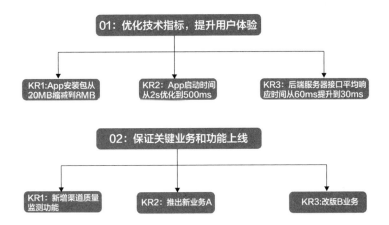

第四，技术团队的 Team Leader 结合业务目标和团队情况补充专业 OKR。

当前阶段在技术上有没有重点要做的事情呢？Team Leader 经过思考后发现，要实现用户增长，就需要做很多新的尝试性的功能，但团队目前的版本节奏比较慢，原因是因为版本多而测试环境不足。

为了解决测试环境不足导致版本等待等问题，他得出了一个目标：

● O3：提升测试效率。

为此，他也分解出了几个 KR：

（1）添加 4 台测试环境机器。

（2）引入 Docker，支持一台机器搭建 20 套环境。

（3）一键生成全套测试环境。

于是，他补充了一个专业 OKR，如下图所示。

Team Leader 将业务上的 OKR 和专业上的 OKR 结合起来，就得到了团队完整的 OKR，团队规划也就做好了。

看完这个例子，我想你已经对 OKR 规划法的使用建立了整体的认知。不过你对 OKR 可能还有一些疑问，接下来就针对两个常见的问题进行解答。

24.4　常见问题

问题一：如果用 OKR 规划法，那么要如何做绩效考核呢?

美国硅谷的很多科技公司都用 OKR 取得了很好的效果，但介绍 OKR 的文章往往都会说 OKR 和绩效考核无关。

比如 Meta 的绩效考核方式是 **360 度环评**，也就是通过多人打分的方式来对员工进行绩效考核。

目前来看，中国公司推广这种考核方式的可能性似乎不大。那么如果推行 OKR，那么绩效考核要如何做呢，难道还要引入另外一套机制吗?

其实我之前提到过，KR 的两种形式，KPI 指标和里程碑事件，都要求是**可以衡量**的。所以，根据 OKR 本身来做绩效考核并没有什么问题,我们可以像考核 KPI 一样来考核 KR。

- 如果是 KPI 形式的 KR，就是看数值有没有达标，与原定目标相差多少。
- 如果是里程碑形式的 KR，就是看事情有没有在规定的时间节点高质量地完成。

为了方便考核，我们甚至可以在制定 KR 的时候，**直接将结果的等级包含进去**，例如:

KR1：用户量增长 1000 万（合格）；用户量增长 2000 万（良好）；用户量增长 3000 万（优秀）

不过在做 OKR 绩效考核的时候，还有可能出现两种比较特殊的情况。

第一种情况是，KR 都做到了，但目标没有实现。

比如我们假设××专车的业务目标是"超越 YY"，KR 是订单数增长 200%，但到了年底盘点一看，订单数增长了 300%，超额完成，但行业第一还是 YY。

这种情况如何处理呢? OKR 的关键是实现目标，从这个角度来看，团队人员的绩效不会太高。

第二种情况是，KR 没有做到，但目标实现了。

比如某电商 App 的业务目标是"成为行业第三"，年底盘点一看，发现 KR 没达成，但确实成为行业第三。

这种情况又如何处理呢？我们就要继续分情况讨论，看看目标到底是怎么实现的。

如果是因为竞争对手都不给力，全靠同行衬托得好，那么这种情况下团队人员的绩效也不会特别高。

如果是因为一开始的 KR 确实定得太高，团队为了实现目标，没有把有限的资源浪费在盲目地追求数据指标上，那么这其实是值得肯定的。

如果是因为外部的不可抗力，比如突发自然灾害或政策变化，团队及时放弃年初制定的 KR，探索出了新的路径来实现目标，那么这就更加值得激励了。

问题二：OKR 规划法可以用来做个人规划吗？

虽然宣传 OKR 的文章一般都会声明 OKR 同样适合个人做规划，但从实践的效果来看，如果是 P7/P8/P9 级别且带了团队的技术主管，个人的规划就是团队的规划，使用 OKR 来做个人规划其实就是做团队规划。

对于 P5/P6/P7 级别没有带团队的技术人员来说，使用 OKR 来做个人规划比较别扭，原因在于这个级别的技术人员更多的是执行团队主管安排的任务，自己能掌控的规划内容并不多。

小结

下面回顾一下本章的重点内容：

（1）OKR 规划的第一个阶段是 P9/P10 级别的业务负责人针对整条业务线做业务规划，先聚焦业务目标（O），再分解关键成果（KR）。

（2）OKR 规划的第二个阶段是 P7/P8 级别的 Team Leader 针对专业团队做团队规划，先对齐业务 OKR，再补充专业 OKR。

（3）聚焦是 OKR 的第一核心理念，对齐是 OKR 的第二核心理念，它们也是 OKR 和 KPI 在做法上的核心区别。

思考

学完这一章之后，你能不能尝试制定一下你的团队或你自己的半年 OKR 呢？

 自上而下传导业务目标，自下而上提炼专业目标。

第 25 章　3C 方案设计法：如何让你的方案有理有据

第 24 章介绍了用来制定工作规划的 OKR 规划法。在完成事前规划之后，我们就到了事中执行阶段。

在事中执行阶段，你可能经常遇到这样的情况，领导审批或者跨部门同事协作的时候，别人对你的想法提出挑战。

比如你提出了一个方案，其他人针对你的方案提了很多疑问，而这些疑问确实是你在做方案时没有考虑到的；或者有人提出了其他方案，你一时也无法明确地证明你的方案优于别人的方案。

所以在一开始的时候，你就要设计出有理有据的方案，这样才能让别人更加理解、支持和配合你。

25.1　3C 方案设计法简介

要如何设计呢？我总结出了一个 **3C 方案设计法**，也就是**每次做事的时候都至少设计 3 个方案，然后选择最优的 1 个或者几个方案去执行**。

这里的 C 代表 Choice，即选择。

3C 方案设计法最典型的应用场景就是基于上一级的 OKR 来制定自己的 OKR。

比如你是负责买量的运营人员，你的 Team Leader 基于上一级业务 OKR 分解出运营团队的某个 KR 是"新用户买量 60 万"，现在交给你来负责执行。

你会发现买量的渠道有很多种，包括抖音、快手、头条、百度、QQ 和微信等。不同的渠道用户特性不同，方式不同，投入产出也不同，你不能每个渠道都买一点，而应该聚焦几个效果好的渠道。

但到底哪几个渠道才是好的呢？你不能简单地凭感觉做出决定，而应该有理有据地推导出来。

具体来说，就是提出不同渠道买量的方案，对比这些方案的优缺点、投入成本和买量效果等。如果最后判断"抖音买量 50 万"和"百度买量 20 万"两个方案比较好，那么就把这两个方案作为自己的 KR。

向上汇报的时候，你一定会遇到很多挑战，比如"为什么是抖音而不是快手？""百度的优势在哪里？"

但是这些问题你都有答案，因为你使用 3C 方案设计法的过程，其实就是在不断澄清各种可能的问题。

当然，3C 方案设计法不局限于业务规划和业务方案设计，它也可以用来做技术方案，还可以用来做管理方案；既适合比较重大的事项，也适合日常的判断选择。

下表所示的是几个应用的实例。

事情	方案 1	方案 2	方案 3
设计缓存方案	Memcache+MySQL	Redis+MySQL	只使用 Redis
处理表现不好的新员工	立即辞退	加大培养力度	延长试用期 1 个月
和同事分享《互联网大厂晋升秘籍》	等大家不忙的时候再分享	将内容拆分，先分享一部分	先给今年要晋升的 2 个人分享

25.2 三个阶段选出最终方案

3C 方案设计法的使用过程可以分为三个阶段，每个阶段都能够从不同的角度帮助你完善思考，提升方案的说服力。

第一个阶段是预研阶段，你需要设计 3 ~ 5 个备选方案。

这个过程会促使你思考多种可能性，**避免思维狭隘**错过了更好的方案；而研究不同方案的优缺点可以帮助你**系统理解**某个领域的知识和技能。

你可能并不一定能很快想出 3 个备选方案，这恰恰说明你对当前的领域或者事情缺乏全面的理解和思考，需要强迫自己一定要想出 3 个备选方案，这个探索的过程就是一个**自我提升**的过程。

第二个阶段是讨论阶段，你需要把备选方案向上级汇报，或者给其他人评审。

这个过程会让其他人的信息、观点和疑问输入你的大脑，进一步**全面完善**你对每个方案的优缺点、依赖条件和所需资源的理解。

第三个阶段是决策阶段，你需要挑选出最终的方案。

一般来说，如果是互斥的方案，那么选出 1 个最优的落地即可。

比如新招聘的员工表现不太理想，方案 1 是"立即辞退"，方案 2 是"不辞退，加大培养力度"，方案 3 是"延长试用期 1 个月"，你最终只能挑选 1 个方案落地。

如果是可以并行的方案，那么"3 选 2"或"5 选 3"也是可以的，但不建议"3 选 3"或"5 选 4"，因为这样执行的时候会没有重点。

列出一些备选方案，只能说明你对领域有一定了解；选出合适的最终方案，才能说明你已经掌握了这个领域，能做到理论和实践相结合。

决策的过程会让你重新审视自己原来提出的方案，尤其是最初倾向的方案，帮助你发现方案的问题、理解的问题乃至自己决策标准的问题。

25.3　3C 方案设计法会影响效率吗

你可能会担心，每次都要做 3 个方案，要花不少时间，这个 3C 方案设计法会不会影响做事效率啊？

其实这是一种片面的理解。

首先，虽然前期准备的时间变长了，但做一件事的整体效率变高了。

"前期匆匆忙忙赶工，后期急急忙忙返工"，这样的情况你肯定遇到过。

如果你在前期预研的时候先选出更好的方案，那么更有可能一次就得到好的结果。一次就把事情做好，肯定比重复好几次的效率更高。

其次，虽然负责人投入的精力变多了，但整个团队的效率变高了。

"方案潦潦草草，讨论轰轰烈烈"，这种情况你肯定也深有体会。

如果负责人在设计方案的时候投入更多的精力，那么后续整个团队讨论决策和执行的效率都会提高。

正是因为考虑到效率，3C 方案设计法才提倡准备 3~5 个备选方案。

如果超过 5 个，那么讨论和决策时需要投入的时间和精力太多。但是少于 3 个也不好，1 个方案容易出现思维狭隘的问题，2 个方案容易出现选择困难的问题，所以说：

1 个方案是陷阱，2 个方案是困境，3 个方案是选择。

25.4　对晋升的帮助

我指导团队成员晋升或者自己担任晋升评委的时候，经常遇到这样的场景：

申请者在自述环节自信满满地介绍他做过的某个亮眼的项目，列出了 3~5 个闪光点，并且展示了详细的数据来证明效果。

然而到了答辩环节，评委只是简单地问了一句"你为什么采取这个方案"，他就卡住了，要么支支吾吾，要么就说一些比较虚的内容，比如这个方案性能高、可靠性高之类的。

然后评委再问一句"性能有多高，跟谁比性能高"，他就彻底答不上来了。

有时我甚至能从申请者的眼中看出不可思议的表情，仿佛在说："采取这个方案不是自然而然的吗？还有什么为什么啊？我都列出了这么多优点，选这个方案还用说吗？"

他们当中的大部分人在晋升失败后，都不会认为是自己专业能力不行，而会觉得是自己的口才不行，临场反应不好，甚至有人真的去买本书来尝试提升自己的口才。

其实这样的理解是错误的。明明是自己做得很漂亮的事情，结果却在晋升的时候答得不好，根本原因不是口才问题，而是在做事的时候没有深入思考和真正理解。

我也见过所谓口才好的申请者，临场反应能力很强，随便问个问题都能说上 2～3 分钟。但是在评委听来，他说的内容完全是临时拼凑的，甚至"牛头不对马嘴"。

有时评委实在受不了了，还会直接打断正在滔滔不绝的申请者。

与其这样回答，还不如直接说不知道。

站在评委视角看，他们在判断申请者能力的时候，需要甄别把事情做好的真正原因：

是因为他自己掌握了相关能力？

还是因为有个厉害的主管直接告诉他怎么做？

又或者是他直接照搬了其他项目的经验？

甚至只是因为他这次运气好？

……

而最常见的甄别方法，就是问"为什么"：

为什么你采取这个方案？

为什么你觉得这个方案好？

为什么不采用另外一种方案？

为什么有某个缺点你还是选择这个方案？

……

所以，如果你想提高自己的晋升成功率，那么首先要认识到回答问题不能光靠临场反应，更重要的是在平时做事情的时候就要逐步积累，正所谓"台上一分钟，台下十年功"。

晋升答辩的时候，在评委看来：

- 能够想出 3 个以上的方案，说明你对领域有系统和全面的理解，或者做事考虑非常周全；
- 能够详细地分析多个备选方案的优缺点，说明你对领域有深入的理解；
- 能够从多个方案中选出落地的方案并最终得到好的结果，说明你有一套成熟的评价标准或者原则，展现了你的决策能力。

有的主管可能只是简单地向你提出"你要加深理解""全面思考""深入思考""明

白背后的原因"等比较虚的要求，你听完后还是一头雾水。

但是学完本章，我想你就知道应该怎么做。只要按照 3C 方案设计法来做事，自然就能满足这些要求。

我曾经带过一个团队成员，他之前 3 次晋升 P7 都失败了，自己总结的原因都是"太紧张了，口才不好"（他确实比较腼腆内向一些）。

我给他指出，口才不是关键原因，关键是平时的思考和积累太少，然后在接下来的一年里严格要求他按照"3C 方案设计法"来实践：

- 重大技术方案设计要做 3 个备选方案。
- 团队管理相关的措施要想 3 个可选方案。
- 每年的团队规划方向也要求想 3 个。

一年之后，他再次申请晋升，答辩结束后他就跟我说："我不怎么紧张了，因为大部分评委的问题，我平时自己都已经想过了。"最后果然顺利地通过了。

小结

下面回顾一下本章的重点内容：

（1）3C 方案设计法就是每次做事的时候都至少设计 3 个方案，然后选择最优的 1 个或者几个方案去执行。

（2）3C 方案设计法分为三个阶段，预研阶段设计 3～5 个备选方案，讨论阶段把备选方案向上级汇报或给其他人评审，决策阶段选出最终的方案。

（3）3C 方案设计法的好处包括：可以系统地梳理一个领域；对每个方案理解得更全面；发现最初的方案和决策标准的问题；提升整体流程和整个团队的工作效率等。

（4）评委在晋升答辩时喜欢问为什么，是为了甄别你把事情做好的原因。按照 3C 方案设计法来做事，就能在平时的工作中逐步积累，提前想好评委问题的答案。

思考

假设主管给你安排了一个研究某个开源项目的任务，但你手上的业务开发任务又很重，请按照 3C 方案设计法来设计 3 个应对方案，并给出最终选择的方案和理由。

> 1 个方案是陷阱，2 个方案是困境，3 个方案是选择。

第 26 章　PDCA 执行法：如何做事才能"步步为赢"

在事中执行阶段，最核心的方法当然就是 PDCA 执行法了。毕竟一开始工作规划得再好，如果没有落地执行，那么也产出不了任何价值。

26.1　PDCA 执行法简介

所谓 PDCA 执行法，就是把事情的执行过程分成四个环节：计划（Plan）、执行（Do）、检查（Check）和行动（Act），从而把控执行过程，保证具体事项高效高质地落地。

具体流程如下图所示。

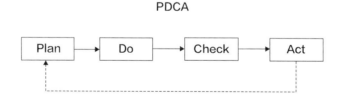

这个方法来源于美国质量管理专家休哈特在 1930 年提出的 **PDCA 循环**。

20 世纪中后期，美国另一位质量管理专家戴明利用这个理论指导日本企业进行质量管理，极大地提高了日本企业的市场竞争力，也让 PDCA 循环得以在世界范围内推广。

这也反映出 PDCA 执行法是一个普适性的方法，适用于各行各业。不过它的实际效果如何，还要取决于使用者有没有掌握各个环节的具体技能。

因为 PDCA 执行法在不同行业的最佳实践有很大的差异，因此本章讲解它在互联网行业的使用技巧。

先说明一点，使用 PDCA 执行法，意味着你要完成制定计划、拆解任务、协调资源、安排责任人和检查结果等工作，所以它比较适合"**负责人**"这个角色，比如 Team Leader、**虚拟团队负责人和领域负责人**等。

如果你平时只是执行具体的事项，那么现阶段还不需要用到 PDCA 执行法。比如你是刚刚毕业的 P5，承担某个项目的某个功能的开发或者测试工作，那么只要遵循项目计划就行了。

不过就算是这样，为了能更快地晋升，你最好先掌握这个方法。接下来一一讲解这个方法的使用技巧。

26.2　计划（Plan）

第一个环节是**计划（Plan）**，确定**具体任务、阶段目标、时间节点和具体责任人**。

1. OKR 规划法、3C 方案设计法与 PDCA 执行法

看到这里，你可能会有疑问：OKR 规划法、3C 方案设计法和 PDCA 执行法，它们好像都和规划有关，它们之间的区别和联系是什么呢？

如果你看过日本人写的关于 PDCA 的书，比如《高效 PDCA 工作术》，就会发现他们既用 PDCA 来规划目标，也用它来推动事项落地。

但是我在实践中发现，这样做可能会把长远规划和短期任务混在一起，把长远目标和短期结果混在一起，从而导致你在给团队成员讲解计划和目标的时候，很难准确地区分和平滑地切换。

所以，**我把 OKR 定位成专门用来做规划的方法，把 PDCA 定位成专门用来做执行的方法**。它们的对比如下表所示。

	OKR	PDCA
关键理念	做正确的事情（想好事情）	做好事情

续表

	OKR	PDCA
目标规模	团队或者业务的大目标	阶段性的小目标和输出
核心目的	确定团队和业务的方向	确定落地执行的事项
时间跨度	至少 3 个月以上，一般是 6 个月和 1 年，不建议超过 3 年	最少一周，一般是双周或者 1 个月，最多 3 个月

至于 3C 方案设计法和 OKR 规划法的关系，之前提到过：**3C 方案设计法最典型的应用场景就是基于上一级的 OKR 来制定自己的 OKR。**

比如业务规划的 1 条 KR 是"新用户增长 100 万"，运营团队的 Team Leader 分解出"买量 60 万用户"的 KR。针对这一条买量的 KR，从什么渠道去买，是抖音、快手还是微信，就可以用 3C 方案设计法来挑选。

等确定从抖音买量 60 万用户之后，这 60 万用户要分几个阶段去买，每个阶段要做什么事，具体责任人是谁，就是 PDCA 的计划环节要确定的。

所以它们之间的关系是：OKR 规划法制定整体规划，3C 方案设计法选择实现方案，PDCA 执行法落实具体任务。

2 业务案例：用户增长

下面用一个简单的用户增长的业务例子来说明它们之间的关系。

Step 1：OKR 规划法。

业务负责人制定业务 OKR，如下图所示。

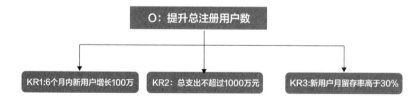

运营团队的 Team Leader 对照 KR1"6 个月内新用户增长 100 万"，基于自己的专业分析和判断，认为"买量"是一个有效的手段，于是为团队初步分解出一条 KR："买量 60 万用户"。

Step 2：3C 方案设计法。

买量的具体渠道有很多，运营团队的 Team Leader 对比不同渠道买量方案的优缺点、投入成本和买量效果，最后确定把“抖音买量 60 万用户”作为团队的 1 条 KR，汇报给上级后获得批准。

Step 3：PDCA 执行法（计划环节）。

运营团队的 Team Leader 拆解“抖音买量 60 万用户”这条 KR 的具体任务，明确时间点、阶段目标和责任人，如下表所示。

编号	具体描述	时间点	阶段目标	责任人
1	抖音买量 60 万用户	2022.02.31 ~ 2022.03.31	买量 10 万用户，观察留存率，调优	小明（运营）多龙（技术）
		2022.03.31 ~ 2022.04.31	买量 10 万用户，验证调优效果	小明（运营）多龙（技术）
		2022.04.31 ~ 2022.06.31	买量 20 万用户，加大买量继续验证	小明（运营）多龙（技术）
		2022.06.31 ~ 2022.09.31	买量 30 万用户	小明（运营）

注：

（1）表格信息仅为示例，你不用关注具体含义。

（2）Plan 中的阶段目标是超出 KR 描述的，你可以想想背后的原因。

（3）你可以根据自己的需求自由定制表格中的列，比如可以加上“预算”“风险”“依赖”等，让计划更全面。

3. 计划环节的技巧

这个环节的技巧主要有 3 条。

1）处理紧急的事情要长短结合

很多负责人在处理紧急事情的时候会陷入一个两难的境地：

● 如果采取临时措施，虽然能够快速处理问题，但没有从根本上解决问题，后面还可能出现其他问题。

● 如果采取长远措施，虽然能够从根本上解决问题，但是投入很大，短期内无法快速落地。

正确的做法是**长短结合**，先快速解决表面的问题，避免损失，然后规划长期的方法，从根本上解决问题。

比如 Redis 出现未授权访问漏洞（通过公网可以访问 Redis），你可以先通过防火墙或者访问控制来应对，然后通过升级 Redis 到最新版本来彻底解决这个问题。

2）重要但不紧急的事情拆分成多个小项目

很多负责人都有这样的经历：

对于重要但不紧急的事情，团队都知道，也都想做；可是一旦准备要做，就发现投入太大，没有足够的时间和人员投入。

于是团队每天都忙于处理各种紧急的事情，这些重要但不紧急的事情就一直拖着。

我遇到过这样一个存储系统，因为设计的缺陷（没有采用分库分表，未归档海量历史数据，缓存设计不合理等），线上经常出现性能问题。每次系统一出问题，都是"DBA+测试+开发"团队一番操作，结果一看，还是会影响业务几十分钟甚至几个小时。

团队也知道要优化存储系统设计，但是一看投入这么大，业务版本的开发时间又那么紧，就一拖再拖，导致各种性能问题反复出现。

正确的做法是将优化过程**拆分为多个小项目来落地**，既可以按照事情类别来拆分，也可以按照时间迭代来拆分。

我在接手这个存储系统之后，就开始进行优化。首先把优化措施按照类别拆分为分库分表、大表归档和缓存优化等几个类别；然后发现，分库分表也是大工程，所以就进一步采用时间迭代的方式来拆分，5 月份完成 A 表，6 月份完成 B 表……

经过这样的拆分，原本预计要投入 5 个人一直做 3 个月的工作，分散到各个业务版本中逐步落地。虽然前后花费了 6 个月的时间，但不需要从团队中抽 5 个人专门来做优化，业务开发基本不受影响。

3）学会利用上级的力量来协调资源

对于某些项目，一开始并不能明确需要投入的人力。作为负责人，你很可能在分析之后发现，需要的人力投入比最初预估的要多。

如果你是 Team Leader，并且你自己团队的人就可以满足需要，那么自己安排就可以了。

比较麻烦的情况是，你发现需要借调其他团队的人才能完成这个任务。你可以先尝试自己去跟对方的 Team Leader 协调，如果你们之间的关系不错，那么还比较好商量；如果没什么交情，那么可能就会"碰钉子"了。

这个时候要怎么办呢？正确的做法是，**找上级来协调**，然后成立正式的工作组。

首先，上级人脉广，面子大，可以协调和安排的资源更多。

其次，有上级出面，对方团队也更乐意接受安排，因为他们知道这件事情做好了，上级会清楚他们团队的贡献。

另外，如果对方团队真的有困难安排不了，上级也会帮你想其他办法，就算实在想不到办法，至少他也知道了事情的困难。

协调到具体的参与人员后，你需要成立虚拟的工作组，让参与的人员工作有名份，取得进展和成果之后，也要向上级汇报。

26.3　执行（Do）

第二个环节是**执行（Do），按照计划落地各项具体的活动**，比如技术人员完成方案设计、编码和测试等工作。

这个环节的技巧主要有 2 条。

1. 根据情况采取相应的管理风格

在指导团队成员执行的时候，负责人经常犯两种错误，一种是管得太多，另一种是管得太少。

管得太多体现在因为担心团队成员出错，事无巨细，任何事都要亲自参与，结果一方面导致自己很累，另一方面让团队成员没有发挥空间，很难得到成长。

管得太少体现在只做任务分配，不做具体指导，万一出问题就找个人"背锅"，这样虽然自己很轻松，但团队成员仍然得不到成长；而且团队的成果会有很大的不确定性，如果成员能力一般，那么很可能得不到好的结果。

正确的做法是，**根据情况采取相应的管理风格**，包括独裁式、民主式、专家式、教练式和授权式等，这方面的内容会在后面的专项提升部分详细介绍。

2. 做好信息同步

很多人都有的一个习惯是，收到了上级的任务后就只知道埋头干活，只要上级不来问，自己就不说，甚至出了问题都不上报，期望自己解决，不要打扰上级。

这是一个非常严重的错误做法，特别是出了问题后，如果你不跟上级说，一旦他通过其他渠道得知，对你的印象都不会好。

一方面他会觉得尴尬，自己团队的问题都不知道，还要等别人来告诉自己；另一方面他会觉得你故意隐瞒问题。

正确的做法是，**及时同步信息**。根据信息的不同，同步的方式也有差异：

- 对于问题相关的信息，必须立即同步，在问题发生的第一时间、问题取得和得到解决的时候都要及时汇报，不要等到解决完了再汇报，更不要以为自己把问题解决了就可以当作什么事情都没发生。
- 对于任务相关的信息，可以定期同步，比如通过周报、双周报或月报的形式来汇报就可以了。
- 如果有里程碑事件，也需要及时同步。

26.4　检查（Check）

第三个环节是**检查（Check）**，**对照计划检查实际执行结果**，明确哪些符合预期、哪些不达预期、哪些超出预期，以及存在什么问题等。

这个环节的技巧主要就是 1 条。

使用 5W 根因分析法分析问题根因

大部分人在分析问题原因的时候，都倾向于将问题归结为表面的外部原因或者客观原因，而不愿意将问题归结为深层的内部原因，尤其是自己的原因。

所以在分析问题原因的时候，存在一种常见的现象，只要某个人说了一个外部原因或者客观原因，感觉团队成员都长舒一口气，然后分析也就到此为止了。

比如团队 A 负责的某个项目延迟了，团队成员分析原因是负责某外部关联系统 X 的团队 B 没有人力支撑进行联调。

表面上看起来，的确是因为团队 B 人力不足。但实际情况是，X 系统是一个中台系统，所有项目都应该提前申请和排期。但是团队 A 的人员在分析联调配合关系的时候，遗漏了 X 系统的关联关系，没有预先向 B 团队申请联调支持，结果临时去申请正好遇到 B 团队没人支撑，导致联调暂停。

正确的做法是，采用 5W 根因分析法，不断追问更深一层的原因。具体做法会在第 27 章详细介绍。

26.5　行动（Act）

第四个环节是行动（Act），基于检查的结果，总结经验和教训，**明确下一步需要采取的措施**。

如果 Check 的结果是目标已经实现，那么当前 PDCA 循环结束。

示意图中行动（Act）和计划（Plan）之间用虚线连接，就是因为并不是每次行动都一定要回到计划。

如果 Check 的结果是目标没有实现，那么就需要调整计划，把经验和教训作为输入，开始新一轮的 PDCA 循环，如此重复直到目标达成或者取消。

这个环节的技巧主要有 2 条。

1. 做好总结汇报

你可能会问："执行环节不是已经同步了各种信息吗，这里还要总结汇报什么呢？"

其实这两个环节的汇报有很大的区别：

- 执行环节是同步信息，主要是问题、进展和重要的里程碑事件。
- 行动阶段是总结汇报，主要是结果是否符合计划的预期，能总结什么经验教训，后续是否需要采取什么措施。

总结汇报不一定要写一个 PPT 来汇报，很多时候写个邮件就可以了。

2. 每次最多挑选 3 个改进点落实到流程中

行动环节最重要的产出就是经验和教训了。

一个常见的误区是，认为经验和教训越多越好。有些负责人会收集团队全体成员的意见，甚至根据意见的数量来判断团队成员的主动性，于是得到的经验和教训的数量非常多。

我曾经遇到这样的情况，某个团队总结的经验教训将近 100 条，项目成员 40 个人针对经验教训讨论了 3 个小时都没有讨论完。

事实上大部分经验和教训都是无价值的。

首先，全员收集就会存在凑数的问题，团队成员会拼凑几个没有实际意义的经验教训来证明自己的主动性。

其次，很多经验教训都是偶发的，并不是普遍现象，比如某个成员因生病导致自己负责的部分延迟。

最后，如果来一条经验就落入流程，来一个教训就出一个改进措施，结果只会导致流程越来越臃肿，改进措施越来越多，最后谁都记不清到底有多少。

即使经过筛选和讨论，最后认定有价值的经验和教训，也不是一股脑地固化到流程中就可以了。因为任何措施都是有实施成本的，如果成本太高，那么最终的效果可能大打折扣，甚至带来新的问题。

比如为了规避某个成员生病导致项目延迟，某团队规定，任何任务都必须有备份人员一起参与，而且备份人员能够随时接手任务。

但这样做却让原本人力就吃紧的开发团队雪上加霜，整个团队同时支撑的开发项目数量大大下降，严重影响了业务的上线速度，经常被业务方"吐槽"。

正确的做法是，不要想解决所有问题，而是关注可能重复发生的、影响很大的问题。我建议每次总结的时候，最多挑选 3 条经验教训相关的改进点落实到流程中（其实 3 条已经比较多了，如果每年做 10 次类似的总结，就可能有 30 条改进措施了）。

小结

下面回顾一下本章的重点内容：

（1）PDCA 执行法就是把事情的执行过程分成四个环节：计划（Plan）、执行（Do）、检查（Check）和行动（Act），从而把控执行过程，保证具体事项高效高质地落地。

（2）计划环节确定具体任务、阶段目标、时间节点和具体责任人；执行环节落地各项具体的活动，检查环节检查实际执行结果，行动环节明确下一步需要采取的措施。

（3）OKR 规划法、3C 方案设计法和 PDCA 执行法的关系是：OKR 规划法制定目标，3C 方案设计法选择方案，PDCA 执行法落实任务。

思考

对照一下 PDCA 的方法和技巧，你觉得自己平时做事主要是哪些地方做得不够好？看完本章后有什么改进或者提升的想法？

> OKR 让你把目标想好，PDCA 让你把事情做好。

第 27 章　5W 根因分析法：找准问题源头才能治标又治本

第 26 章介绍了 PDCA 执行法，它把执行过程分为四个环节。其中在检查（Check）环节，最容易出现的问题是，分析原因的时候，**只看到表层的原因，而没有去挖掘根本原因**。

这就导致我们给出的**解决方案治标不治本**，虽然短时间内做了应急处理，但是"按下葫芦浮起瓢"，相关的问题之后还会接连不断地冒出来。

27.1　5W 根因分析法简介

如何解决上述问题呢？这就要靠 5W 根因分析法了。它又叫 **5Why 分析法**或者**丰田五问法**，最初是由丰田集团创始人丰田佐吉提出的，后来成为丰田汽车公司获得成功的重要方法。

5W 根因分析法到底是如何做的呢？根据丰田汽车公司前副社长大野耐一的描述，就是**重复问五次"为什么"**，问题的本质和解决办法就会变得显而易见。

大野耐一曾经举过这样一个例子：

问题 1：为什么机器停了？

答：因为机器超载，保险丝烧断了。

问题 2：为什么机器会超载？

答：因为轴承的润滑不足。

问题 3：为什么轴承会润滑不足？

答：因为润滑泵失灵了。

问题 4：为什么润滑泵会失灵？

答：因为它的轮轴耗损了。

问题 5：为什么润滑泵的轮轴会耗损？

答：因为杂质跑到里面去了。

如果到了问题 1 就停止追问，那么工人的维修措施就是更换保险丝，一段时间后保险丝肯定还会烧断。

如果到了问题 4 就停止追问，那么工人的维修措施就是更换轮轴，一段时间后轮轴又会坏了。

只有当追问到了问题 5，才能找出停机的根本原因，这时工人的维修措施就是给润滑泵加上防杂质的滤网，从而彻底解决问题。

现在，5W 根因分析法在很多其他企业已经得到了广泛应用，并且融入各种管理方法中，比如**持续改善法**（日本持续改善之父今井正明提出）、**精益生产法**（美国学者研究丰田后提出的管理哲学）和**六西格玛法**（摩托罗拉提出的管理策略，杰克·韦尔奇推广到通用公司）等。

虽然它起源于生产过程中的问题分析，但是作为一种思维方式，可以应用到很多场景，比如业务分析、技术学习和管理改进等。

接下来针对这三类应用场景分别举例说明，这些都是我亲身经历的例子。

27.2　业务分析

第一个场景是业务分析。

在某交易平台的业务规划目标讨论会上，我通过 3 个为什么了解了业务目标背后的深层考虑。

问题 1：为什么今年的业务目标是成交金额翻番？

答：因为只有成交金额翻番我们才能达到盈亏平衡点。

问题 2：为什么今年要求达到盈亏平衡点？

答：因为集团要求我们的业务能够自负盈亏。

问题 3：我们本质上还属于创新业务，为什么集团要求我们的业务能够自负盈亏？

答：因为不可抗力的影响，集团需要开源节流，减少非盈利业务的持续投入。

你可能觉得有些奇怪：怎么这个例子只问了 3 个为什么就结束了呢？

因为 5 个为什么只是一个形象的说法，实际操作中既可以是 3 个，也可以是 7 个，关键在于通过追问找到根本原因。

虽然在这个例子中，我们还可以继续问下去，比如："集团为什么要开源节流，创新业务难道不重要吗？"

但这样的问题，业务团队很难得到确切答案，因为集团的决策背景和讨论信息只有高层才知道，而且就算知道答案，也不会对业务规划目标的理解有更多的帮助。

27.3　技术学习

第二个场景是技术学习。

在某次 Netty 培训课上，我通过 5 个为什么来验证大家是否真的深入理解了 Netty 网络高性能的核心原理。

问题 1：为什么 Netty 网络处理的性能高？

答：因为 Netty 采用了 Reactor 模式。

问题 2：为什么采用了 Reactor 模式性能就高？

答：因为 Reactor 模式是基于 I/O 多路复用的事件驱动模式。

问题 3：为什么 I/O 多路复用的性能高？

答：因为 I/O 多路复用既不会像阻塞 I/O 那样没有数据的时候挂起工作线程，也不需要像非阻塞 I/O 那样轮询判断是否有数据。

问题 4：为什么 I/O 多路复用既不需要挂起工作线程，也不需要轮询？

答：因为 I/O 多路复用可以在一个监控线程里面监控很多的连接，没有 I/O 操作的时候只要挂起监控线程；只要其中有连接可以进行 I/O 操作的时候，操作系统就会唤起监控线程进行处理。

问题 5：那还是会挂起监控线程啊，为什么这样做就性能高呢？

答：首先，如果采取阻塞工作线程的方式，那么对于 Web 这样的系统，并发的连接可能几万十几万个，如果每个连接开一个线程，则系统性能支撑不了；如果使用线程池，因为线程被阻塞的时候不能用来处理其他连接，因此会出现等待线程的问题。其次，线上单个系统的工作线程数配置可以达到几百上千个，这样数量的线程频繁切换会有性能问题，而单个监控线程切换的性能影响可以忽略不计。最后，工作线程没有 I/O 操作的时候可以做其他事情，能够大大提升系统的整体性能。

这种场景在晋升答辩的时候也会经常发生。评委在考查申请者能力的时候，很喜欢用"夺命连环问"，连续追问为什么。如果平时没有训练和积累，那么很可能被问到哑口无言的地步。

对于**方案选择**相关的问题，你可以用之前介绍的 **3C 方案设计法**，让自己的思考更加全面，选择更加有理有据。

而对于**技术深度**相关的问题，你可以先按照之前介绍的**链式学习法**学习某项技术，再搭配 **5W 根因分析法**来训练自己，多问自己一些为什么，把深层逻辑吃透。

这样在晋升答辩的时候，你就能从容应对，不用再害怕评委针对技术深度展开"夺命连环问"了。

27.4　管理改进

在某次项目延迟问题的讨论会上，我通过 6 个为什么把项目延迟的核心原因找了出来。

问题 1：为什么项目延迟了？

答：因为要等测试环境进行测试。

问题 2：为什么要等测试环境？

答：我们只有 2 套测试环境，已经用于另外两个项目了。

问题 3：为什么只有 2 套测试环境，不能搭建多套吗？

答：现在没有机器用来搭建测试环境了，而且我们有将近 20 个子系统，搭建一套可用的测试环境耗时可能要一周。

问题 4：为什么会没有机器，直接申请机器不就可以了？

答：运维今年的预算用完了，不能购买新机器了？

问题 5：为什么一定要用新机器，测试环境对机器性能的要求高吗？

答：测试环境对机器性能的要求不高，基本能运行就行。

问题 6：为什么不找运维申请过保机器（使用超过 3 年的机器，即使没坏也要换掉）用来搭建测试环境？

答：之前没想过这个方案。

所以解决方案很简单，直接找运维借几台过保的机器用来搭建测试环境即可。

不过这还只是短期的解决方案，实际上在问题 3 的回答中，我们还可以发现另外一个问题：搭建一套环境太耗时了。

于是测试开发部启动了一个基于 Docker 的快速搭建环境的项目，项目完成后，任何一个开发或者测试人员花 5 分钟就能生成一套全新可用的环境。

27.5　注意事项

通过这 3 个例子，我想你已经理解了 5W 根因分析法的使用技巧。在实际应用的时候，我们还需要注意以下 3 点。

1. 问题数量不是关键，找到根本原因才是关键

在介绍业务分析这个例子的时候，我已经提到，5W 或者说 5 个为什么只是一个形象的说法，3 个也可以，7 个也可以，关键在于找到根本原因。

所以一个最简单的提问方法就是：**下一个问题是对上一个回答的进一步深入。**

虽然数量可多可少，但我建议不要少于 3 个，因为凭借 3 个以下的为什么，大概率找不出根本原因；但是也不要多于 7 个，因为如果问了 7 个以上的为什么还没找到根本原因，那就要审视一下问题本身是不是有问题了，比如关注的焦点偏移，前面问的是 A，后面变成 B 了。

2. 首先要明确问题本身

5W 根因分析法起源于生产过程的问题原因分析，通常情况下问题都是比较明显的，比如机器停机了或者次品率升高了。但是，还有很多情况下问题本身其实是不明确的，每个人的理解可能都不太一样。

如果没有明确问题就开始问为什么，那么无论问题多么精彩都没有意义，甚至越精彩离题越远。

比如"成交量大幅下降"这个问题就不明确，到底下降 10%、30% 还是 50% 才算"大幅"？是同比下降还是环比下降？是某一个子业务下降很多，还是所有子业务都在下降？

如果这些问题都不明确就开始进行根因分析，那么很可能得出一大堆似是而非的原因和改进措施。

3. 避免变成大型争吵现场

在连续追问"为什么"的时候，如果双方没有对这个方法充分达成共识，那么被问的人很可能觉得你在挑战和质疑他，讨论的现场就会变成大型争吵现场，最后闹得不欢而散。

所以在一开始的时候，就要说明将采用 5W 根因分析法来探讨根本原因，避免挑起情绪对立，引发争吵。

小结

下面回顾一下本章的重点内容：

（1）5W 根因分析法就是通过追问 5 个为什么来分析问题的根本原因，从而得到彻底的解决方案。

（2）5W 根因分析法起源于生产过程的问题原因分析，但也可以应用于业务分析、技术学习和管理改进等场景。

（3）使用 5W 根因分析法时要注意：首先要明确问题本身；问题数量不是关键，找到根本原因才是关键；避免变成大型争吵现场。

思考

你是否经历过让自己印象深刻的挫折？试试用 5W 根因分析法自我分析一下原因，也许这次得出的答案会超出你原有的认知。

 浮于表象只会费时又费力，找准根因才能治标又治本。

第 28 章　5S 问题处理法：如何应对问题才能转危为机

第 27 章介绍了 5W 根因分析法，通过追问 5 个为什么来找到问题的根本原因。不过，找到原因不等于解决问题。

这就好比大夫看病，光是看出来患者的病根在心脏还不够，还要明确心脏到底出了什么毛病，是只用服药还是需要做手术，如果要安排手术，那么具体要如何操刀。

处理问题也是这样的，它是一个复杂的系统工程，既能够反映你的专业能力，又能够反映你的综合能力。所以问题既有可能成为影响你绩效的陷阱，也有可能成为你晋升的机遇，关键在于你如何有效地去处理。

那么问题到底要如何处理呢？我总结了一个 5S 问题处理法，也就是把处理问题的过程分为 5 个步骤：**明确问题**（Specify）、**拆解问题**（Split）、**定位问题**（Seek）、**解决问题**（Solve）和**落地行动**（Sort），从而化危为机，如下图所示。

接下来逐一讲解这 5 个步骤。

28.1　第一步：明确问题（Specify）

第一个步骤是**明确问题**。

我有个朋友曾经遇到过这样的情况：

领导跟他说，最近团队士气好像不高。他立刻分析了 8 点原因，并提出了针对性的改进意见，还觉得自己反应很快，能力很强。

然后领导就让他负责提升团队士气，于是他组织培训和团队活动，搞各种评奖，推出各种新制度……干了一大堆事儿。

结果半年后，老板说，感觉士气还是没什么变化。

这其实是很多人都会犯的第一个错误：**问题本身都没有明确定义，就直接开始采取行动**。结果很可能就是，你做了很多事情，但无法衡量。

所以你一定要提醒自己，在解决问题之前，先要明确问题（这本来是不言而喻的道理，但在实际工作中我们往往容易忘记）。

如何明确呢？根据问题有没有用数据量化，可以分为两种情况。

1. 量化了的问题

首先，对于已经用数据量化的问题，关键在于**确认数据是否准确**。

通过数据来展现问题是比较直观的，而且很多人认为"数据不会撒谎"，所以他们看到数据之后就直接开始处理。

但其实这种情况也是需要明确问题的。因为数据可能出错，出错的原因有很多种，既可能是源数据出错，也可能是计算时出错。

我就多次遇到过报表系统出问题导致业务数据异常的情况；也遇到过统计部门调整算法但是引入了 Bug，从而导致数据错误的情况。

如何确认数据是否准确呢？最方便的方法当然是**让数据部门去核对**，但可能耗时比较长；而最快速的方法是**通过多个关联数据互相验证**。

以互联网电商业务为例，如果**月销售收入**下降了 20%，但**月订单量**和**月活用户**（MAU，Monthly Active User）都在增长，那么很可能是销售收入的数据统计出了问题。

2. 没有量化的问题

其次，对于没有用数据量化的问题，又可以分为两类。

一类是**可以量化但还没量化的**，比如"业务增长放缓"，其中的"放缓"到底是什么意思，是增长速度从 100% 下降到 60%，还是增长速度从 10% 下降到 6%？不同的人理解可能千差万别。

对于这一类问题，你把量化的环节补上就行了。比如老板说："我对当前的利润增长速度不满意，希望更快一点。"你就要明确，老板关注的指标是季度增长率还是月增长率？更快一些具体是多快，20%，还是 50%，还是 200%？

另一类是无法简单量化的，比如"团队士气不高"，其中的"士气"只是一种主观感受，很难量化。

所以这类问题是最棘手的，一是士气不高也许只是领导自己的感受有问题，并不是真的存在这个现象；二是就算真的士气不高，改善的效果也很难衡量。

如何证明你提高了士气，又如何证明士气到底提高了多少呢？

直接用数据来衡量肯定是不现实的。经过实践摸索，我发现**调查问卷**是一种比较有效的方法。既然是主观感受，那么我们就综合大多数人的主观感受来得到一个相对客观的评价。

这就像一部电影好不好，虽然不能用片长、投资金额或明星数量来衡量，但是如果看过的观众都来打分，最后综合算出一个分数，那么还是有一定参考意义的。而且评价的人越多，越能客观地反映影片的质量，这也是豆瓣等平台的价值。

调查问卷的设计技巧总结如下：

（1）问题数量在 10 ~ 15 个左右，太少会导致问题分析不全面，太多会导致被调查的人不想答。

（2）问卷数量至少 10 份以上，太少会导致单个样本对整体结果影响太大。

（3）尽量用选择题，开放性问题不要超过 3 个，因为没几个人会认真回答开放性问题。

（4）评分用 1 ~ 5 分，不要用 1 ~ 10 分，用 10 分制的区别度不大，平均分基本都是 7 ~ 8 分。

如果你的 P8 或 P9 级别的领导让你帮他分析一下团队的士气，那么你可以这样设计调查问卷，如下表所示。

编号	描述
问题 1	请你评价一下你自己的士气，分值为 1~5 分，1 分为很差，2 分为不好，3 分为一般，4 分为良好，5 分为很好
问题 2	请你评价一下团队的士气，分值为 1~5 分，1 分为很差，2 分为不好，3 分为一般，4 分为良好，5 分为很好
问题 3	你觉得当前影响团队士气的原因有哪些（多选）： ● 加班太多 ● 问题太多 ● 工资太低 ● 业务不行 ● 同事关系一般

注：仅为示例，实际的问卷内容要更多一些。

基于多份问卷的结果就能在一定程度上分析出团队士气情况和整体成员的认知情况，从而避免个人主观判断的偏差。

不过，如果团队的人数很少，就不要用调查问卷了。比如你是 P7 级别的 Team Leader，手底下带了 5 个人，现在你觉得团队士气不高，可以直接找他们逐个交流，这样效果更好。

28.2　第二步：拆解问题（Split）

第二个步骤是**拆解问题**。

明确问题之后，你是不是就准备急着去分析原因了呢？毕竟你是负责人，领导还等着你的答案呢。

这就是很多人都会犯的第二个错误：**把自己当成拯救世界的超级英雄，以为可以一个人处理所有的事情。**

如果问题很简单，那么确实可以这样做。但大部分问题其实是比较复杂的，甚至有的问题看起来很简单，实际上可能涉及很多方面，如果你只靠自己一个人去分析，也许花了很长时间都搞不定。

所以为了能够更高效地分析问题和更快地给出解决方案，你要学会拆解问题。

　　具体的做法是，对问题进行初步的分析，将大问题拆解为几个独立的子问题，再根据子问题的数量和规模，看看是否需要申请更多人力资源来一起参与问题的处理。

　　简单来说，就是**不要单打独斗，要学会利用团队力量**。

　　至于按照什么维度拆解，这就和问题本身有关了。业务类的问题既可以按照业务类型来拆解，也可以按照客户群体来拆解；管理类的问题既可以按照流程来拆解，也可以按照事项分类来拆解。

　　拆解问题有几个常见的小技巧：

　　（1）拆解出来的子问题数量为 2~5 个，数量太多了就很难保证互相独立。

　　（2）拆解出来的子问题尽量互相独立。

　　（3）明确子问题负责人，组成工作组，定期向上汇报进展。

　　比如电商业务的"订单数下降 30%"，你可以按照业务类型来拆解，看看不同品类各自下降了多少。

　　经过分析，你可能会发现，"男装下降了 20%""鞋类下降了 30%""食品下降了 20%"，其他品类的数据还是增长的。

　　于是，"订单数下降 30%"这个大问题拆解成了 3 个子问题，你可以分别协调对应的运营负责人来一起处理。

　　又比如"团队研发效率不高"，经过调研发现，团队反馈最多的前 4 个问题是"会议太多""测试环境不足""发布太麻烦了""需求变更太频繁"。

　　如果你一个人处理不了这 4 个子问题，那么可以分别协调项目经理、测试负责人、运维负责人和产品负责人来一起处理。

28.3　第三步：定位问题（Seek）

　　第三个步骤是**定位问题**。

　　我曾听过这样的案例：

　　半年的业务买量数据不升反降，老板让运营负责人赶紧想办法。于是他连夜构思解决

方案，提出了几个大展拳脚的方案，比如 SEO 优化、增加更多渠道等。

老板大手一挥批准了其中 3 个方案，半年后一看，投入多了几千万元，买量的数据却没有多大起色，老板脸色很难看。

这就是很多人都会犯的第三个错误：**在没有找到根本原因的情况下，就急于给出解决方案。**

如果你只找到了表层原因，那么后续提出的方案就无法从根本上解决问题，只能白白浪费时间和资源。

定位问题的技巧就是 **5W 根因分析法**。需要注意的是，根本原因可能不止一个，不同的追问线索可能找到不同的根本原因。

比如"加班太多导致士气不高"，我们也许可以得到两个根本原因："市面上的 Go 程序员较少"和"没有项目经理"。

问题 1：为什么士气不高？

答：因为加班太多。

问题 2：为什么加班太多？

答：因为人力不够。

问题 3：为什么人力不够？

答：因为招聘困难。

问题 4：为什么招聘困难？

答：因为市面上的 Go 程序员太少。

针对"市面上的 Go 程序员太少"这个根本原因，对应的解决方案可以是"招聘 C/C++ 程序员然后培养成 Go 程序员"。

接下来是沿着另一条线索追问的情况：

问题 1：为什么士气不高？

答：因为加班太多。

问题 2：为什么加班太多？

答：因为项目执行混乱。

问题 3：为什么项目执行混乱？

答：因为没有项目经理。

针对"没有项目经理"这个根本原因，对应的解决方案可以是"招聘专职项目经理"。

28.4　第四步：解决问题（Solve）

第四个步骤是解决问题。

定位出问题的根本原因之后，你就需要提出问题的解决方案。

解决方案往往涉及资源的投入（增加广告投入预算）、组织的调整（成立专项小组）和系统的增强（增加配置检查功能防止运营配置出错）等，所以你需要得到上级的认可和支持。

这时很多人都会犯第四个错误：**思维比较局限，只做了一个方案提交给上级。**

你信心满满地把自己的解决方案提交上去，本来希望得到赞赏，结果却发现上级有更多的想法或不同的方案，反而认为你考虑得不够周全。

那么，如何做才能很快得到上级的认可和支持呢？

你需要提供多个方案，并且给出你建议的方案和原因，最终让上级来挑选和拍板。这就是之前介绍的 **3C 方案设计法**。

28.5　第五步：落地行动（Sort）

第五个步骤是落地行动。

方案得到批准后，你就要落地执行，真正解决问题。很多人在这一步容易犯问题处理的第五个错误：**做事没有重点和优先级，"眉毛胡子一把抓"。**

在前面的步骤中，你可能拆解出了 3 个子问题，然后每个子问题分析出 2～3 个根因，每个根因分别给出了对应的解决方案，接着每个解决方案又可以分成 3～5 件事情来做。最后你发现，可以做的事情有几十件。

你可能会认为这些事情都是有价值的，所以用一张 Excel 表格全部记录下来，然后从第一件开始一件一件地去做。

但这样做的结果很可能是，你做了几个月，却看不到什么效果。

因为每件事情的价值有大有小，见效时间有快有慢，**你的领导并不关心你做了多少件事，他们关心的是，问题有没有真正解决**。如果看不到明显的效果，就算你做得很辛苦，也很难得到认可。

正确的做法就是先做优先级排序，然后挑选优先级 TOP *N* 的事情去做，尽快看到成效，让问题不断地改善。

优先级排序的技巧总结如下：

（1）可以按照阶段进行优先级排序，并且顺序是可以调整的。比如前 3 个月 TOP 3 的事情是 A、B、C，后 3 个月 TOP 3 的事情是 X、Y、Z。

（2）如果只有一个团队来做，那么建议挑选 TOP3～TOP5 的事情来落地；如果多个团队合作，那么可以选择 TOP 10 的事情，每个团队负责其中 2～3 件。

（3）短期按照紧急程度来挑选 TOP *N*，长期按照重要程度来挑选 TOP *N*。比如"运营配置 URL 出错"这个问题，短期内的 TOP 事项可以是"上线流程优化"，让测试人员检查运营配置的内容；长期 TOP 事项可以是"后台管理系统优化"，增加配置 URL 合法性和有效性检查功能。

明确需要落地的 TOP 事项后，就可以用之前介绍的 **PDCA 执行法**来执行了。

小结

下面回顾一下本章的重点内容：

（1）5S 问题处理法就是把处理问题的过程分为 5 个步骤：明确问题（Specify）、拆解问题（Split）、定位问题（Seek）、解决问题（Solve）和落地行动（Sort），从而化危为机。

（2）处理问题时容易犯的 5 个错误是：问题本身都没有明确定义，就直接开始采取行动；把自己当成拯救世界的超级英雄，期望可以一个人处理所有的事情；在没有找到根本原因的情况下，就急于给出解决方案；思维比较局限，只做了一个方案提交给上级；做事没有重点和优先级，"眉毛胡子一把抓"。

（3）明确问题既可以通过数据量化，也可以靠调研来衡量；拆解问题是为了发挥团队的力量；定位根因、提出方案和落地执行时，可以分别使用 5W 根因分析法、3C 方案设计法和 PDCA 执行法。

思考

你职业生涯中处理过的最棘手的问题是什么？你在处理过程中是否犯过某些错误？如果学完本章的内容之后再交给你处理，你会怎么做？

> 不逞单打独斗的英雄，站在团队肩膀上更容易成功。

第 29 章　4D 总结法：如何展示你的工作亮点

前几章介绍了事中执行阶段的 4 种方法，这些方法能够提升你得到好结果的概率，但不能保证让你一定得到好的结果，因为影响最终结果的因素太多了。

首先，就算使用 3C 方案设计法，决策过程中仍然有可能出现失误。

比如受限于团队整体的技能限制，分析和讨论备选方案的时候漏了一个重要的方案；或者决策时采用的判断标准有问题，对性能要求估计过高，实际上线后业务量远远没有预期那么大等情况。

其次，就算使用 PDCA 执行法，执行过程中仍然有可能出现偏差。

虽然 PDCA 执行法能够有效地对任务进行规划和跟踪，但具体执行的时候，可能会受到使用者的水平和投入资源等因素的限制。

最后，就算方法都使用得当，还是有可能受外部因素干扰。

比如某海外钱包团队用 3C 方案设计法设计出了最优的业务方案，但当地政局不稳定，导致跨境消费剧烈减少，然后又发生疫情，导致本地消费大幅减少，最终结果可能就很不好。

所以，不但做事的方法很重要，而且做事的结果也重要。在晋升答辩的时候，评委除了考查规划和执行相关的"为什么"，还会考查和做事结果相关的"为什么"，例如：

- 你认为这个结果怎么样？你如何评价这个结果？
- 为什么你认为这个结果不好？
- 为什么你的方法挺好但是结果不好？
- 你从这个结果得到什么经验和教训？

你可能以为，结果好的事情讲起来就很容易了，结果不好才需要包装一下。其实不是这样的，结果不好的事情，你的确需要分析原因，总结经验教训；但是结果好的事情，你也需要讲清楚你对结果的贡献。

大部分人在这个环节的表现都很一般，常见的误区有：

（1）讲的贡献是团队的总贡献，没有讲清楚自己对结果的贡献，或者拔高了自己对结果的贡献。

（2）只讲自己的做事方法多么"高大上"，却不提最终的效果，比如说自己引入了××算法，但却不说到底带来了什么好处。

（3）虽然提了一下效果，但都是比较虚的描述，比如高可用、高性能、用户转化率大大提升之类的话，评委听完也不知道到底有多高、有多大提升。

（4）虽然描述效果的时候列出了数据（能列出数据已经超出了很多人了），但仅仅是把从产品经理和运营经理那里得到的数据展示出来，对于数据没有自己的理解和判断，评委针对数据问的问题都答不上来。

那么，总结的时候到底要如何说才能充分展示出自己的工作亮点呢？这就需要用到 4D 总结法了，也就是从结果、数据、技术和成长 4 个维度（Dimension）来整理自己的做事收获，从而涵盖事情的重点、难点、核心点，有效地应对晋升答辩时可能遇到的各种问题。

29.1　维度一：结果

第一个维度是结果。

结果这个维度重点关注的是事情带来的价值，不同类型的团队在结果价值方面表现会有一些差异。

首先是**业务开发团队**，不管是业务开发项目、技术优化方案，还是管理措施，我都建议从业务角度进行总结：

- 对于**业务开发项目**来说，从业务的维度总结是自然而然的，例如某个业务用户日活是多少。
- 对于**技术优化方案**来说，主要看技术方案给业务带来的价值是什么，例如高可用方案让业务 P1 故障从 5 次减少为 0 次。

- 对于**管理措施**来说，主要看管理措施带来的效率和质量的提升，例如同样的人员支撑了更多的业务。

其次是**中间件开发团队**，建议从系统的**性能、可用性和成本**等方面对结果进行总结；如果中间件系统已经产品化（比如阿里云的 RDS 和 MQ），也可以从销售量或者流量等方面进行总结。

最后是**技术支撑团队**，也就是运维和测试之类的部门，建议从**质量、效率和成本**方面对结果进行总结。

比如测试部门做了一个自动化测试平台，可以降低 5000 人日的测试工作量，使用了这个自动化测试平台的某业务线上年度故障数量从 20 个降低至 5 个。

29.2　维度二：数据

第二个维度是数据。

像"提升了开发效率"这种比较虚的描述，应该改成"开发一个功能从 20 人天提升为 2 人天"这种使用具体数据的描述。

通过数据来描述结果的时候，你不但要列出相关的数据，而且对于这些数据背后的含义也要有自己的理解，尤其是对数据的评价及评价的标准。通过评价数据的方式，你可以培养自己的业务思维能力和理解力。

比如，同样是将用户活跃率提升 5%，对于一个像微信这样成熟的业务来说是非常难得的；但对于一个新业务来说还远远不够；同样的道理，从 20% 提升到 25% 和从 90% 提升到 95%，含义也是完全不同的。

很多人在一开始尝试的时候都会遇到一个疑问：感觉这个事情好像没办法用数据来描述啊？

这个时候怎么办呢？其实大部分的情况，**不是真的不能用数据来描述，而是你没有去搜集数据，没有养成用数据来说明的习惯。**

比如，以前需要写代码才能实现的业务，某个技术优化方案采用 XML 配置就可以完成了，但之前也没有谁去收集实际上的开发时间，所以无法进行对比，但效率肯定是提升了的。

遇到这种情况，我们可以采取**临时补数据**的方式，也就是找团队相关人员评估一下之前方案所需的时间。为了避免单人评估出现严重误差，你可以找多人进行评估，发挥集体智慧，最后取一个平均值或者中间值。

这样得到的数据虽然没有采用项目管理工具进行收集那样严谨和客观，但实际上也不会偏差太大。

当你平时积累了大量数据总结的内容后，写晋升 PPT 的时候就可以信手拈来，而不用再绞尽脑汁去回想 1 年前做过的一个项目具体的结果是什么了。

29.3　维度三：技术

第三个维度是技术。

对于技术人员来说，做完一个项目或者方案之后，技术上有哪些提升、学到了什么新的技术、对哪些技术有了更深或者更全面的理解等，都可以在总结的时候系统地梳理一下。

虽然我们在设计方案的时候已经采用了 3C 方案设计法对领域进行了全面的分析和研究，但并不代表这样就可以完全掌握所有相关的知识和技能，在具体落地的过程中肯定还会遇到很多细节或者之前没有注意的地方。在事情做完后，统一地整理和总结一下经验教训，能够进一步提升技术深度。

我在 2013 年左右使用 Memcache 的时候就遇到过一个比较奇怪的问题：开发语言是 PHP 5，采用 Nginx+php-fpm 来做容器，每天晚上到了 0 点就随机出现 Memcache 连接不上的问题。

最后经过排查，我发现是因为 Memcache 默认连接数只有 1024，而业务上到了 0 点就可以开始新的一天的签到和奖励领取，大量用户卡点操作导致大并发量，连接数超过了 1024 个后 Memcache 就拒绝连接了；而且 PHP 连接的时候采用的是短连接，即使修改连接数，在大量并发连接时也会出现连不上的问题。后来，我们用 C 语言写了一个 PHP 连接池扩展，从而解决了问题。

这件事情要如何总结呢？

如果你还没有按照链式学习法和比较学习法来学习某项技术，那么这就是一个很好的学习机会,你可以按照这两种方法画出领域分层图、细节分层图和方案对比的思维导图等。

如果你之前已经按照链式学习法和比较学习法学习过某项技术,那么你可以结合实践经验,完善领域分层图、细节分层图和方案对比的思维导图。你积累得越多,这三个图就会越来越完善。

29.4　维度四：成长

第四个维度是成长。

除了关注技术上的提升,你还需要关注个人综合能力的成长,也就是软实力的提升,比如业务理解能力、项目组织能力、带团队的能力、沟通能力和做事方法等。

这些能力在 P5/P6 晋升的时候可能没那么重要,但到了 P7 以后就会变得越来越重要,而且综合能力很难靠突击来提升,只能在平时工作中逐步积累。

以业务理解能力为例,做完一个项目后,你可以从以下角度去总结:

- 业务的适应场景是什么?
- 目标用户是谁?
- 目标用户有什么特点?
- 解决了目标用户的什么问题?
- 实际的效果如何?
- 用户为什么喜欢/不喜欢这个功能?

随着做的项目越来越多,你通过总结得到的业务理解信息和能力也积累得越多,到了一定阶段就会量变导致质变,业务理解能力大大提升。

29.5　示例

使用 4D 总结法,看起来要整理的内容非常多,但熟练之后你就会发现,其实并不怎么耗费时间,一个持续 1 个月的项目,可能用 1 个小时来总结就足够了。

总结的时候也不需要很正式,你可以用笔记的方式,把想到的一些关键点列出来。当这样的总结数量积累到一定的程度时，你还可以再系统地整理一下，写成文章发表或者拿去给团队做培训，那样效果会更好。

下面是我之前做的一个业务总结示例，对应"成长"部分的总结。

（1）游戏衍生内容好坏对用户的根本性影响非常弱，这个结论为何到了最后才发现？之前的决策都是基于这个判断来做的。

改进：有想法，然后快速验证，如果一次验证失败，那么可以再尝试，但如果尝试一年还失败，那么就要及时调整了。

（2）"没有"和"偶尔"用竞品的用户竟然占了 90%，这说明几个竞品没有差异化（定位都一样），用户只需要其中一个。

（3）"没时间玩"成为最主要的原因，是否说明用户对 App 的定位就是工具型，需要的时候用一下，不需要的时候根本不会去看。

（4）用户的几个典型弱点：贪婪（礼包、活动、抽奖）、懒惰（信息流）、虚荣（等级、成就）、窥探（笑话、八卦）。

（5）用户的主场景：礼包、下载、找游戏。

（6）消磨零碎时间不是用户玩手游的最主要场景，反而是 63% 的用户在成块的闲暇时间体验手游。

小结

下面回顾一下本章的重点内容：

（1）汇报工作成果时有 4 个常见的误区：只有结果没有效果；效果只有很虚的描述，没有具体数据；对给出来的数据没有自己的理解和判断。

（2）4D 总结法就是从结果、数据、技术和成长这 4 个维度（Dimension）来整理自己的做事收获，展示工作上的亮点。

（3）当总结数量积累到一定程度的时候，还可以再系统地整理一下，写成文章发表或者拿去给团队做培训，那样效果会更好。

思考

PDCA 执行法中 Act 阶段需要总结，4D 总结法也是总结，你觉得它们的联系和区别是什么呢？

 数据展现结果，总结提升能力。

第 30 章　金字塔汇报法：如何汇报才能让领导认可你的成果

第 29 章介绍了 4D 总结法，它可以用来做总结，让你在完成工作之后有效地展示亮点和提升自己。

要是你觉得 4D 总结法同样可以用来做汇报，那么我就要提醒你注意了，4D 总结法的确可以提供汇报时需要的一些材料，但它并不能提供组织这些材料的思路。

如果你汇报的时候，只是把总结得到的内容单纯地罗列出来，那么是很容易踩"坑"的。比如我以前就经常遇到这样的汇报场景：

（1）上级直接打断汇报者说："不要讲这么多细节，挑重点讲！"

（2）总监点评某个团队的汇报时说："感觉你们团队做了很多事情，团队也很辛苦，但没看到有什么关键结果或者突破！"

（3）P8 汇报完之后，某 P9 问："能不能用一两句话概括一下这一年的工作？"

为什么在这些场景中，领导都觉得不满意呢？因为汇报的逻辑和总结的逻辑是不同的，总结主要是面向自己做梳理，更强调自己个人的贡献，以及事情的价值和细节；而汇报主要是面向领导做提炼，更看重团队整体的结果，以及事情的逻辑和关键。

那么，如何汇报才能让领导认可你的成果呢？这就要用到**金字塔汇报法**了。金字塔汇报法来源于**金字塔原理**，之前讲解的 PPT 写作技巧就是金字塔原理的一个应用。本章从理论层面再深挖一下这个原理。

30.1　金字塔原理

金字塔原理是美国人巴巴拉·明托提出的一种关于思考逻辑的方法论。

它的核心思想是**任何事情都可以归纳出一个中心思想，中心思想可由三至七个论点支持，每个论点可以由三至七个论据支撑**，这样延伸下去，形状像一个金字塔，所以才叫金字塔原理。它的基本结构如下图所示。

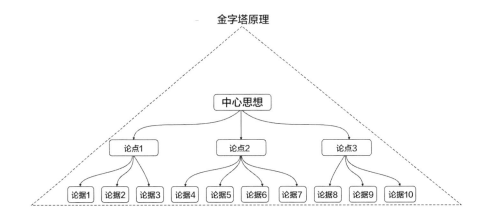

有些人看到金字塔原理之后，认为这个方法名不副实，本质上就是中学作文的总分结构，巴巴拉·明托只不过是取了一个"高大上"的名字。

从结构上来看，金字塔原理确实是一种总分结构。但它能够风靡全世界 50 年，在各行各业都能取得很好的使用效果，肯定不只因为采用总分结构化，它背后的 4 条基本原则才是关键。这些原则保证了你的汇报结构是重点突出、逻辑清晰、主次分明的，能够让别人快速地抓住重点，清楚地理解内容，牢固地记住信息。

1. 结论先行

如果你想向别人输出信息（文章、汇报、报告、演讲等），那么在一开始的时候就应该抛出结论，也就是你想要传达的中心思想。

因为如果你讲的内容比较多，别人找不到重要的结论，那么可能根本没兴趣认真听完；如果别人听完不明确你的结论或者把结论搞错了，那么最后你的汇报效果也会大打折扣。

所以我们要让结论先行，具体的技巧可以用六句口诀总结：

（1）先重要（结论）后次要（结论）。

（2）先全局后细节。

（3）先总体（结论）后细分（结论）。

（4）先论点后论据。

（5）先结论后原因。

（6）先结果后过程。

注：

（1）和（2）针对"不要讲这么多细节，挑重点讲"这样的问题。

（3）和（4）针对"能不能用一两句话概括一下这一年的工作"这样的问题。

（5）和（6）针对"听下来给我的感觉就是，去年团队很辛苦、很努力、拼劲十足，但是这么辛苦最后得到什么结果，我却没怎么看到！"这样的问题。

按照这六句口诀进行汇报，基本上就涵盖了别人关注的内容。**如果时间有限，那么可以只讲口诀中需要先讲的内容，后讲的内容可以直接不讲**，只要做好准备应对提问就行了。

就算时间充足，口诀中后讲的内容也不要花太久的时间，建议按照二八原则来分配时间，将 80% 的时间分配给先讲的内容，将 20% 的时间分配给后讲的内容。

2. 自顶向下

仅有结论是不行的，这个结论还得让别人信服。所以我们采用自顶向下的结构来组织逻辑，用下层的信息来支撑上层的结论。

下图展示了一个简单的金字塔原理案例。

金字塔原理

请注意，在这张图中，"手游市场刚刚起步"就可能是一条不那么让人信服的结论，因为它的一个论据"手游厂家只有××家"不足以支撑这条结论。别人听完或许会想，也可能是几个垄断的厂家特别强大，已经挤压到其他厂家没有生存空间，所以数量才比较少。

3. 归类分组

使用自顶向下的结构来组织逻辑时会遇到一个问题：下层的数量是几个比较合适呢？

如果你在平时的工作中采用了 4D 总结法总结做过的事情，你会发现可以用的素材很多，尤其是如果你带了团队，那么素材会更多，如果逐一列上去，可能用 Excel 表格列几十行才能完整地展示，这样在汇报的时候肯定是不行的。

所以，你需要将类似的论点或者论据**抽象、归纳、提炼、总结**成一组，最后形成 5 个左右的分组。

一般来说，分组数量尽量不要少于 3 个，如果少于 3 个，则要检查一下分析是不是全面，有没有遗漏某些要点。

另一方面，分组数量的极限是 7 个，最好是 5 个以内，因为人类的短期记忆是有局限的，同级别数量太多，别人记不住，具体可以参考美国心理学家乔治·A·米勒的论文《神奇的数字：7±2——我们信息加工能力的局限》。

4. 逻辑递进

仅通过归类分组来控制数量还是不够的，必须保证同级别的内容具备逻辑关联，主要是一致性和顺序性。

一致性是指，同级别的内容必须属于同一逻辑范围。比如苹果、香蕉、葡萄、菠萝都属于"水果"范围，而牛奶就不属于"水果"，如下图所示。

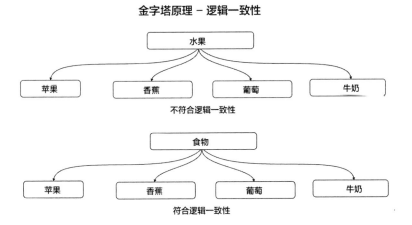

顺序性是指，同级别的内容是按照某种顺序排列的，比如北上广深四个城市，既可以按照地理位置从北到南排序，也可以按照 GDP 总量从大到小排序，如下图所示。

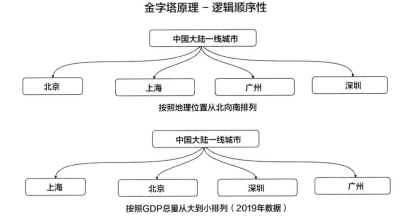

30.2　金字塔汇报法

标准的汇报内容包括**总体结论、具体分析、关键事项、总结改进**四部分。接下来以一个模拟的某海外移动钱包技术团队负责人的汇报 PPT 作为例子，讲解每个部分的具体内容和技巧。

1. 总体结论

从全局概括整体的工作或者项目情况，得出关键性的结论，让听众整体上知道做得怎么样，形成做得好、做得一般、不达预期或遇到很大困难等直观印象。

这个部分按照金字塔原理来分析和阐述，包括一个总的结论（总体介绍）和几个主要的分论点，PPT 页数一般不超过 3 页，分论点的数量建议为 1～3 个，每个分论点再给出 3～5 个论据，如下图所示。

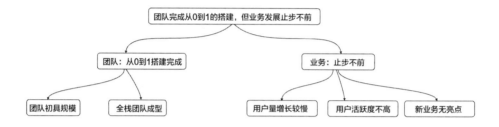

下图展示了基于金字塔汇报思路写的 PPT，它省略了 PPT 排版格式，只保留了干货信息，实际汇报的时候你可以写得更好看一些，也可以在金字塔方法整理的内容上稍作展开。

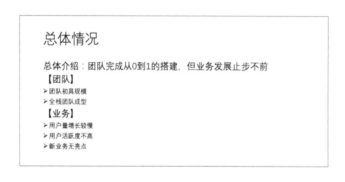

注：总体结论的内容既可以用定性的描述，也可以是定量的数据。

2. 具体分析

对总体结论中的论据进一步阐述和分析，让别人相信论点的真实性和有效性。

这个部分同样按照金字塔原理来拆解，需要提供具体的**数据和证据**。

对团队方面的具体分析如下图所示。

团队

1. 团队初具规模
总人数20人（HC目标22），招聘16个，转岗4个
➤P5：3人
➤P6：12人
➤P7：4人
➤P8：1人
2. 全栈开发团队成型
➤Android：4人
➤iOS：3人
➤前端：6人
➤服务端：Java 7人

这里的团队分析只有结果汇报，没有原因分析，因为前面没有说团队存在明显问题。如果汇报的内容有一条是"团队士气低落"，那么就需要做原因分析了。

对业务方面的具体分析如下图所示。

业务结果

1. 用户量增长较慢
全年新增用户**万，同比增长**%
➤ A业务：AAU用户总数**万，同比增长**万
➤ B业务：AAU用户总数**万，同比增长**万
➤ C业务：AAU用户总数**万，同比下降**万
2. 用户活跃度不高
日活用户占总用户数比例不高
➤ A业务：DAU用户数**万，占比**%
➤ B业务：DAU用户数**万，占比**%
➤ C业务：DAU用户数**万，占比**%
3. 新业务无亮点
➤ X新业务：新增用户 ** 万，日活 ** 万
➤ Y新业务：新增用户 ** 万，日活 ** 万
➤ Z新业务：新增用户 ** 万，日活 ** 万

业务结果分析更多的是从定量的角度给出详细的数据，如果是技术团队主管，则可以找业务负责人获取数据进行汇报。如果有做得不好的地方，则需要做**原因分析**。

比如针对业务结果没有达到预期的原因分析如下图所示。

业务原因分析更多的是从定性的角度对业务结果进行分析。如果是技术团队主管，则可以找业务负责人一起分析原因，不建议技术负责人独自分析然后给出结论。

因为高级别的领导可能会从多种途径了解同一个业务的分析结论，如果不同途径的结论差异很大，那么技术团队给出的业务分析结论很容易被怀疑不专业。

对于分析出来的原因，如果需要进一步论证，则同样可以使用金字塔原理来进一步展开，比如"本地用户不习惯这种支付方式"，可以分解为"八达通使用率占比达到 90%""信用卡覆盖率达到 60%"等。

3. 关键事项

介绍做过的关键事项的情况，比如××项目的执行过程或者××业务的推广行动和效果等。

这部分不需要使用金字塔原理，一般是通过全局大图、演进路径和时间轴等技巧来汇报的。

4. 总结改进

总结经验教训和后续改进措施，注意不要随便拍脑袋提出改进措施，改进措施本身也要求有理有据。

要注意，列出来的改进措施一定是你接下来真的准备去做的，不要为了凑数而加上去，因为下次汇报的时候，领导很可能会想先了解一下你上次汇报时列出的改进措施到底落实得怎么样。

同时，改进措施的数量也不要太多，一般可以分为"业务""技术""管理"这几种类型，每种类型列 3~5 条，如下图所示。

总结&改进

【团队】
1. 团队成员80%是新招聘的员工，需要继续加强业务熟悉程度和企业文化建设
2. P5+P6的成员占了75%，需要优化团队结构，构建合理的团队梯队
3. 前端团队经常成为项目资源瓶颈，需要继续招聘2人以上

【业务】
1. 加大资源投入力度，增加推广力度
2. 招聘本地的产品经理
3. App按照本地用户的审美和操作习惯改版

改进措施既可以基于前面的原因分析，比如这里的业务改进措施就是基于业务分析的原因推导出来的；也可以基于前瞻性进行判断，比如前面虽然没有明确提出团队目前存在问题，但从中长期来看，这样的团队结构肯定是存在风险的，所以在这里提出团队管理的改进措施也是合理的。

30.3　关键事项汇报技巧

刚才提到，关键事项部分不需要使用金字塔原理，而是通过全局大图、演进路径和时间轴等技巧来汇报。

1. 全局大图：展示整体情况

首先是全局大图，它是用来展示整体情况的。 常见的类型有业务大图、技术大图和组织大图等。

全局大图的核心内容包括两个层面：

（1）**整体结构**：汇报涉及的领域整体上包含哪些组成部分，各部分的关系或者层级是怎样的，和其他领域的边界和关系是什么。整体结构是领域的完整形态，已经实现的和还没有实现的部分都要展示出来。通常情况下，业务大图和技术大图用分

层结构展示，组织大图用组织结构展示。

（2）**个体状态**：各个组成部分当前的状态，或者取得了什么成就。通常情况下，用不同的颜色来表示不同的状态。

一个业务大图的例子如下图所示。

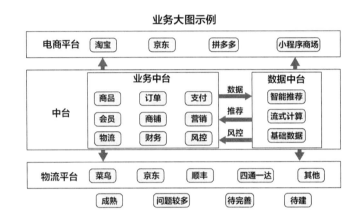

注：图中信息仅为示例，不代表真实情况（彩色图片可扫描本书封底二维码获取）。

为了让大部分用户都能看懂，图中的组成部分都是高度抽象的。你在实际汇报的时候可以继续细化，我见过的最复杂的业务大图，一张 PPT 中包含的区块将近 100 个。

当然，也不是说越细化越好，你只要在这张图的基础上再往下**分解一层**就够了。比如业务中台负责人汇报的时候，可以把商品分解成很多细化的业务，如商品收藏、商品快照、商品上下架和商品分类等，但不需要再对商品收藏做进一步的细化。

同时，不同团队的人使用这张图做汇报的时候，侧重点也不同。比如业务中台的负责人汇报的重点自然是业务中台，数据中台的情况则可以简要带过，但也不能完全不知道；而中台整体负责人汇报的重点就同时包括业务中台和数据中台了。

2. 演进路径：展示个体情况

其次是演进路径，它是用来展示个体的发展路径和当前所处阶段的。这里的个体可以是一个独立的系统、一个业务，或者一个领域。

演进路径的核心内容就是**各个演进阶段**，每个阶段能够用一个词加一句话高度概括，让别人一眼就能看出不同阶段的差异。通常情况下，演进路径一般用阶梯式的图来表达，寓意步步提升，越来越好。

一个推荐系统演进路径的例子如下图所示。

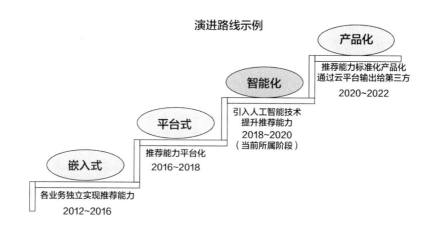

3. 时间轴：展示过程

最后是时间轴，又叫时间线，它是来展示事情发生过程的。

时间轴的核心内容是时间维度相关的**里程碑**，以及每个里程碑的**关键事项或者进展**，换句话说，时间轴中的节点应该都是里程碑式的，不要事无巨细地全部列上去。

通常情况下，如果关键里程碑数量不多，那么时间轴用横向或者纵向的直线表示就行了；如果关键里程碑数量比较多，那么时间轴可以考虑用折线的形式来展示更多的内容。

下图展示的 MongoDB 编年史就是一个很好的例子。

MongoDB编年史

1995年
Dwight Merriman 创立 DoubleClick，后来Kevin Ryan 加入成为CEO，Eliot Horowitz 是一名开发工程师；

2007年
Dwight, Kevin, Eliot一起成立10gen公司，并获得了8000多万美元的投资，10gen的初衷是打造一个面向开发者的 Platform as a Service产品；

2009年2月
10gen正式发布开源产品MongoDB 1.0；

2010年3月
MongoDB 1.4 发布；

2011年9月
MongoDB 2.0发布；

2012年9月
10gen被评为"华尔街日报"发表的"2012年下一个大事件"第9名；

2013年8月
10gen公司重命名为MongoDB，标志着MongoDB成为公司的主业；

2014年7月
MongoDB香港分公司成立，正式开展大中华地区业务；

2014年12月
MongoDB 收购WiredTiger 存储引擎，大幅度的提升了MongoDB的写入性能；

2015年
微软Azure推出兼容MongoDB API的DocumentDB（后成为CosmosDB）；

2016年
MongoDB推出Atlas，在AWS, Azure 和 GCP上的MongoDB托管服务；

2017年10月
MongoDB在纳斯达克成功上市；

2018年6月
MongoDB推出ACID事务支持，成为第一个支持强事务的NoSQL数据库；

2018年11月
MongoDB修改其开源授权为SSPL；

2018年12月
AWS推出兼容MongoDB API的DocumentDB；

小结

下面回顾一下本章的重点内容：

（1）金字塔汇报法的核心思想：任何事情都可以归纳出一个中心思想，中心思想可由 3~7 个论点支持，每个论点可以由 3~7 个论据支撑。

（2）金字塔汇报法基于金字塔原理，包括 4 条基本原则：结论先行、自顶向下、归类分组和逻辑递进。

（3）金字塔汇报法的标准汇报内容包括 4 个部分：总体结论、具体分析、关键事项和总结改进。

（4）关键事项一般使用全局大图、演进路径和时间轴等技巧来汇报。

思考

不管你是不是 Team Leader，尝试模拟汇报一下你的团队过去半年或者一年的工作，看看是否有什么新的发现？

 先总体后具体，先论点后论据。

第 31 章　四线复盘法：如何避免成为 "背锅侠"

在事后总结阶段，正常情况下我们主要是做**收获总结**和**成果汇报**即可，如果发生了明显的问题，就需要做**问题复盘**。

复盘是一个围棋术语，它指的是对局结束后回顾记录，检查招法的优劣和得失关键，并且根据分析提出更好的招法，提升以后的对局能力。后来，这个思路被引入了管理工作中。

31.1　问题复盘

技术人员主要参与的是线上问题复盘，比如业务或者系统出现了线上问题，在问题解决之后往往就会组织复盘。

不管团队技术多么厉害，也不管公司多么有钱，都不能完全避免业务或者系统出现问题，比如 2015 年 5 月 27 日支付宝发生了大规模宕机的事故，2018 年 10 月 22 日 GitHub 发生了宕机 24 小时的事故等。

虽然无论做什么都不可能完全杜绝问题的发生，但这并不意味着我们只能坐以待毙。我们需要尽量降低问题发生的概率，减少问题导致的损失，因为就算事故不可避免，1 年发生 3 次和 10 年发生 1 次，影响和意义也是完全不同的。

问题复盘的意义就在于找到问题的原因然后加以改进，避免同样的问题反复出现，降低问题的发生的概率和影响。

31.2　四线复盘法

但是，要做好问题复盘可不是一件容易的事。复盘会议上的各种明争暗斗，可能会让刚参加工作的"萌新"惊掉下巴，甚至让一些老员工也感到头疼。尤其是一些管理比较严格的公司还会通过复盘来明确责任分配和处罚措施，复盘会议的激烈程度往往不亚于电视剧中的"宫廷争斗"场景。

所以，如何组织一场复盘，如何分配责任和避免"背锅"，已经成为职场人的一项必备技能。

问题复盘的内容涵盖**事实、分析、定责**和**改进** 4 个部分，一次成功的问题复盘需要达成以下 4 个目标：

（1）**讲清楚事实**：事实是复盘的基础，如果连事实都没有讲清楚就开始分析、定责和改进，那么无异于搭建空中楼阁，做得再漂亮也是没有意义的。

（2）**全面且深入地分析问题**：首先需要保证没有遗漏问题，其次需要深入分析问题根因，否则以后问题还是会以其他方式反复出现。

（3）**得出让各方心服口服的定责结论**：需要有明确的定责标准，避免拍脑袋定责，或者按照级别和关系来定责。

（4）**制定可以落地的改进措施**：避免提出一些虚头巴脑的措施，看起来"高大上"，实际上却不知道如何落地，后续也无法跟踪。

本章讲解的**四线复盘法**就是通过时间线、问题链、责任链和改进线 4 条不同的线索来展开复盘，从而实现事实、分析、定责和改进 4 个部分的目标。

如果你是复盘负责人，那么四线复盘法可以让你不偏不倚、公平公正地组织复盘；如果你是复盘参与人，那么四线复盘法可以让你避免背不必要的黑锅。当然，如果出现的问题确实是你的责任，那么四线复盘法也不会教你如何逃避责任，而是告诉你如何思考和改进。

接下来针对每条线索逐一讲解。

31.3　第一条线：时间线

为了讲清楚事实，我们要明确**时间线**，也就是**问题发生的经过**，包括问题发现、问题处理过程中采取的各种关键措施、问题恢复的时间和问题影响的结果等。

其中，时间信息非常关键，因为它能够反映问题发现速度、各项措施执行时间和团队响应效率等指标。比如，运维人员重启 30 台机器花了 1 小时，通常情况下这种处理效率肯定是有问题的。

31.4   第二条线：问题链

为了全面且深入的分析，我们要明确**问题链**，也就是**问题的传导路径**。

通常情况下，一个问题往往不是单一原因导致的，而是多个原因"碰巧"组合在一起导致的，所以分析整个问题的传导路径，才能全面地了解产生问题的过程。

同时，针对单个问题的分析也不能浅尝辄止，而应该采用 5W 根因分析法深入分析，找到根本原因，这样才能为后续制定改进措施提供有效的指导。

问题链的路径逻辑有两类：业务流程和项目流程。

业务流程是指，端到端的业务处理的过程，分析的对象是各个关联的系统。

项目流程是指，端到端的项目开发的过程，分析的对象是项目各个阶段相关的人员，比如开发、测试、产品和运维等人员。

我们一般先采用业务流程的逻辑将问题定位到单个系统，然后针对单个系统采用项目流程的方式将问题定位到具体的人或者流程中的某个步骤。

31.5   第三条线：责任链

为了得出让各方心服口服的定责结论，我们要明确**责任链**，也就是问题责任人之间的关系。

我们需要结合时间线中问题影响的结果、公司的故障定级标准和问题链的分析，**最终确定哪些团队或个人应该承担责任，分别承担多大的责任，接受什么样的处罚**。

之所以叫责任链，是因为一个问题的发生往往是整个流程上多个环节相关人员的处理有问题，才会导致最终问题的发生。比如开发人员引入 Bug，测试人员遗漏了测试，产品人员没有验收到位，最终才会在系统上线后发现问题，这个环节中只要有一个环节处理好了，问题就不会发生。

定责是问题复盘中最棘手的部分，因为定责的结果会直接影响团队和个人的绩效，所以做到公平公正、让各方都心服口服是一项很大的挑战。

通常情况下，制定明确的定责标准有利于尽量减少争议，常见的标准包括以下 4 条：

（1）**违反公司规章/制度/流程的承担主责**：比如公司规定必须要有灰度策略才能升级，某业务版本直接全量升级导致发生问题。

（2）**出现重大纰漏的承担主责**：比如测试时漏测了某个常见的业务场景，导致系统上线后发生问题，测试人员承担主责，产品人员承担主责（因为系统上线前验收阶段没有发现问题），开发人员反而不一定承担责任（看具体的公司和团队要求）。

（3）**问题源头承担主责**：比如 A 系统磁盘故障导致接口响应很慢且问题持续很长时间，从而进一步导致 B 系统对外响应也超时，这种情况下 A 系统应该承担主责，B 系统承担次责。

（4）**问题放大者承担主责**：比如 A 系统磁盘故障导致接口响应很慢但只持续了几分钟，结果诱发了 B 系统的设计缺陷，导致 B 系统瘫痪超过 1 小时，这种情况下 B 系统应该承担主责。

31.6　第四条线：改进线

为了制定可以落地的改进措施，我们要明确改进线，也就是问题的改进计划，包括具体措施、改进责任人和时间节点等。

注：在本章中，**问题责任人**是指为问题承担责任的人，**改进责任人**是指负责落实改进措施的人，不一定是同一个。

改进计划的思路来源于两个方面：时间线和问题链，通过时间线找到问题处理过程中不合理和可以优化的地方；通过问题链找到具体需要解决的问题。

具体措施可以是流程上的调整（增加或删除流程步骤）、技术上的手段（增加功能、优化系统）和团队方面的措施（学习、培训、奖惩机制）等。

无论采取什么措施，都要求能够落地执行。比如"提升团队质量意识"这种比较虚的措施，应该细化为"团队参加公司的质量规范学习和考试""推行 Code Review"这种具体的措施。

接下来分析一个简单的线上问题复盘案例。

31.7　案例：线上商城

假设我们做了一个简单的线上商城，架构如下图所示。

某次线上故障导致用户下单后无法支付，我们按照四线复盘法来复盘这个问题。

1. 时间线

首先，我们完整地回顾问题产生、处理和收尾的整个过程，梳理了时间线：

> （1）　07.24 10:23 风控服务进行了系统升级，支持新的风控策略。
>
> （2）　07.24 10:28 客服收到第 1 条用户投诉，投诉内容为：无法进行支付，客服引导用户尝试更换支付渠道，投诉内容解决。
>
> （3）　07.24 10:38 客服累计收到 30 条无法支付的投诉，根据客服管理条例，将问题升级，上报给业务值班长，业务值班长启动应急机制，召集订单服务、支付服务、会员服务、风控服务的负责人开始分析问题。
>
> （4）　07.24 10:50 支付服务的负责人抽查 10 个投诉用户的日志进行分析，发现 8 个是因为风控拒绝支付导致的；风控负责人确认了风控返回支付拒绝，开始定位详细原因。

（5）07.24 11:30 风控负责人反馈暂时没有定位出详细原因，但今天系统进行了升级，很大概率和升级有关，建议回滚版本。

（6）07.24 11:40 风控服务相关的项目经理、产品经理、开发测试等人员决定回滚，开始回滚版本。

（7）07.24 12:10 风控服务回滚新版本完成，通知客服进行观察。

（8）07.24 12:30 客服反馈又收到了无法支付的投诉。

（9）07.24 12:40 支付服务和风控服务排查这次拒绝支付是正确的，建议客服继续观察。

（10）07.24 13:30 客服反馈没有新的无法支付的投诉。

（11）07.24 15:00 客服反馈只有 1 例无法支付的投诉，支付服务和风控服务排查是正常的风控拒绝。

（12）07.24 16:00 业务值班长、客服、各系统技术负责人讨论，确定本次应急结束。

（13）07.24 18:00 支付系统分析出受影响的用户数为 2000 人，实际放弃支付的人数为 200 人，涉及总金额为 10000 元；重试不同渠道后成功的有 1800 人。

（14）07.25 14:00 风控服务定位出问题根因后修复问题，重新升级版本。

（15）07.25 18:00 观察 4 小时，确认没有问题，问题解决。

2. 问题链

我们先按照业务流程来分析问题链，由于系统架构和这次问题都比较简单，所以问题链只涉及风控服务和支付服务：

（1）风控服务进行了升级，支持新的策略，新的策略通过配置指定不同银行渠道采取不同策略，升级的时候配置错误，将某个银行的配置值数字 0 误输入了字母 O（因为键盘上这两个键挨在一起），这也是一开始排查的时候没查出来的原因，数字 0 和字母 O 太像了。

（2）支付服务请求风控决策的时候，风控返回支付拒绝，导致支付失败。

针对风控服务的问题，我们再按照项目流程来分析问题链：

> （1）运维人员升级风控服务。
>
> （2）测试人员修改几十个配置，不小心将其中 1 个的值 0 输入成 O 了。
>
> （3）产品验证的时候只挑选了几个大的银行渠道，正好没有验证到出问题的银行渠道。

3. 责任链

根据时间线中的影响结果，这次问题导致的损失是 10000 元；根据公司故障定级标准，属于轻微级别，惩罚措施是贡献活动经费；结合问题链和定责标准，我们得到了最终的责任链：

> （1）风控服务承担主责，技术负责人贡献团队经费 1000 元；支付服务不承担责任。
>
> （2）风控服务的测试人员承担主责，贡献团队建设经费 500 元；风控服务的产品人员承担次责，贡献团队建设经费 200 元。

4. 改进线

我们分析了时间线中的步骤，针对两个可以改进的地方制定了改进措施，如下表所示。

待改进点	改进措施	责任人	时间点	备注
风控服务定位问题从 10:50 开始到 11:30 结束，花费了 40 分钟，定位不出来问题才反馈可能和升级有关	应急流程明确出问题后，第一时间明确是否有升级、修改配置、更换机器等操作，而不是先定位问题根因	业务值班长	2020.07.31	流程制度上的改进
风控服务的版本回滚从 11:40 开始到 12:10 结束，花费了 30 分钟，耗时有点长	优化版本回滚速度，将回滚耗时从 30 分钟降到 5 分钟以内	风控服务技术负责人	2020.10.31	技术上的改进

然后,我们又分析了问题链中的问题,针对另外两个可以改进的地方制定了改进措施,如下表所示。

待改进点	改进措施	负责人	时间点	备注
测试人员修改几十个配置,不小心将其中 1 个的值 0 输入成 O 了	系统增加配置有效值检查,包括值的类型、范围等,避免以来人工检查	风控服务技术负责人	2020.09.31	通过技术手段来避免人的失误
产品验证的时候只挑选了几个大的银行渠道,正好没有验证到出问题的银行渠道。	所有渠道都需要验证,不能只抽查,如果人手不够,则可以让测试人员一起验证	风控服务项目经理	2020.08.31	流程制度上的改进

以上就是用四线复盘法对这次问题做复盘的整个过程。

小结

下面回顾一下本章的重点内容:

(1) 一次成功的问题复盘需要达成 4 个目标:讲清楚事实,全面且深入地分析问题,得出让各方心服口服的定责结论,以及制定可以落地的改进措施。

(2) 四线复盘法是通过时间线、问题链、责任链和改进线 4 条不同的线索来展开复盘。它既可以让你不偏不倚、公平公正地组织复盘,也可以让你避免背不必要的"黑锅"。

(3) 时间线就是问题发生的经过,问题链就是问题的传导路径,责任链就是问题责任人之间的关系,改进线就是问题的改进计划。

思考

你或者你的团队承担过线上问题的责任吗? 如果有,那么主要原因是什么? 你觉得处理结果是否公平,复盘过程有没有需要改进的地方?

"宫廷争斗"不要怕,四线复盘不"背锅"。

第 6 部分　专项提升

第32章 为什么业务和管理是晋升高级别的基石

很多技术人员在刚进职场的时候都有一个朴素的想法：

我很喜欢技术，我就想一直深入做技术，成为技术高手。至于业务和管理，还是让别人去搞定吧。

做管理要处理各种乱七八糟的事情，要参加各种无聊的会议；做业务要与形形色色的客户打交道，要揣摩客户的想法，这些事情我都不想去掺和。大家分工合作，各自做好自己专业领域内的事情就行了，毕竟也没有谁要求产品和业务人员一定要懂技术呀。

我只要在关键时刻发挥我的技术水平，就像武侠高手一样，平时不出手，一出手就惊艳所有人！

这种想法虽然很美好，但不符合现实。我在第 3 章介绍了三条晋升原则，其中有一条就是**价值原则**，为公司创造价值才有机会晋升。

对于高级别的人来说，业务能力和管理能力都是创造价值的核心能力。如果你不懂业务和管理，那么职场天花板就会很低，很难晋升到比较高的级别。

接下来分别针对业务和管理进行说明。

32.1 为什么要懂业务

对于技术人员来说，懂业务的好处主要体现在以下 3 个方面。

1. 更好地理解需求

首先，懂业务能让你更好地理解需求。

大部分技术人员从事的项目都属于业务项目，比如 2C 的电商、支付、出行、旅游和本地生活等，以及 2B 的云平台、ERP 系统和广告系统等，这些业务项目是公司的核心利润来源。

理想的情况是，产品经理和技术人员各司其职，技术人员只要按照产品经理的需求来实现就能完美地满足客户需求。

但**现实的情况**却没这么乐观。因为产品经理的水平有高有低，有的业务经验丰富，有的还是新手，所以如果你完全依赖产品经理输出的需求，那么是存在一定风险的。

另外还有一个原因。大部分的原始需求的诞生场景是这样的：客户遇到了某个问题，基于自己的理解想出了一个解决方案，然后负责用户调研的人员就把这个方案当作客户需求提供给产品经理。

这样收集到的需求不一定合理，如果简单照搬，则很可能并不能真正解决客户的问题。福特汽车公司的创始人亨利·福特就曾经说过："如果我最初问消费者他们想要什么，他们会告诉我要一匹更快的马。"

要想理解"客户需求"背后真正的问题，你必须要对业务知识有一定的掌握和理解。

2. 更好地设计方案

其次，懂业务能让你更好地设计方案。

假设我们的产品经理很厉害，能够准确地抓住客户需求，那么是否意味着你就不需要理解业务了呢？其实也不是。

因为技术人员设计方案的时候，不但要考虑如何实现功能，还要考虑性能、高可用和可扩展等设计属性。这些设计不是凭空想出来的，而是需要根据业务的特点来设计。

就算产品经理可以提出性能等要求，但如何实现、能实现多少，都需要技术人员结合业务来设计。

3. 更好地做团队规划

最后，懂业务能让你更好地做团队规划。

对于 P7/P8 带团队的 Leader 来说，很重要的一个事情就是做团队规划；而对于 P9 来说，不但要做团队规划，还要一起参与制定业务规划。

做业务规划就不用多说了，肯定要懂业务。而**做团队规划也必须要懂业务**，不然就无法对齐业务规划，你做得再漂亮也很难得到好的业务结果，很难得到上级的认可。

比如 P9/P10 做的业务规划是"提升用户体验"，而 P7/P8 做的团队规划却是"引入 Flutter 提升开发效率"，那么就算最后提升了开发效率也没有意义，甚至还有反作用，因为引入 Flutter 可能导致踩了很多"坑"，影响了用户体验。

32.2　如何提升业务能力

在职级详解部分，分别介绍了 P5 ~ P9 级别对业务能力的要求。下面以电商业务为例，再来概括总结一下：

- **P5/P6 要求的范围是业务功能**，你需要熟悉自己的系统（比如交易中心的订单管理子系统）提供的功能，以及相关功能的作用和实际的业务数据等。
- **P7/P8 要求的范围是业务领域**，你需要熟悉业务端到端的流程（比如某次秒杀活动）、整体业务的作用、实际的业务数据、业务的发展历史、业务经验和教训，以及理解每年的业务规划和总结等。
- **P8+/P9 要求的范围是业务战略**，你需要熟悉行业情况（比如淘宝、拼多多、京东的电商直播业务）、竞争对手情况、可能的业务方向、行业的发展趋势和动向等，制定或参与制定业务规划。

注：P8+指准备晋升 P9 的人员，他们要按照 P9 的要求来提升自己。

我们可以看到，随着级别的提高，对业务的要求也越来越高。

为了帮助你高效地提升业务能力，我整理了几个快速入门的方法，如下图所示。

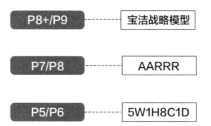

第一个是 5W1H8C1D 分析法，可以用来分析需求、分析用户、理解业务功能，适合 P5/P6 级别使用。

第二个是 AARRR 漏斗模型，这是 PayPal "黑帮" 成员之一、美国企业家、天使投资人戴夫·麦克卢尔（Dave McClure）提出的，可以用来做互联网 2C 业务的分析，适合 P7/P8 级别使用。

第三个是宝洁战略模型，这是宝洁传奇 CEO 阿兰·雷富礼（Alan G. Lafley）在《宝洁制胜战略》一书中提出的，可以用来做业务战略规划，适合 P8+/P9（及以上）级别使用。

需要注意的是，业务本身是一个和技术同级别的知识领域，这些方法只能帮助你掌握基础能力，快速入门。如果你想进一步提升自己的业务理解能力，那么还需要更多的学习和实践。

32.3　为什么要懂管理

如果说理解业务才能创造更好的价值，那么学会管理才能创造更大的价值。

很多技术人员一听到 "管理" 就会想到开会、做汇报、写 PPT。的确，管理者的日常工作包括这些内容，但这些都是表象，管理真正的作用其实是**整合团队的力量**，让团队突破个体的能力上限，创造出更大的价值。

举个简单的例子，就算你是编程高手，你的编码效率是团队其他成员的 3 倍，你再怎么努力，自己的产出最多也就相当于 3 个人而已。

对于一个需要 30 个人来实现的业务需求来说，只靠你一个人是不可能完成的，或者说不可能在规划的时间内完成，你必须带领团队，指挥团队成员共同来完成。这就体现出管理能力的重要性了。

通常情况下，晋升到 P7 就有可能要带团队了，而到了 P8 和 P9 级别，90%以上的人都是要带团队的。

你的职级越高，面临的挑战越大，需要创造的价值越多，你就越需要发挥团队的作用，管理能力对你来说也越重要。

32.4　如何提升管理能力

对于技术人员来说，提升管理能力比提升业务能力更有挑战性，困难主要有三个方面。

第一，管理技能积累不多。

很多人当上管理者都是被赶鸭子上架的，还没做好准备就被"安排"了。虽然公司选拔的一般是比较主动、沟通技能比较好的人，但这两点只是管理技能中很小的一部分，仅满足这两点，离合格的管理者还有很大的距离。

第二，管理知识的多样性。

管理本身其实是一门和专业技术同等级别的学科，但很多人都没有系统地学习过。大部分人对管理的印象都来自平时工作中对自己 Leader 的观察。这样的学习既不系统，也不全面，而且 Leader 也不一定是优秀的管理者，运气不好可能会学越糟糕。

还有很多人在晋升为管理者之后，想要通过看书学习的方式提升自己的管理能力，但管理类的图书五花八门，方法多如牛毛，华为管理法、谷歌管理法等，看得人眼花缭乱，但还是不知道到底应该跟谁学。

第三，管理的不确定性。

技术人员习惯确定性的思维，而管理却需要面对人的不确定性。俗话说，有人的地方就有江湖。如何让别人信服你，如何让不同的人达成共识、凝聚力量，没有看上去那么简单，并不是把正确的做法告诉别人就可以了，也并不是你认为最优的做法，大家就一定会赞同。

所以，技术人员晋升管理者后，往往会面临着这样的困境：**不知道做什么，不知道如何才能做好。**

下面介绍两个适合新晋管理者的管理思维框架，本章只是简单介绍概念，后续会详细介绍这两个框架。

第一个是**管理四象限**，可以用来帮助你快速从 0 到 1 地创建自己的管理视角，明确自己在成为管理者之后要做什么。

第二个是**管理五模式**，可以用来帮助你针对不同的场景选择相应的模式，从而达到更好的管理效果。

管理四象限加上管理五模式，基本上涵盖了带 30 人以内团队所需要的管理能力，满足 P6+～P8 级别的管理需求是没有问题的。

需要注意的是，**管理其实是一个很大的范畴**，包括企业管理、行政管理、人力资源管理和团队管理等，技术人员需要学习的主要是**团队管理**。

所以你不必花大力气去学习所有与管理相关的知识和技能。尤其是在企业管理领域，有大量的名人效应和名人光环在里面，所以虽然介绍成功企业家的管理理念和管理方法的书有很多，但是这些内容对于技术人员管理团队来说没有什么作用（甚至可能还有负面作用）。

毕竟，我们既不可能制定整个公司的管理体制，也不可能在自己的团队中实行一套和公司完全不同的管理体制。

小结

下面回顾一下本章的重点内容：

（1）技术人员懂业务的好处在于，可以更好地理解需求、设计方案和做团队规划，从而创造更好的价值；懂管理的好处在于可以整合团队的力量，让团队突破单个个体的上限，从而创造出更大的价值。

（2）提升业务能力的方法包括 5W1H8C1D 分析法、AARRR 漏斗模型和宝洁战略模型等。

（3）提升管理能力的思维框架包括管理四象限和管理五模式。

思考

你之前是如何提升业务能力和管理能力的呢？在这个过程中遇到过哪些困难？

 理解业务才能创造更好的价值，学会管理才能创造更大的价值。

第 33 章　5W1H8C1D 分析法：P5/P6 如何理解业务功能

对于 P5/P6 级别来说，业务方面的要求主要是**理解业务功能**。如果你想快速地入门业务功能，那么建议使用 5W1H8C1D 分析法。

这个名字看起来很长，其实它是由 4 部分组成的：5W+1H+8C+1D，实际操作的时候并不难。

1932 年，美国政治学家拉斯维尔提出了一个 **5W 分析法**。后来，人们在它基础上补充了 1H（How），形成了 **5W1H 分析法**，这个方法在企业管理、日常工作和学习提升中得到了广泛应用。

我根据自己多年的实践摸索，在 5W 和 1H 的基础进一步补充了 8C 和 1D，从而形成了 5W1H8C1D 分析法，**它是指用 5W1H+8C 的思路来分析和理解业务功能，并且在功能上线后熟悉运行数据（1D）**。

对于 P5/P6 级别的技术人员来说，这就已经能够基本满足业务开发和晋升的要求了。

本章针对 5W、1H、8C 和 1D 这 4 个部分逐一讲解。

33.1　5W

之前介绍过 5W 根因分析法，通过 5 个 Why 来挖掘根本原因。

不过这里的 5W 指的是 5 个不同的英文单词：When（何时）、Where（何地）、Who（何人）、What（何事）、Why（何因），**代表需求产生的背景和功能上线后的运行环境**，类似于操作系统上下文（Context）的概念。

为什么要特别关注需求的背景呢？有以下两个重要的原因。

首先，客户需求背后的真正问题才是关键。

客户遇到问题之后，往往会基于自己的经验、理解和学识等给出一个解决方案，然后说这是他们的需求。

理想情况是客户非常在行，最好就是软件分析师出身，能够清晰地分析问题并提出合理的解决方案作为需求。

但现实情况却往往不妙，很多客户对软件的理解可能仅仅停留在 Windows 或者微信上，甚至有些客户认为你会变魔法，只要他说一个"简单的"需求，你就能变出他想要的！

所以，如果我们不主动挖掘需求背后的 5W，就算完美地实现了客户的需求，也可能没有真正解决客户的问题。

其次，理解需求背景有助于设计更好的方案。

需求背景会隐含很多需求相关的信息，而这些信息会影响我们的方案设计。

举个很简单的例子，同样是垃圾桶，放在巴西贫民窟的要求和放在纽约帝国大厦的要求肯定不一样。

贫民窟可能有很多玩耍的小孩，将垃圾桶作为足球的射门目标，这样对垃圾桶的牢固性要求很高，对美观性就没什么要求了。

而在帝国大厦上班的大多是西装革履的白领金领，对美观性有比较高的要求，但对牢固性就没什么特别的要求了，毕竟不会经常有人去踢垃圾桶。

那么，这 5 个 W 分别是怎么回事儿呢？

第一个 W 是 When，代表与时间相关的信息，常见的有：

- 季节信息：春夏秋冬等。
- 日期信息：节日、假日等。
- 作息时间：白天、晚上、凌晨、早晨、上午、下午、晚上、深夜等。

比如我在某通信巨头公司做设备的时候，如果是做数据倒换工具，那么都要求设计得非常智能，最好是一键式操作。

为什么呢？因为数据倒换都是在凌晨 2~4 点进行，这是操作人员最困、思维最迟钝的时候，如果你做的数据倒换工具需要操作七七四十九大步，九九八十一小步，并且只要一步出错就全部重来，那么谁还敢去操作？

第 2 个 W 是 Where，代表和地点相关的信息，常见的有：

- 国家、地区：不同的国家和地区有不同的文化、风俗、制度等。
- 室内、室外、街道。
- 建筑物。
- 交通工具，例如上下班坐地铁、开车等。

第 3 个 W 是 Who，代表与参与者相关的信息。

注意，这里说的是"参与者"，而不是"人"。为什么呢？因为很多外部参与者不一定是人，外部系统和动物这些都可以算参与者。常见的参与者信息有：

- 投资者、管理者。
- 使用者、维护者。
- 监督者、评估者：包括政府机构、监管机构等。
- 交互者：与当前系统交互的其他系统。

比如对于银行的 ATM 机，参与者有以下 4 类：

- 顾客：使用 ATM 机器取款、存款。
- 银行维护人员：每天将钱放进 ATM 机器。
- 质检机构：根据××法律对 ATM 机进行检查。
- 银行 IT 系统：ATM 机需要与银行的 IT 系统交互。

第 4 个 W 是 What，代表客户想要的输出结果，比如一个文档、一份报告、一个图片、一个系统和一个产品等。一般情况下，这也是我们看到的最原始的需求。

第 5 个 W 是 Why，代表客户遇到的问题。

问题是客户提出需求的驱动力，只要是客户觉得不好的地方都属于问题的范围。

在这 5 个 W 中，Why 是最关键的，因为只有真正了解了客户提出需求的驱动力，才能真正解决客户的问题，而只有真正解决了客户的问题，客户才会真正满意。这也是为什么在晋升答辩的时候，评委问得最多的就是 Why，比如"为什么要做这个需求？""这个功能解决了什么问题？"

下面这张图形象地描绘了 5W 之间的关系。

33.2　1H

H 代表 How，也就是如何，它和 5W 共同组成了 5W1H 分析法，又叫六何分析法。

在分析和理解业务的时候，How 不是指设计方案，而是指**业务需求的处理逻辑**。

需求有简单和复杂之分。有的需求可能很简单，客户想要的东西很明确，一两句话就能够说清楚；但绝大部分需求都没有这么简单，一般会涉及多个步骤、多次交互和多个状态变化等，这种情况就要把需求的处理逻辑描述清楚。

比如取款就是一个需求，但它包含多次交互，要插卡、输入密码、输入金额、打印账单、取钱等一系列步骤，How 就是用来描述这整个流程是如何运行的。

33.3　8C

5W1H 关注的是需求的**功能属性**，而 8C 关注的是需求的**质量属性**。需求最终是不是真正以合理地方式实现了，既要看功能属性是否满足需求，也要看质量属性是否符合要求，两者缺一不可！

所以我们还需要加一些**约束条件（Constraint）**，也就是我所说的 C。如何理解这个约束条件呢？

之前提到过，OKR 中有时需要添加一些辅助指标，比如光说"新增用户数 2000 万"可能还不够，还得加上"投入资金不超过 1 亿元"和"新用户月留存率不低于 40%"。

因为如果疯狂通过红包刺激来提升新增用户数，一来花钱太多，二来吸引的大部分是"羊毛党"，很难转化为忠实用户，这显然不是我们真正想要的。

其实约束条件就相当于这些辅助指标，它们的作用是一样的。

对于业务需求，我总结了 8 个 C。

1. **性能（Performance）**

性能是指系统提供相应服务的效率，一般包括响应时间和吞吐量，是很多系统架构设计的关键约束条件之一。

比如同样是提供信息给用户浏览的 Web 网站，一个日访问量为 1 万，一个日访问量为 10 亿，它们的设计是完全不一样的。

2. **成本（Cost）**

成本是指为了实现系统而需要付出的代价，也是很多系统架构设计的关键约束之一。

比如客户只愿意出 100 万元买这个系统，最后我们却设计了一个耗费 1000 万元的系统，要么客户不愿买，要么我们亏损降价。无论哪种结果，最后都是我们赔本。

3. **时间（Time）**

时间是指客户要求的交付时间，它会影响项目的进度安排，从而影响项目的设计方案。

比如一个项目的交付时间很紧，系统设计就不能太复杂或者太庞大。

4. **技术（Technology）**

技术是指客户指定的技术。

比如客户现在用的都是 Windows 的机器，就可能要求我们基于 Windows 平台开发。

5. **可靠性（Reliability）**

可靠性是指系统长时间正确运行的能力。

比如基于法律法规或行业统一标准，银行、证券和电信这些公司对宕机时间有严格的要求。

6. 安全性（Security）

安全性是指对信息安全的保护能力。

比如涉及钱、身份证号和社会保险号等隐私信息的需求，在这方面的要求很高。

7. 合规性（Compliance）

合规性是指满足各种行业标准、法律法规、规范等，比如 3C、SOX、3GPP、ITUT 等。

尤其是对于金融类相关的业务来说，政府监管要求和法规要求是非常严格的。

8. 兼容性（Compatibility）

兼容性是指我们提供给客户的系统与客户其他已有的系统兼容的能力。

这个约束主要在 2B 领域比较常见。特别是在大企业、大公司中，多个系统都是互相交互、互相配合的。新的系统必须能够和已有的系统配合，否则将无法运行。

33.4　1D

D 代表 Data，也就是数据，反映了业务上线之后的效果（Result）。

之所以不用结果对应的单词 Result，而要用 Data，是因为说到效果，很多技术人员的思考都很简单，只有超出预期、符合预期、不达预期 3 个结果。但这种理解不管是在日常工作还是在晋升答辩的时候，都是远远不够的，所有的结果最好都能用数据来说明，所以我特意选择了 Data 来强调这一点。

常见的 Data 包括两个方面：

- 一是业务效果，比如 DAU、MAU、活动参与人数、订单数、成交量、成交额和运营效率等。
- 二是系统效果，比如峰值 TPS、接口性能、响应时间、崩溃率、可用性、成本和开发效率等。

至于要如何总结数据，你可以采用之前介绍的 4D 总结法。

小结

下面回顾一下本章的重点内容：

（1）P5/P6 级别在业务方面的要求主要是理解业务功能，可以通过 5W1H8C1D 分析法快速入门，上线前分析和理解业务功能，上线后熟悉运行数据。

（2）5W 包括 When（何时）、Where（何地）、Who（何人）、What（何事）和 Why（何因），代表需求产生的背景和功能上线后的运行环境；H 是指 How（如何），代表业务需求的处理逻辑。

（3）8C 包括性能、成本、时间、技术、可靠、安全、合规、兼容，代表保证质量符合要求的约束条件（Constraint）。

（4）D 是指 Data（数据），反映了业务上线之后的效果，包括业务效果和系统效果。

思考

能不能采用 5W1H8C1D 分析法分析一下你做过的一个典型的需求呢？你在分析的过程中有什么新的收获吗？

理解业务功能=分析功能需求+分析质量需求+总结上线效果。

第 34 章 AARRR 漏斗模型：P7/P8 如何掌握业务领域

对于 P7/P8 级别来说，业务方面的要求主要是**掌握业务领域**。如果你想要快速地入门业务领域，那么建议使用 AARRR 漏斗模型来分析。

34.1 AARRR 漏斗模型简介

AARRR 漏斗模型是"PayPal 黑帮"成员之一、美国企业家、天使投资人戴夫·麦克卢尔（Dave McClure）提出的，适合用来做互联网 2C 业务的分析。

增长黑客之父肖恩·埃利斯（Sean Ellis）在 2010 年提出"增长黑客"这个概念的时候，就把 AARRR 漏斗模型作为核心模型，他在《增长黑客》一书中基于这个模型总结了很多成熟的落地技巧。

AARRR 这 5 个字母分别代表 Acquisition、Activation、Retention、Revenue 和 Refer 五个英文单词，它们分别对应**用户生命周期**中的 5 个重要环节：**获取**（Acquisition）、**激活**（Activation）、**留存**（Retention）、**收益**（Revenue）和**推荐**（Refer）。

因为每个环节都只有一部分用户会进入下一环节，整体生命周期呈现出漏斗形状，所以叫漏斗模型，如下图所示。

AARRR模型

AARRR 模型的核心就是以用户为中心，以完整的用户生命周期为指导思想，分析用户在各个环节的行为和数据，以此来发现用户需求及产品需要改进的地方。

接下来针对用户生命周期的每个环节逐一讲解。

1. 获取（Acquisition）

获取是第一个环节，也是整个用户生命周期的基础。如果用户获取做得不好，那么后续的所有环节做得再好也是没有意义的。

获取环节首先要做的就是**触达用户**，直白地说就是让用户知道我们的产品，触达的路径就是我们通常听到的"渠道"，比如广告、社交推广、老用户推荐、主播推荐等手段。

不同的渠道面向不同的用户群体，不同的用户群体有不同的特点，同样是电商群体，拼多多的用户和京东的用户就有很大的差别。获取阶段的核心任务就是找到投入产出比最好的几个渠道。

触达用户后，**吸引用户进入产品**是获取环节的关键。举个最简单的例子，用户通过某种渠道看到你的 App 后，你要通过一些手段吸引用户下载 App 并打开 App 使用，比如设计有创意的海报、红包现金奖励和送礼品等。

现在做业务产品，千万不要盲目相信"酒香不怕巷子深"的理念，以为只要把产品做好了用户就自然就会来买。无论是初创产品还是已经成熟的电商、直播等业务，用户获取始终都是头等大事。

2. 激活（Activiation）

激活是第二个环节，我们需要把**获取的用户转化为产品的真实用户**。简单地说，就是用户下载了你的 App 后，至少要打开 App 体验一下核心的业务。

例如，用户下载购物 App 后，可以通过送红包、满 10 减 9、送 10 张现金券这种方式，引导用户完成一次购物。

并不是每个获取来的用户都是产品的目标用户，所以肯定会有一部分用户在这个阶段流失。通常情况下，用户只有看到特别吸引自己的卖点才会"被激活"，否则他们可能只是看了一下产品的界面，随便操作几下就流失了（删除 App、关闭页面等）。

3. 留存（Retention）

留存是第三个环节，我们需要**把激活的用户转换为产品的长期用户**，避免出现"用户来得快，走得也快"的现象。

通常情况下，产品只有真正满足了用户的某些需求或者帮助用户解决了某些问题，他们才会持续不断地使用，对产品产生黏性，成为真正意义上的留存用户。

以典型的电商业务为例，有的用户喜欢用拼多多，因为便宜；有的用户喜欢用京东，因为有正品保证和送货快；有的用户喜欢淘宝，因为品类很全。

4. 收益（Revenue）

收益是第四个环节，我们需要**将留存的用户转换为收益**，这样企业才能获取收入，毕竟绝大部分商业产品的最终目标是获得利润。

收益环节对企业来说非常关键，因为它决定了企业能否在激烈的市场竞争环境下存活下来；而且用户产生付费行为的意愿高低，往往也是衡量产品是否满足用户需求的一个关键指标。

获得收益的方式有很多种，比如用户直接购买产品、购买 VIP 服务、广告商按照用户点击付费、平台收取交易佣金等。

5. 推荐（Refer）

推荐是最后一个环节，我们需要**通过"以老带新"的方式实现用户增长**。

老用户的推荐说服效果强，成本又低，再加上目前社交网络几乎覆盖了绝大部分互联网用户，所以老用户的推荐能够带来很多的新用户，如果能够形成"病毒式传播"，那么产品可能一夜爆红。

用户推荐虽然有很多优点，但也不能本末倒置，只想着通过"病毒式传播"一夜爆红，良好的产品才是长期发展的核心。

34.2　学习和使用技巧

了解了 AARRR 漏斗模型的基本概念，我们来看看如何在实践中学习和使用。

对于技术人员来说，本职工作肯定还是技术，而不是取代产品人员来完成业务的分析和设计，所以你不需要按照产品人员的要求来掌握这个模型，只要根据我总结的关键点去学习和使用就行了。

当然，如果你有时间和精力，想要学得更深，那么我推荐你读一读肖恩·埃利斯的《增长黑客》一书。

1. 业务相关的漏斗手段

第一个关键点是，掌握业务相关的常见的漏斗手段及优缺点。

注意，这里强调**业务相关**，你不需要把所有的手段全都掌握，那样做你学习的范围太大了，投入产出比很低。

以手游发行业务和移动钱包业务为例，几种常见的用户获取手段对比如下表所示，你掌握自己负责的业务对应的手段即可。

手段	优点	缺点	手游发行	移动钱包
手机预装	触达效果好	成本高	基本不会采用这种方式，因为游戏生命周期比较短	重要的手段之一，移动钱包目前基本是必备软件
短视频广告	触达范围广，曝光量大	对创意要求高，转换率不确定，"水军"导致数据失真	新游推广期核心手段	一般是做品牌广告，提升知名度
线下贴码	贴近实际业务场景，转换率高	成本较高，见效慢	很少采取这种手段	常规手段，例如商家贴广告、贴二维码等

注：

（1）　我不是产品人员，这张表格的内容在产品人员的视角看不一定很专业，但对技术人员来说基本能够满足工作和晋升要求。

（2）　表格中只列了常见的几种手段作为示例，实际的手段要远远超出这个数量。

（3）　表格内容没有细化展开，如果有兴趣，可以进一步细化，加深自己对业务的理解。

2. 核心业务的漏斗数据

第二个关键点是，掌握核心业务的漏斗数据。

虽然一个产品对外提供的业务功能有很多，但决定一个产品业务发展的还是几个核心业务，比如移动钱包最核心的业务通常都是扫码支付、付款码和优惠券这三个。

同样的道理，虽然每个业务的漏斗手段有很多，但真正起关键作用的还是几个核心手段。对于技术人员来说，掌握核心业务的核心手段的相关漏斗数据，基本上能够形成对业务的整体理解和认知了。

那么这个核心业务的范围有多大呢？我建议选择业务量排前 3～5 名的业务即可，这里的业务量可以是访问量、成交量、成交额和活跃用户数等，你需要根据不同的业务特性采用不同的指标，比如移动钱包业务一般使用成交笔数来作为衡量指标，短视频业务一般使用播放量来作为衡量指标。

3. 团队业务的详细漏斗数据

第三个关键点是，掌握和理解当前团队做的业务的详细漏斗数据。

对于某些复杂和庞大的业务体系来说，你可能只负责其中一部分业务，不太可能负责所有的业务，所以你需要优先掌握自己所在团队做的这部分业务的漏斗数据。因为不管是平时工作还是晋升，这部分业务相关的知识和技能都是能很快产生作用的，晋升的时候评委也会优先考查你对这些业务的掌握情况。

除了知道漏斗数据，你还要对数据有一定的理解，比如 TOP3 的业务为什么会成为 TOP3，TOP1 的业务和 TOP2 的业务数据差异有多大，为什么会有这种差异，TOP5 的业务中还有哪个增长潜力比较大，等等。

这里强调一下，我说的是**自己所在团队做的业务**，而不仅仅是自己做的业务。因为 P7/P8 级别要求具备一定的系统意识，不能只看自己的"一亩三分地"。

对于 P7 来说，团队可以理解为自己所在的最小级别的技术团队；对于 P8 来说，团队可以理解为和自己平行的多个同级别的团队。

4. 竞争对手的漏斗

第四个关键点是，对比竞争对手的漏斗。

我在职级详解部分介绍 P7/P8 级别时提到了解竞品的要求，那么具体如何了解呢？直接分析竞品的 AARRR 漏斗模型是最有效的。

当然，由于对商业机密的保护，你不可能全面地掌握竞争对手的所有数据，但基本的数据其实是有很多渠道可以获取的。

34.3　漏斗数据获取渠道

第一，对于数据来说，最方便的来源就是业务内的各种**统计分析平台**。除了资金相关的报表可能需要较高的权限，大部分的业务数据基本上申请一下权限就可以看到了。

第二，对于业务的分析和总结来说，如果你是 P7 以上级别，就有机会参加内部的**业务总结会议**和**规划会议**，这些会议会对业务进行总结和分析。这是信息量最大的获取时机，因为这些业务的分析、总结、经验教训等都是高级别的负责人讨论后给出的最终结论，具备权威性和专业性。

第三，对于竞争对手的信息来说，公司内的**行业分析**、**第三方的行业分析**、**上市公司的财报**等，都是了解行业信息非常好的渠道。

第四，作为技术人员，提升业务理解能力和业务意识的一个有效手段是经常**和产品运营人员交流**。他们的专业领域里面有很多隐含的业务信息，交流的时候他们也会谈很多对业务的理解和看法。

小结

下面回顾一下本章的重点内容：

（1）P7/P8 级别在业务方面的要求主要是掌握业务领域，可以通过 AARRR 漏斗模型快速入门，以用户为中心，以完整的用户生命周期为指导思想，分析用户在各个环节的行为和数据，以此来发现用户需求及产品需要改进的地方。

（2）AARRR 漏斗模型包括 5 个环节，分别是获取、激活、留存、收益和推荐。

（3）技术人员按照 4 个关键点来学习和使用 AARRR 漏斗模型即可，它们分别是掌握业务相关的常见的漏斗手段及优缺点，掌握核心业务的漏斗数据，掌握当前团队做的业务的详细漏斗数据，对比竞争对手的漏斗。

（4）漏斗数据获取渠道包括业务内的各种统计分析平台，公司内部的业务总结会议和规划会议，行业分析、第三方的行业分析和上市公司的财报，以及产品运营人员等。

思考

请你简单地按照 AARRR 漏斗模型分析一下你现在做的业务，看看你对业务的理解怎么样。

 理解业务并不难，漏斗模型帮你忙。

第 35 章　宝洁战略模型：P8+/P9 如何看懂业务战略

对于 P8+/P9 级别来说，业务方面的要求主要是**看懂业务战略**。如果你想要快速地入门业务战略，那么建议学习宝洁战略模型。

P9 和准备晋升 P9 的 P8+技术人员需要参与大量的业务相关的会议，比如业务讨论、业务规划和业务汇报等。这类会议一般由 P9/P10 主持，各条线的骨干 P8/P9 参加，讨论的内容是整个业务接下来的战略，短则 1 年，长则 3 年。

通常情况下，由 P9 级别的产品或者运营人员来提出可选的战略，由 P10 或者更高级别的老板来拍板。技术人员在这个过程中，主要是理解战略，从技术的角度评估战略的可行性，或者从技术的角度提出有助于战略实施的方法。

比如某出行公司的业务战略目标是，3 年内实现无人自动驾驶出行，那么技术人员就需要评估是否能在 3 年内实现这个目标，可能性有多大，是 10%还是 70%。这个评估意见对战略决策有很大的影响，所以技术人员必须要有一定的战略思维和理解力。

如果你已经直接负责某个业务，那么不仅需要具备业务理解能力，而且要具备业务规划能力，这样才能带领团队创造"作品"。

35.1　宝洁战略模型简介

关于战略的理论研究非常多（越不确定的东西理论越多），比较有名的有迈克尔·波特的"竞争战略"、杰克·特劳特的"定位理论"和普拉哈拉德的"核心能力"等。

我为了提升自己的业务理解水平，读了很多这方面的书，结合工作中参与业务讨论积累的经验来看，我认为"宝洁战略模型"是最适合入门阶段学习的。

宝洁战略模型出自《宝洁制胜战略》。这本书由宝洁传奇 CEO 阿兰·雷富礼（Alan G. Lafley）和"全球最具影响力 50 大商业思想家"（2009 年顶级咨询公司 Crainer Dearlove 评选）之一的罗杰·马丁（Roger Martin）共同完成。

马丁是管理思想家，而雷富礼又具有丰富的实战经验，他们两个人完美地融合了理论与实践，所以宝洁战略模型既具备理论的系统性，又容易落地实践。

宝洁战略模型的核心思想是，**战略就是选择**，包括想做什么、能做什么、要做什么和不做什么。这一系列的选择决定了企业的行动，企业的行动又决定了最终的业务结果，而如何做出更好的选择，选择的标准是什么，就是宝洁战略模型涵盖的内容，模型示意图如下图所示。

宝洁模型

根据我的理解，宝洁战略模型实际上融合了迈克尔·波特的竞争战略模型（对应图中的策略和能力）和杰克·特劳特的定位理论（对应图中的定位），所以整体上更加完备和系统。

接下来逐一介绍其中的五个部分。

1. 愿景和使命

第一个部分是愿景和使命，决定了企业要做的事情的范围和目标。

愿景和使命具有长期的指导意义，如果一两年就变一次，那么就不是愿景和使命，而是 KPI 了。

愿景、使命再加上和做事准则相关的价值观，它们就形成了企业的核心指导思想。谈到这三个词的时候，我发现一个比较有趣的现象：很多人都分不清它们之间的区别。

这里我分享一个通俗版的理解：

愿景：你最终想成为什么？

使命：你为别人带来什么价值？

价值观：你做事的准则是什么？

以阿里巴巴为例：

愿景：成为一家活 102 年的企业。

使命：让天下没有难做的生意。

价值观：六脉神剑（客户第一、团队合作、拥抱合作、敬业、诚信、激情）。

2. 定位

第二个部分是定位，决定了企业决定进军哪类市场。

以宝洁的护肤品为例，可以分为高端、中端和低端市场，不同市场的目标消费者、定价策略、销售渠道和推广方式都不一样，不可能靠一款产品同时满足高中低三个市场所有消费者的需求，所以设计产品的时候必须要做出选择。

互联网业务也是这样的，电商业务目前的"三巨头"是淘宝、京东和拼多多，它们就分别定位在不同的市场上，所以采取了不同的竞争策略，比如京东的优势是正品和物流，淘宝的优势是全品类，拼多多的优势是低价。

3. 策略

第三个部分是策略，决定了企业采取何种方式和手段来赢得竞争。

通过定位选好了一个目标市场，并不意味着你就可以轻易地占据那个位置，因为无论你选择什么定位，都有别人来与你竞争。

如果完全没有竞争者，那么大概率是因为这个定位并没有什么吸引力，或者是一个全新的行业。其实就算是全新的行业，只要稍微有点发展势头，肯定马上就会有大批竞争者涌入。

所以宝洁战略模型认为，策略是整个战略的核心，因为策略关注的是如何赢得竞争。

策略总体上可以分为两类：**总成本领先**和**差异化**。

通常情况下，行业巨头可以采取总成本领先的策略，因为有规模效应，而其他参与者一般都采取差异化的策略。但是，差异化具体体现在哪里，如何实现差异化，如何让用户认可差异化，这些都需要在制定策略的时候仔细思考和验证，并不是随便找个差异化的点就能够吸引用户。

比如京东当初与电商巨头淘宝竞争的时候，差异化的点之一就是自建物流。但自建物流的成本其实很高，幸运的是，用户认可物流这个优势，有的网购用户宁愿商品价格贵点也希望当日达或者次日达。

4. 能力

第四个部分是能力，决定了企业是否能够真正将策略落地并取得结果。

就算你制定了清晰明确、符合市场竞争需要的策略，也并不代表你的策略能够自然而然地成功。策略的实施需要依靠企业的能力，如果企业不具备对应的能力，那么再好的策略也是镜中月水中花。

以出行行业为例，假设某个新进入的企业提出人工智能出行的策略来实现和滴滴出行的差异化竞争，因为人工智能既"炫酷"，又可以减少司机的成本，但是如果企业内部连人工智能的人才都没有，那么这种策略就没有实际落地的可能性。

当然，如果企业坚定要往某个方向发展，则是可以逐步构建对应的能力的，比如通过收购、对外合作和重新搭建团队等方式。但这些措施所需要的时间和资金成本，也需要在制定策略的时候一并考虑。

5. 组织

第五个部分是组织，决定了企业的各个团队能否协同一致高效地落地前面第 3 点制定的策略。

组织是宝洁战略模型的最后一环，但也是最容易被忽视的一环。通常情况下，高层管理团队制定战略（定位+策略），然后交给各个部门展开行动。如果没有适合的流程、组织结构和衡量方法进行支撑，那么执行的效率可能非常低，效果可能很差。

举个例子，对于支付宝钱包这种用户量巨大、涉及资金安全的业务，内部的决策逻辑必然是非常谨慎小心的，决策时的各种讨论、设计方案时的各种验证、开发时的各种安全和保障措施，以及各种质量保证手段等都是必需的。

如果将这套运作流程和机制应用到内部孵化的创新业务就不合适了，因为创新业务要求的是快速验证用户需求，需要快速决策、快速验证，毕竟这个时候用户量也不多，对于质量、安全等方面并不需要类似支付宝那样的高要求。所以，创新业务需要一套新的流程机制和组织结构来支撑，才能满足"快速验证"的要求。

35.2　宝洁战略模型的应用

了解了宝洁战略模型之后，我们来看看技术人员在实际工作中如何应用这套战略模型。

1. 愿景和使命

首先是愿景和使命。从我的实践经验来看，对于 P9 以下级别，感受最多的还是价值观的各种要求，愿景和使命基本上只是一个需要理解的宣传口号，对实际工作几乎没有什么影响。

有的团队也会照猫画虎地提出自己的愿景和使命，但实际上也没有多大意义，因为团队的变动本身就比较频繁。我和业界同行交流的时候，大部分人也认为愿景和使命可能主要是老板需要关注和思考的（其实大部分企业最大的愿景就是"赚钱"）。

2. 定位和策略

其次是定位和策略。对于 P8+/P9 的技术人员来说，看懂业务战略的核心就是理解业务的定位和策略，例如：

- 为什么选择某个定位？
- 为什么采取当前的策略？
- 竞争对手的定位是什么？
- 竞争对手的策略是什么？
- 策略的执行效果怎么样？
- ……

晋升答辩的时候，评委考查业务理解力的重点也会放在申请人对业务定位和策略的理解与思考上。

如果你已经有机会参与业务规划的决策和讨论，那么请注意，分析和讨论的过程，其实就是不断澄清各种定位和策略问题的过程。

如果你已经是业务的负责人了，那么就需要自己明确定位和策略，这需要一定的行业经验和积累。

3. 能力

然后是能力。对于 P8+/P9 的技术人员来说，理解了业务的定位和策略之后，在能力评估阶段就可以发挥出技术的巨大价值，包括评估策略的技术可行性、可选技术方案和所需的技术成本等。

举个例子，假设某个团队准备做个新业务，P8+/P9 可以参与做如下一些决策：

- 是做一个独立的 App，还是做小程序，还是两个一起做？
- 是用自建机房，还是购买云服务？
- 业务要求千人千面，目前团队是否有推荐系统？
- 目前团队的人员能力能够支撑吗？需要从哪些方面加强？

4. 组织

最后是组织。对于 P8+/P9 的技术人员来说，理解了业务的定位、策略和所需能力之后，就可以思考组织上的优化和调整以适应策略的落地执行，包括组织结构和流程运作的调整。

对于 P7/P8/P9 这个级别的管理者来说，常见的组织结构调整手段包括以下这些：

- 专项团队：针对特定目标成立的虚拟团队，在一段时间内聚焦某个目标，例如"性能优化团队""用户体验改进团队"等。
- 横向团队：团队按照领域来划分，支撑多个业务，比如"Android 团队""前端团队"。
- 纵向团队：团队按照业务来划分，可能包含多个技术领域的人员，比如某个商家的业务团队可以划分为"拼多多业务团队""淘宝业务团队"等。
- 负责人制：指定某件事情的负责人，授权负责人处理某一方面的事情。

当然并不是来个策略就调整一下流程和组织结构，而是应该在深入理解业务定位和策略后判断是否需要调整，以及如何调整才是最优的。

比如 2012 年左右，国内正是移动互联网快速发展的时期，当时 UC 内部各种创意和新产品层出不穷，业务团队基本都采用小快灵的"游击队"模式，十几个人就可以快速开发一款新的互联网产品；而 MySQL、Memcached、Hadoop、Nginx 等基础技术，就交给了"基础技术部"来统一研究。

但是到了 2014 年左右，UC 已经基本确定了"浏览器+游戏+国际业务"的三大业务线。这时，业务团队的组织结构就调整为"集团军"的模式，"基础技术部"也取消了，人员分散到各个业务线，各个业务线根据自己的业务特点和需求成立团队研究对应的技术。

小结

下面回顾一下本章的重点内容：

（1）P8+/P9 级别在业务方面的要求主要是看懂业务战略，可以通过宝洁战略模型快速入门。它的核心思想是，战略就是选择，重点在于如何做出选择，选择的标准是什么。

（2）宝洁战略模型包括 5 个部分：愿景和使命、定位、策略、能力、组织。

（3）对于 P8+/P9 的技术人员来说，看懂业务战略的核心就是理解业务的定位和策略，这也是晋升答辩时评委考查的重点。

思考

按照宝洁战略模型分析一下你现在负责的一级业务，看看你对业务的理解程度怎么样。

战略=想做什么+能做什么+要做什么+不做什么。

第 36 章 管理四象限："小白"要如何快速入门带团队

业务和管理是技术人员晋升到高级别的基石。前面介绍了三种学习业务的方式，分别适合三种不同级别。扫除了业务上的障碍之后，我们再来看看如何走出管理上的困境。

我曾经参加过内部的 Team Leader 管理交流会议。不同的 Team Leader 分享自己对管理的理解，各种说法都有：

（1）有人推荐樊登的《可复制的领导力》，但是感觉有些方法不太适合这家公司。

（2）有人特别崇拜华为的创始人任正非，强调管理一定要做好员工激励，但是也有人反对说一线 Team Leader 根本没有任正非那么大的权力和影响力，如何激励不是自己说了算的。

（3）有人认为谷歌的《重新定义团队》强调人性化管理和创造力，非常适合互联网公司，但也有人认为谷歌的方法在国内的环境中很难落地。

（4）有人很坦诚地说，其实自己对管理并没有什么理解，反而有很多疑惑。最核心的疑问就是，自己从一个技术高手变成管理者之后，不知道管理者要做什么事情，感觉就是天天开会。这个回答反而引起了现场很多人的共鸣。

的确，新晋管理者面临的一个非常大的问题就是**不知道要做什么**。有的人可能自己去看一些管理类的图书进行学习，但对于学习的内容是否正确，是否适合当前团队，其实也心存疑虑。

其实，无论你采用谁的管理方法，变化的只是理念和技巧，管理的工作范畴是不变的。

36.1　管理四象限简介

管理四象限的整体思路是，**从管理的手段和范围进行拆解**，手段有两类，管和理，范围有两个，人和事，它们组合就得到了四个象限。

"管"有一定的"强制"含义，可以形象地理解为从上往下压；"理"有一定的"辅助"含义，可以形象地理解为从下往上托，两个手段缺一不可。

如果你只"管"不"理"，就是把团队当成你往上爬的工具和台阶，这样团队的凝聚力往往不高，人心不太稳定；如果你只"理"不"管"，团队做事很可能就没有章法，战斗力往往不强。

"人"就是团队的成员，**管理就是想方设法发挥出人最大的潜能**；"事"就是团队要做的事情，管理就是想方设法**带领团队为公司创造最大的价值**，得到更好的结果，这也是晋升原则中"价值原则"的一个体现。

综上所述，整个管理工作可以拆解为四个象限：**管事、管人、理事和理人**，如下图所示。

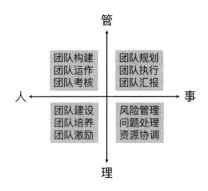

每个象限分别对应了一些具体的工作，接下来逐一讲解。

36.2　管事

管事包括三个部分：团队规划、团队执行和团队汇报。

1. 团队规划

团队规划是指，制定团队一定周期内的目标和主要事项。

通常情况下，P9 以下的管理者需要基于上级管理者的规划及团队的情况制定半年或者一年规划。这对于新晋管理者来说是最大的一项挑战，具体规划方法可以参考之前介绍的 OKR 规划法。

2. 团队执行

团队执行是指，将团队规划的事项落地，包括人力安排、时间安排、进度跟踪和问题处理等。

有的事项需要管理者亲自执行，有的事项需要安排骨干人员执行，但不管由谁来执行，管理者都是最终结果的第一责任人。具体执行方法可以参考之前介绍的 3C 方案设计法和 PDCA 执行法。

3. 团队汇报

团队汇报是指，归纳总结团队的工作情况，将信息反馈给上级。

有些人觉得，只要带领团队把事情做好，上级肯定能看到，用不着专门汇报；也有些人害怕如果回答不出上级问的问题，会让上级觉得自己能力不行，所以不敢主动汇报。

其实这些都是错误的想法。汇报对于个人和团队的绩效评价有很大的影响，对于管理者的成长也有很大的意义，具体汇报方法可以参考之前介绍的**金字塔汇报法**。

36.3　管人

管人包括三个部分：团队构建、团队运作和团队考核。

1. 团队构建

团队构建是指，如何打造符合业务发展需要的团队。

很多人有一个错误的认知：团队构建就是把 Head Count（中文一般翻译为职员数）招

满，Head Count 不够就招聘，有人离职就补招。

实际上，招聘只是团队构建的一部分工作，人员优化、人员汰换和团队梯队设计这些事情也很重要，你需要持续不断地对团队进行打磨。

比如团队刚组建的时候，为了让业务快速"跑起来"，可能会先放低招聘要求，迅速招聘一些 P6 甚至 P5 的人员；等到业务基本走向正轨，就会招聘一些 P7 来提升团队战斗力，并且划分一些虚拟小组，提高团队运作效率。如果你照搬谷歌的招聘方法，只想招最优秀的人，那么结果可能就是一个人都招不到，连基本的工作都完不成。

2. 团队运作

团队运作是指，通过制定团队的标准流程和奖惩机制等，让团队成员做事更加规范、更有效率。

不同的团队有不同的特点，你可以结合自己团队的情况补充一些团队内部的流程机制，但是要注意两点：

- 一是不要盲目学习其他公司的方法，比如华为管理法、谷歌管理法，因为它们本身可能和公司层面的机制是冲突的。
- 二是不要盲目地搞"新官上任三把火"，因为任何管理措施都是有成本的，不是越多越好，不合理的措施不但不能体现水平，反而会得不偿失，搞得怨声载道。

我曾经遇到过这样一件事，某管理者新官上任，强制要求所有团队成员提前 30 分钟打卡上班。但是因为赶上早高峰，为了这 30 分钟，大家路上耗时更多，每天至少要早起 1 个小时。结果很多人精神状态变差，工作效率反而降低，最后这项制度也慢慢地不了了之了。

3. 团队考核

团队考核是指，确定每个团队成员的绩效。

由于"僧多粥少"的客观情况，团队考核也是让绝大部分管理者最头疼的事情之一。而且，因为文化和制度的差异，不同公司在考核上的做法也不完全相同，很难总结出通用的具体方法。

总的来说，管理者需要在熟悉公司文化和制度的基础上，尽可能多地在平时的工作中了解下属的实际工作状态和内容，在考核时做到实事求是，基于事实判断，避免拍脑袋凭感觉进行评价。否则等到做绩效沟通的时候你发现无法得到认可，很容易被下属用各种事实"打脸"。

36.4　理事

理事包括三个部分：风险管理、问题处理和资源协调。

1. 风险管理

风险管理是指，提前识别可能出现的问题，并采取预防措施。

P9 以下的管理者需要关注的风险主要有两类。一类是**核心人员流失**，它导致很多重要工作无法开展，所以你需要提前培养核心人员的备份人员，搭建合理的团队梯度；另一类是**项目进度**太紧，它导致质量低下、团队士气低下和团队摩擦增多等问题，你可以通过提前招聘、借调人员和据理力争修改项目计划或者项目范围等方式来应对。

新晋管理者对于风险管理往往会有一个疑虑：风险只是有可能发生，又不是一定会发生，如果没有发生，那么各种预防措施岂不是白白浪费了？

其实不用担心，大部分措施都不会浪费，比如就算核心人员没有流失，备份人员的培养也是有价值的；即使项目进度没那么紧，招来的人也可以先安排做其他事情。

当然，风险管理也不是说要求"草木皆兵"，看到 0.1%的可能性就要大动干戈。具体怎么做，要靠你自己权衡判断了。

2. 问题处理

问题处理是指，解决团队已经发生的各种问题，比如人员变动、团队成员之间有矛盾、项目延迟和线上出现严重事故等。

问题处理和风险管理看起来有点类似，但风险管理侧重主动预防，问题处理是被动响应的。风险管理只能从概率上降低问题发生的可能性，无法杜绝问题，所以问题处理是必不可少的。

很多新晋管理者都害怕遇到问题，一出问题就很紧张，要么大张旗鼓地给团队加上各种流程规范制度，导致条条框框越来越多，团队成员做事畏首畏尾；要么一出问题就把责任全部甩给下属，严厉地批评和惩罚，导致团队成员士气低落、工作状态不好。

对于管理者来说，正确的做法是，一方面要认识到出问题的必然性，力求不要出大问题，容忍部分小问题，认真地分析问题，谨慎地制定流程规范；另一方面要意识到自己是任何团队问题的第一责任人，你可以指出下属做得不足的地方，但不能把责任全部甩给下属。

3. 资源协调

资源协调是指，申请各种团队需要的资源，比如申请几台手机用于测试，申请新的服务器搭建环境，申请外包来临时支援项目等。

这些事情没什么难度，但有时候对于提高团队的工作效率有很大的帮助。而且在很多公司，资源只能由主管来申请，某些情况下资源不够，可能还需要主管依靠自己的关系网借调。

36.5 理人

1. 团队建设

团队建设是指，通过举行各种形式的活动来增强团队成员的团队意识和协作精神，让团队成员相互之间更加了解和信任，同时释放工作压力。

常见的团队建设活动有聚餐、轰趴、户外运动和旅游等，大部分公司在团建方面也有一些制度规范和经费支持。

很多管理者把团建等同于聚餐，完全没有考虑过其他方式，这样的团建效果自然大打折扣；也有的管理者不知道什么样的团建频率比较合适，频率太低担心效果不好，频率太高又怕影响工作和生活。

通常情况下，平均每个季度组织一次团建就足够了。我个人建议每半年组织一次中等规模的团建（一天时间，户外活动和拓展训练等），每一年组织一次大型团建（四天，旅游等），其余安排小规模的团建（4 个小时，聚餐和体育活动等）就行了。

2. 团队培养

团队培养是指，通过各种手段提升团队成员的能力，让团队成员既能够更好地完成工作任务，也能够逐步晋升到更高的级别。

团队培养也是管理者的核心工作之一，但在实践中经常被忽视，因为团队培养的投入很明显，但产出却不明显。如果团队工作比较繁重，那么最先缩减的往往就是团队培养相关的事情。

常见的培养手段有以下 4 种：

（1）**定向自主学习**：管理者指定学习目标和计划，团队成员自主学习，到了计划的时间后进行检查。这种方式比较适合 P5/P6 成员的培养，比如 Team Leader 指定某几个团队成员在 3 个月内学习设计模式，然后让他们统一给团队做培训或分享。

（2）**培训**：根据团队需要安排相关培训，包括业务培训、技术培训、晋升培训等。这种方式适合大部分团队成员。

（3）**以战代练**：通过带着成员做事或者授权成员负责某个事项，让对方在做事的过程中边做边学，以战代练。这种方式适合培养团队核心人员，尤其是对于有晋升需求的骨干人员，应该优先安排其完成对晋升有帮助的工作任务。

（4）**技术交流**：提供一些技术交流的机会，让团队成员能够开拓技术视野，认识更多业界同行，提升自己的影响力，比如参加技术大会和技术交流会议等。这种方式适合培养团队核心人员，一般要求 P7+ 以上的级别。

3. 团队激励

团队激励是指，激发团队成员的潜能和战斗力，让团队更有激情和效率。

常见的激励手段包括发表一篇激情四射的演说、在失败的时候鼓舞团队、在成功的时候由衷地表扬团队、给团队成员颁发一些奖项等。

从中长期来看，最有效的激励手段还是带领团队获取结果和绩效。否则，没有结果的承诺就变成了"画大饼"，没有结果的鼓舞就变成了"大忽悠"，不但起不到激励作用，甚至可能还有反效果。

36.6　管理核心原则：要事优先

管理四象限的 12 类工作已经基本能够覆盖管理的方方面面。就算你之前对管理没有系统的概念，也可以依样画葫芦地进行团队管理。这些经验虽说不能保证让你成为一个优秀的管理者，但是能够让你做到八九不离十，在管理上不会出现很大的偏差。

这 12 类工作看起来很多，但并不是让你平均用力。你需要结合业务和团队的现状，判断什么时候什么事情更重要，优先处理当前重要的事情，**这是管理的核心原则：要事优先。**

正常来说，你应该在一个周期内（至少半年以上）只关注不超过 3 件的重要事情，这些事情都应该是你通过 OKR 方法基于业务目标拆解出来的，例如：

- 某个新业务团队刚成立的时候，团队构建是最重要的，团队建设就没那么关键了，因为此时人都没几个，当务之急是尽快把人招到。
- 当团队人员基本稳定后，团队培养就变得更加重要了，团队构建可能相比就没那么重要了。
- 对于一个刚经历挫折的团队，团队建设和团队激励可能就更加重要，而团队运作和培养就可以暂时缓一缓。
- 对于 P8/P9 级别的管理者来说，由于基本上负责了某条技术线，团队规划就显得特别重要；而对于 P6/P7 级别的管理者来说，核心还是带领团队完成任务，团队执行就比团队规划更加重要。

小结

下面回顾一下本章的重点内容：

（1）管理四象限的整体思路是，从管理的手段和范围进行拆解。手段有两类，管和理，范围有两个，人和事，它们组合就得到了管事、管人、理事和理人四个象限。

（2）管事包括团队规划、团队执行和团队汇报；管人包括团队构建、团队运作和团队考核；理事包括风险管理、问题处理和资源协调；理人包括团队建设、团队培养和团队激励。这几类工作已经涵盖了管理的方方面面。

（3）管理的核心原则是，要事优先，结合业务和团队等现状，判断什么时候什么事情更重要，优先处理当前重要的事情。

思考

如果你有带团队的经验，那么对照一下本章的内容，你觉得哪里做得还不够？如果你没有带团队的经验，那么可以看看你的 Team Leader 有哪些地方做得比较好，哪些地方做得不好。

> 发挥人的潜能，创造团队价值。

第 37 章　管理五模式：高手常用的管理模式有哪些

第 36 章介绍了管理四象限，明确了管理的工作范畴，熟悉了各项工作的关键点。但在具体开展工作的时候，往往并不是管理者一个人规划好各项工作内容，然后交给团队去执行就可以了。原因有三点：

第一，**每个人的精力都是有限的**。如果你什么事情都自己一肩挑，那么时间和精力上会顾不过来。

第二，**没有人是全知全能的**。就算你精力旺盛，也会遇到不擅长的事情。比如我就对吃喝玩乐不怎么在行，所以组织团队建设活动的能力就比较差。

第三，**团队成员的认可度和积极性也很重要**。就算你什么都能规划好，但具体工作还是要交给团队成员来执行的，如果你的想法不能得到充分理解和积极响应，大家暗地里抵制其实也很容易。

所以，对于管理四象限涵盖的管理任务，管理者需要发挥团队成员的力量，调动他们的积极性，这样能够达到更好的管理效果。

37.1　管理模式

具体怎么做呢？经过不断的学习摸索和长期的工作实践，我认为可以根据**管理者是否参与、团队如何讨论及如何决策** 3 个维度，划分出 6 种不同的**管理模式**(或者叫管理风格)。

第一种是**独裁式**。

管理者直接**指定**下属或团队的具体工作，包括做什么事、如何做、什么时候做和输出什么结果等，全都一一明确，团队成员不能提出不同意见和方案。

用一句话总结就是："我来决定，你来执行。"

第二种是**民主式**。

管理者组织团队成员针对某项工作进行讨论，然后和团队成员一起选出最终的方案。管理者的意见并不是优先级最高的，团队通常采用**集体投票**的方式来做决策。

用一句话总结就是："我们讨论，我们决定。"

第三种是**专家式**。

管理者作为某方面的专家，组织团队成员针对某项工作进行讨论，并由团队成员来做决策，选出最终的方案；管理者不参与决策，只是在讨论的过程中提供**专业指导**。

用一句话总结就是："我们讨论，你们决定。"

第四种是**教练式**。

管理者作为某方面的专家，组织团队成员针对某项工作进行讨论，然后自己做决策，选出最终的方案；团队成员不参与决策。有点类似于 NBA 球队安排战术的时候，球员可以参与讨论，但最终拍板的是教练。

用一句话总结就是："我们讨论，我来决定。"

第五种是**授权式**。

管理者把某项工作全权授权给指定人员，由被授权者来做决策，管理者在任务执行过程中的关键节点进行监督，防止出现较大偏差。

用一句话总结就是："你来决定，我来监督"。

第六种是**"放羊"式**。

管理者把某项工作交给指定人员，然后就不管了，等到最终结果出来的时候可能会去了解一下。

用一句话总结就是："你去做，我不管。"

上述几种管理模式如下表所示。

管理模式	管理者是否参与	如何讨论	如何决策	一句话描述（管理者视角）
独裁式	是	不讨论	管理者决策，团队成员不参与决策	我来决定，你来执行
民主式	是	团队一起讨论	管理者与团队成员一起决策	我们讨论，我们决定
专家式	是	团队一起讨论	团队成员决策，管理者不参与决策	我们讨论，你们决定
教练式	是	团队一起讨论	管理者决策，团队成员不参与决策	我们讨论，我来决定
授权式	否	被授权者可以采取前 4 种模式	被授权者可以采取前 4 种模式	你来决定，我来监督
"放羊"式	否	被"放羊"者可以采取前 4 种模式	被"放羊"者可以采取前 4 种模式	你去做，我不管

37.2 管理模式对比

对于这 6 种管理模式，如果单纯从名字来看，可能很多人不喜欢独裁式和"放羊"式，然后感觉剩下的 4 种模式都差不多，不知道应该用哪种。

也有些人会偏爱其中一种，不管什么情况都只用这一种，比如民主式就是很多人都喜欢的，毕竟团队一起讨论一起决策，感觉氛围会很好。

其实，结合不同的场景来采取不同的模式，我们才能达到最好的管理效果。这几种管理模式的管理效率、团队积极性、团队成长和适用场景等特点如下表所示。

管理模式	管理效率	团队积极性	团队成长	适应场景
独裁式	最高，令行禁止，无须讨论	低，团队成员感觉不受尊重，也没有真正理解决策的意义和原因	低，团队成员的创新性被压制，只是机械地完成任务	紧急场景例如公司严重亏损、团队严重事故、人员短期内大量流失等

管理模式	管理效率	团队积极性	团队成长	适应场景
民主式	低，不同意见的讨论和碰撞会耗费大量时间，甚至会出现争执不下的情况	高，团队成员积极参与，最终的决策是大家都认可的	高，有利于集思广益，激发团队成员的创新和创意，讨论过程中可以互相学习	不紧急，但和团队成员戚戚相关的事项例如团队建设的活动方案，团队运作的机制流程等
专家式	中，管理者的专业意见会在很大程度上提升团队成员的讨论和决策的效率	高，和民主式类似	高，除了和民主式相同的点，管理者的专家知识对团队成员来说也是一个很好的学习输入	领域相关的专业工作例如设计方案讨论，非紧急的问题处理，风险管理等
教练式	高，讨论的过程更多的是收集信息给管理者参考，讨论不会像民主式和专家式那样耗费时间	中，团队成员都发表了自己的意见，但最终的决策可能并不是大家都认可的	高，和专家式类似。虽然是管理者做决策，但管理者会把决策的理由向团队成员解释清楚，这些理由都是宝贵的专家知识和判断	领域相关的专业工作例如设计方案讨论、问题处理、风险管理、团队构建等
授权式	高，管理者只需要指定责任人	高，被授权人得到了很大的肯定	中，管理者会在关键节点进行监督和指导	培养核心人员
"放羊"式	高，管理者只需要指定责任人	低，通常情况下会安排一些无关紧要的工作，被"放羊"的员工感受不到管理者的重视	低，管理者没有进行监督和指导，工作本身一般也没有什么挑战	任何场景都不推荐

37.3 注意事项

接下来强调一下每种管理模式的注意事项。

1. 独裁式

独裁式管理要求管理者有丰富的经验和强大的影响力，如果只靠权力来压制，则很可能会引火烧身。

很多空降的管理者带着以前的经验和视角来到新团队，觉得新团队什么地方都看不顺眼，流程制度不合理、人员水平不高、团队战斗力低下等，再加上急于树立自己在管理上的权威，所以很喜欢搞"新官上任三把火"，不自觉地采取了独裁式管理。

他们自以为展现了能力，实际上把团队搞得一团糟，要么团队人员大量流失；要么自己挖坑把自己给陷进去了，一段时间后自己成了众矢之的。

所以，新晋管理者和空降管理者一定要克制想要"大干一场"的冲动，对于独裁式管理一定要谨慎。一般来说，只有当你对团队的实际情况很清楚，团队成员对你也很认可，并且遇到紧急情况的时候，才可以采用独裁式管理。

2. 民主式

民主式管理需要特别注意一个"坑"，那就是"假民主，真独裁"。

很多时候，表面上大家都说了意见，但实际上只要管理者说出了自己的意见，很多成员就开始跟着附和，结果导致既浪费了时间，又没有起到让团队成员畅所欲言、集思广益的效果。

如果你想采用民主式管理，那么需要掌握的第一个技巧就是，要么不说自己的意见，要么等到**最后才说**，先让团队成员说。

当然，就算你最后说，还是可能出现团队成员都附和你的情况，就算有人有不同意见，也不太敢说。所以你可能还需要用到第二个技巧，那就是**匿名投票**，而不要现场举手表决。

3. 专家式和教练式

专家式和教练式这两种管理模式对管理者的专业能力要求很高。

对于 P7+/P8 这个级别，带领**纵向团队**（支撑同一业务的不同技术领域的团队，比如某个开发团队包含客户端、前端、后端和测试等不同领域）的时候，如果不是自己熟知的领域，就不要假装内行，而应该找对应领域真正得到认可的"专家"和"教练"寻求帮助。

千万不要越俎代庖，以为自己真的什么都懂，给出各种并不专业的意见，甚至出现意见冲突的时候还"据理力争"，这样不但会让团队成员的积极性受到打击，还会让他们觉得你"瞎指挥"。

4. 授权式

授权式管理需要特别注意一点，不要在无意中把授权式变成了"放羊"式。

你可能非常认可被授权者的能力，觉得"他办事我放心"，把事情交给他就不管不问了，即使出了问题，你也认为自己已经完全授权了，所以不用承担什么责任。这是错误的！

正确的做法是，定期进行监督，可以让被授权者按照 PDCA 的方式来执行，在关键时间节点和里程碑的时候进行汇报。

5. "放羊"式

"放羊"式管理是我反对的一种模式，只是为了和授权式管理对比，所以才列出来。

有些管理者会对准备淘汰的团队成员采用这种管理模式，但这样做对团队和员工个人都不好。如果你想淘汰一个人，那么不要通过"磨"的方式把人"磨"走，而是应该做好沟通。沟通的时候，最好也不要否定对方的人品和能力，而是可以从"适应性"方面来沟通，比如"你的性格和做事方法不太适合当前团队""你的技术水平已经无法满足业务发展的需求"等。

独裁式、民主式、专家式、教练式、授权式，这就是我推荐的 5 种管理模式，你可以根据实际情况选择合适的模式来管理团队，如下图所示。

37.4　管理模式应用指南

1. 保底手段

对于新晋管理者来说，如果暂时还不能灵活地运用这 5 种管理模式，那么至少可以采取一个保底的手段：**民主式管理**。

民主式虽然效率低，但绝大部分情况下不会出现大问题。就算面对紧急情况，让整个团队一起制定应对措施，也能够集思广益，想得周全一些。

2. 管理者是第一责任人

另外，管理者需要时刻记住一点：无论采取什么管理模式，最终结果的第一责任人始终都是你自己。

不要以为自己没有参与决策，结果的好坏就和自己无关。对于管理者来说，不直接参与决策也是一种决策，你始终都是要承担责任的。

小结

下面回顾一下本章的重点内容：

（1）管理模式可以根据管理效率、团队积极性、团队成长和适用场景等特点分为 6 种，其中"放羊"式是不推荐的；其余 5 种分别是独裁式、民主式、专家式、教练式和授权式，你可以根据实际情况来选择合适的模式。

（2）如果新晋管理者不能灵活运用各种管理模式，那么至少可以采取民主式管理作为保底手段。

（3）无论采取什么管理模式，最终结果的第一责任人始终都是管理者自己。

思考

你的领导采用了哪些管理模式，分别对应什么场景，你觉得效果怎么样呢？

> 不直接参与决策也是一种决策。

番 外 篇

一、晋升等级：不同的职级体系如何对标

如今跳槽已经成为职场常态，很多人通过跳槽来实现职级的提升和工资的大幅增长。但是，你在跳槽到另一家公司的时候，很可能在评级阶段面临左右为难的尴尬。

如果你的预期过高，而新公司认为你没有达到相应的等级，那么你可能会错失一个很好的工作机会；如果你要求的级别太低，那么在谈薪酬股票的时候又会比较吃亏。

这是因为不同的公司采用的职级体系往往是不同的。你平时要是不关注其他公司的职级体系，那么在能力对标的时候，就无法准确地评估自己的能力级别和市场行情。

所以，你需要形成合理的自我级别认知，对各个公司的级别对应关系有一个比较明确的了解。

为了让你能够清晰地了解公司之间的级别对应关系，下面挑选了几家最具代表性和最有影响力的大公司作为例子，分析它们的职业等级信息，让你在面试评级时心里有底，能够自信地向 HR 和面试官提出自己的要求。

Tips：

P=Profession，意为"专业线"，涵盖研发、测试、运维、产品、运营、法务、财务、公关等所有专业岗位。

T=Technic，意为"技术线"，涵盖研发、测试、运维等技术岗位，范围没有 P 那么广。

M=Management，意为"管理线"，不会区分具体的岗位，一般只有高级别才专注管理线晋升。

对比原则

刚才提到，不同的公司职级体系不同，有的是跨越式职级，有的是阶梯式职级。即使两个公司的职级体系类似，在级别设计、岗位名称上也会有很多区别，并没有通用的规范来一一对应。所以，我们需要明确一条通用的标尺，来衡量不同公司的两个岗位是否能够对等。这个衡量标准就是**"年度总收入"**，简单来说，**年度总收入相近的岗位基本可以认为是对等的岗位**。

总收入包括薪资、奖金和股票期权等部分，你可以通过以下渠道去了解：

（1）面试的时候找 HR 详细了解。

（2）与 BAT 或 TMD 的同事/朋友交流。

（3）找猎头交流。

因此，你在跳槽的时候首先要明确面试定级到底是什么，尤其是跨越式职级体系。因为它除了有明确的级别，还可能有隐藏的细分等级，比如 P6 可能还分 P6-、P6 和 P6+。另外，你也要根据谈的薪资来大概推断一下定级是否合理，这样就避免因为过高的薪资期望而错失机会，也不会因为只看级别而损失一些本来可以得到的回报。

阿里：职级硬通货

从目前整个行业的认可度来看，阿里的层级可以称得上是行业"硬通货"，所以先从阿里说起，再将其他公司与它进行对比。

阿里采用的是跨越式职级，相邻级别之间的跨度很大，目前技术人员基本上都是从 P5 开始定级的。你可能在网上还看到过 P1~P4 的等级，但这几个级别主要是给一些初级职能岗或者外包定级用的。

下面从 P5 开始，逐一介绍各个级别的特点。

P5 是应届生定级起点，包括本科和研究生，以及工作 2 年内社招高潜人才。

P6 是开发主力，能够独立承担业务需求的开发任务。优秀的 P6 可能还会带 3~5 个人。

P7 是团队核心，要么作为 Team Leader 带人，要么作为初级架构师负责子系统的设计开发。

P7 有点像王者荣耀的"永恒钻石"段位，很多人到了这个级别就很难再晋升了。它虽然对应的管理级别是**经理**，但通常情况带的人在 10 个以内，与很多其他公司的经理相比，团队规模要小得多。所以，P7 实际上就是一线的主管而已。

P8 是**部门核心**，基本都是带团队的，需要负责一块完整的业务。这里的业务规模可以理解为创业公司的一个初创业务的规模，所以 P8 去创业公司基本就是 CTO 了。

P9 是**业务核心**或者**行业专家**，基本算是打工者的巅峰了，比如著名的安全大神云舒，在阿里时是 P9。各路业界专家、科研"大牛"进阿里基本都是从 P9 开始定级的，比如网上出名的王垠，他受邀加入阿里时，面试的岗位也是 P9 级别。

P10 是**业界"大牛"**，从这个级别开始，我已经不太能够用普通的语言来定义了。

如果说 P9 是"最强王者"，那么 P10 就是"荣耀王者"了。现在科大讯飞的副总裁刘鹏，当初拿阿里 offer 时给了 P10；Facebook（Meta）的 HipHop 项目负责人赵海平加入阿里的时候，级别也是 P10。

P11 是**业界领军人物、科学家**。

这个级别既需要天才，还要有运气。比较有名的 P11，有江湖人称"道哥"的吴翰清，他是阿里首席安全科学家、阿里云安全负责人；还有阿里合伙人多隆，他是淘宝的第一代程序员，号称淘宝的"扫地僧"。如果还要拿游戏来类比，我愿意称他们是"国服最强"。

这些级别的信息如下表所示。

阿里级别	级别名称	管理级别	级别名称	职位要求
P5	工程师	NA	NA	（1）应届毕业生（含本科和研究生） （2）毕业 2 年内社招
P6	高级工程师	M1	主管	（1）本科工作 2~5 年 （2）研究生工作 0~3 年
P7	技术专家	M2	经理	（1）本科工作 4~8 年 （2）研究生工作 3~6 年
P8	高级技术专家	M3	高级经理	（1）本科工作 7 年以上 （2）研究生工作 5 年以上
P9	资深技术专家	M4	总监	无年限要求，业界专家

续表

阿里级别	级别名称	管理级别	级别名称	职位要求
P10	研究员	M5	资深总监	无年限要求，业界"大牛"
P11	高级研究员	M6	副总裁	无年限要求，业界领军人物

关于阿里的跨越式职级，我还想补充几点：

（1）像工作年限这些信息，都是针对大部分人的情况来说的，**不是绝对的标准**。比如阿里 P6，我说"需要工作 2~5 年"，是因为大多数人工作 2~5 年可以达到这个级别，但可能有些厉害的人，工作 5 年就达到 P8 了。

（2）岗位要求是我根据个人经验做的总结，**不代表公司的详细要求**。实际面试之前，你还是得对照职位描述（JD，Job Description）进行自我评估。

（3）低于阿里 P5 的级别，我没有做说明和比较，因为现在已经基本不会再定这个级别了。

（4）超过阿里 P11 的级别，我也没有做说明和比较，因为我对这部分内容并没有什么认知。

腾讯：天梯式职级

有了阿里的职级体系作为基础，我们理解其他公司的职级就轻松多了。

腾讯在 2019 年进行了职级的升级，不过现在很多技术人员还是更熟悉腾讯以前职级体系。为了方便理解和交流，我把腾讯新、旧职级体系放在一起与阿里进行对比。它们之间的对应关系如下表所示。

腾讯（旧）	职级名称	腾讯（新）	职级名称	对应阿里级别
T2.1	工程师	6	6 级工程师	P5
T2.2		7	7 级工程师	P5/P6
T2.3		8	8 级工程师	P6
T3.1	高级工程师	9	9 级工程师	P6/P7
T3.2		10	10 级工程师	P7
T3.3		11	11 级工程师	P8

结表

腾讯（旧）	职级名称	腾讯（新）	职级名称	对应阿里级别
T4.1	专家工程师	12	12 级工程师	P9
T4.2		13	13 级工程师	P9
T4.3		14	14 级工程师	P9/P10
T5.1	资深专家工程师	15	15 级工程师	P10/P11
T5.2				

腾讯内部每年会有两次整体评估，如果评估合格，就可晋升一个职位等级。在旧的体系中，腾讯大部分员工处于 T2.3～T3.2 区间，这个区间基本上对应了阿里的 P6～P7 区间。

腾讯的晋升标准主要有两部分：

（1）**硬性指标**，也就是工作年限、考核成绩和是否有重大贡献等。

（2）**答辩**，也就是专业通道面试。

在腾讯，T3（新的 9 级）是一个门槛。因为通常公司从 T2.3（新的 8 级）开始会严格要求硬性指标，并且安排严格的晋升面试。

百度：此总监非彼总监

百度的级别采用的也是跨越式职级体系，级别数字刚好比阿里小一，所以很方便对比。它们之间的对应关系如下表所示。

百度级别	级别名称（百度的名称，与阿里略有区别）	对应阿里级别
T4	高级工程师	P5
T5	资深工程师	P6
T6	技术专家	P7
T7	高级专家	P8
T8	资深专家	P9
T9	研究员	P10
T10	技术总监	P11

和阿里类似，百度的大部分工程师处于 T5～T6 这个区间。应届生毕业进去会给 T2 或 T3，根据学历和面试表现来定级，低级别阶段一般都能 1 年 1 升；从 T4 开始，晋升的时候需要答辩；从 T5 开始，晋升就越来越难了。

需要注意的是，这两套体系里的"**总监**"的差异还是挺大的。阿里 P9 对应的管理级别叫"总监"，而百度的"技术总监"是 T10，相当于阿里 P11 的高级研究员，对应到阿里的管理序列是"副总裁"。

简单地说，百度的总监其实级别要比阿里高不少，如下表所示。

百度		阿里			
T8	资深专家	P9	资深技术专家	M4	**总监**
T9	研究员	P10	研究员	M5	资深总监
T10	技术总监	P11	高级研究员	M6	副总裁

头条：升级就像"升官"

了解完老牌的大厂，我们再把目光转向互联网新贵。其中影响最大的，应该就是字节跳动了，为了交流方便，我们还是叫它"头条"吧。头条的级别跟阿里的对应关系如下表所示。

头条级别	级别名称	对应阿里级别
1-1	初级工程师	P5
1-2	中级工程师	
2-1	资深研发	P6
2-2		P7
3-1	Team 领导层	P7/P8
3-2		P8/P9
4-1	部门领导层	P9/P10
4-2		P11

如果只看级别数字编号，那么头条的职级体系似乎是阶梯式的。但从实际的级别差异来看，它本质上还是跨越式的。比如头条的 2-1 和 2-2，实际上对标的是阿里 P6 和 P7，差

别很大。

头条的职级体系还有一个特点是，级别命名比较有特色。3-1 以前是按照**专业线**来命名的，比如"初级工程师"。从 3-1 开始，就变成了按照**管理线**来命名了，例如"Team 领导层"。

而且，这里的"Team"和"部门"覆盖的范围很大。比如头条的 3-2 相当于阿里的 P9，在阿里对应的管理岗位是总监，这个级别管理的范围已经远远不是我们通常所说的"Team"这个范围了。因为我们说的一个 Team，一般是 10 个人以内的小团队。

这种命名方式偏向于从**职责范围**来描述能力，而不是从**专业程度**，在业界也算比较特殊的一类。

滴滴：大家都是工程师

至于另一家移动互联网时代崛起的大厂滴滴，它的职级体系与阿里几乎是完美对应的，具体如下表所示。

滴滴级别	级别名称	对应阿里的级别
D5	工程师	P5
D6	高级工程师	P6
D7	资深工程师	P7
D8	专家工程师	P8
D9	高级专家工程师	P9
D10	首席工程师	P10
D11	杰出工程师	P11

虽然滴滴的级别和阿里一一对应，但它的命名辨识度没有阿里那么高。

首先，滴滴所有级别都叫"工程师"，不像阿里，还会用"工程师""专家""研究员"这样的名字以示区分。

其次，滴滴的命名也很有迷惑性，你很难通过名字判断等级高低。比如"专家"和"资深"，并不能很好地区分，"首席"和"杰出"更是难分高下。很多人第一次听到时都会被误导，我一开始也以为"首席"是最厉害的，没想到"平平无奇"的杰出工程师比首席还厉害。

小结

本节以阿里的职级体系为标杆，对比了几个知名公司的职级体系，以及与阿里职级的对应关系，希望能够帮助你更好地评估自己在行业中大概的水平和位置。

这几家公司的职级对应关系如下表所示。

阿里	腾讯（旧）	腾讯（新）	百度	头条	滴滴
P5	T2.1/T2.2	6 级/7 级	T4	1-1/1-2	D5
P6	T2.2/T2.3/T3.1	7 级/8 级/9 级	T5	2-1	D6
P7	T3.1/T3.2	9 级/10 级	T6	2-2/3-1	D7
P8	T3.3	11 级	T7	3-1/3-2	D8
P9	T4.1/T4.2	12 级/13 级/14 级	T8	3-2/4-1	D9
P10	T4.3/T5.1	14 级/15 级	T9	4-1	D10

需要注意的是，这个对应关系只是根据级别本身的要求和薪酬来对标的，并不是说实际面试的结果一定遵循这个对应关系。因为决定面试结果的原因，还有你的临场发挥、面试官本身的水平等多种因素。这也是很多人说的"要多面试几家"的原因之一，因为只有综合多次面试结果，才可以更准确地评估自己的水平。

另外，美团的职级体系还没有详细的参考资料，所以暂时没有加入对比。如果你有需要，则可以在了解详细信息之后，按照本书介绍的对比原则自己做一个对比。

思考

在你曾经的面试经历中，是否有面试定级与自己心理预期差别较大的情况（超出和低于预期都可以），你觉得可能的原因是什么？

 级别对标的时候，不要被数字和名称迷惑，总收入才是硬标准。

二、提名词：如何夸自己才最加分

整个晋升流程从开始到最终结束，持续的时间可能长达 3 个月，很多环节是需要你和主管参与的。其中最关键的步骤当然是评审阶段的晋升答辩过程，但并不意味着其他环节可以随便应付一下，因为任何环节的事情做得更漂亮一些，都可能增加晋升成功的机会。

对于很多人来说，自己专业上的工作可能得心应手，但是一遇到写材料的时候就头大，不知道怎样做才好。

晋升流程的第一份重要材料就是提名词了。下面分享一下提名词的写作技巧，带你了解一下如何夸自己才最加分。

提名词的易错点

在提名阶段，你需要提交一份提名词（也叫推荐语），通过 200～300 字概要地介绍自己的能力。这份材料对提炼和概括能力有比较高的要求，通常由主管来写，也可以由你自己写，然后交由主管审核。

很多人在写提名词的时候都会犯以下 4 点错误。

第一，**罗列事项**，将自己做的项目一个个流水账式地列出来，以为列得越多越好，比如"2019 年 3 月负责 A 项目架构设计，2019 年 4 月负责 B 业务开发，2019 年 7 月负责 C 版本开发。"

第二，**写得太虚**，没有案例和项目说明，比如"具备优良的系统设计能力，对××业务非常熟悉，具备非常丰富的分布式经验。"

第三，**没有条理**，所有的内容都挤在一段话里面，不能明显地看出有哪几个关键点，需要看材料的人费力去找。

第四，**画蛇添足**，写一些与目标级别几乎没有关联的内容。如果一个申请晋升 P8 的人写"负责组织了团队的年度活动"，这是完全不合适的，如果想体现组织管理能力，那么至少也要写"负责部门 TOP3 战役中的 YY 战役"之类的。

提名词的三大写作要点

那么，提名词到底应该如何写呢？我根据多年的经验，总结了三大要点。

第一，**提炼重点**，抽象出 3~5 个和晋升强相关的关键能力点。

比如你是 Java 后台开发，想要晋升 P7，关键能力点就包括 Java 相关的能力、数据库的设计能力和业务理解能力。相应地，提名词也应该围绕这些能力点来展开，不一定所有的点都面面俱到，但最关键的几个是必不可少的。

第二，**虚实结合**，提炼出关键能力后，必须要给出 1~2 个案例证明。

比如能力概括写的是"具备优秀的并发设计能力"，那么接下来就应该写"负责设计 618×× 活动，线上峰值 TPS 30K，单机 TPS 5K"。案例尽量用数据证明，这里的数据既可以是业务数据和系统数据，也可以是团队规模的数据；如果实在不能用数据证明，那么也要描述事项的关键点，比如"从 0 到 1 搭建系统"或者"负责 ×× 系统演进的架构设计，完成 ×× 系统从 1.0 到 2.0 的升级"之类的。

第三，**条理分明**，通过排版让成果与亮点一目了然，不要让管理者费劲去找。

很多人在写材料的时候不喜欢换行，所有的内容挤在一起。这样就算内容写得再好，效果也大打折扣，因为这些材料一般都是通过表格汇总，放在一起来看的。对于一个 P8/P9 的管理者来说，他不是专门看某一个人的材料，而是在列表中同时看几十个人的材料，所以绝大部分都是扫读，不会逐字逐句去看。

如果你的排版有问题，管理者看完也不一定能找到重点，或者他理解的重点与你想展示的完全不一样，那么提名词的推荐效果就会大打折扣。

提名词修改案例

下面列举一个提名词的反面教材的例子，你能分析出它的问题，并提出相应的修改建议吗？

小明同学具备优秀的设计能力，承担过多个关键业务的设计和开发，是团队的核心骨干，熟练掌握 Java/Redis/MySQL 等系统，具备高并发系统设计经验，担任了多个关键项目的负责人。

这一份提名词的核心问题就是写得太虚，罗列了能力项，但没有给出案例说明；并且是一口气写完的，没有排版，显得缺乏条理，评委无法一目了然地看出有几个关键能力项。

下面是我根据三大写作要点的要求修改之后的版本。

小明同学具备优秀的设计能力，承担过多个关键业务的设计和开发工作，是团队的核心骨干，他的能力具体体现在以下三个方面：

（1）优秀的设计能力：熟练掌握 Java/Redis/MySQL 等系统，具备高并发系统设计经验，其 2019 年设计的 618 活动系统，线上峰值流量达到 TPS 20K。

（2）熟练掌握业务：对业务很熟悉，负责 A 项目/B 项目/C 项目的需求分析、方案设计、代码实现，项目上线后运行稳定。

（3）团队核心：能够担任关键任务的负责人，是 2019 年业务"双 11"的保障负责人，整个"双 11"活动流量峰值增长 10 倍，系统表现平稳，没有任何问题。

你可以与之前的版本对比一下，效果是不是好多了呢？

小结

写提名词的时候要记住下面三大写作要点：

（1）提炼重点，抽象出 3~5 个和晋升强相关的关键能力点。

（2）虚实结合，提炼出关键能力后，必须要给出 1~2 个案例证明。

（3）条理分明，通过排版让成果与亮点一目了然，不要让管理者费劲去找。

思考

请你对照自己将要晋升的级别，尝试给自己写一下提名词。

学会展现你的亮点，而不要等着别人来挖掘。

三、10000 小时定律：成为"大牛"的秘密是什么

之前介绍了我自己总结的一套系统的学习方法，而这套方法的指导原则就是 10000 小时定律。

那么这个理论是谁提出来的呢？它有用吗？要如何用？用它的时候要注意些什么？下面探寻 10000 小时定律的来龙去脉，尝试破解成为"大牛"的秘密。

10000 小时定律的发展史

在 10000 小时定律的发展过程中，一共有 3 个不得不提的关键人物，他们分别是本杰明·布鲁姆（Benjamin Bloom）教授，安德斯·艾利克森（Anders Ericsson）教授和作家马尔科姆·格拉德威尔（Malcolm Gladwell）。

布鲁姆：长期大量的练习

布鲁姆是美国知名的教育心理学家，芝加哥大学的教授，在"教育目标分类""精通学习"两个领域做出了很多贡献。

1985 年，他出版了一本书《如何培养天才》（*Developing Talent in Young People*），专门介绍如何从青少年群体中发现天才。

他研究了来自多个职业领域的 120 个成功人士的童年，包括音乐会上演奏的钢琴家、精湛的雕刻师、奥运会游泳运动员、世界级的网球运动员、杰出的数学家、杰出的神经学家等，涵盖了科学、艺术、体育、医学和工程等多个领域，想确认到底有没有"预测孩子未来成就的指标"（比如最广为人知的"智商"）。

但是研究结论却推翻了这个想法，不存在这样普遍适用的指标，智商和孩子将来的成就**没有直接关系**。

既然如此，那些成功人士又是靠什么获得成就的呢？难道是完全随机的吗？也不是。研究发现，对于大多数成功人士来说，最重要的因素是**家人的鼎力支持、长期大量的练习和专业老师的指导**。

但是对于"长期大量的练习"这个因素，布鲁姆没有明确研究出"长期"到底有多长，

也没有提出"10000 小时定律"。

艾利克森：10000 小时练习时间

布鲁姆虽然没有研究出量化"长期"的方法，但他的研究打开了一扇通往新领域的大门。于是很多学者开始跟进，其中美国佛罗里达州立大学的心理学教授艾利克森就发现了**"10000 小时练习时间"**这个现象。

艾利克森对柏林音乐学院的学生进行了研究。他让音乐教授根据潜力将小提琴学生分成三组，依次是顶尖小提琴家（Best）、优秀小提琴家（Good）和音乐教师（Teachers），然后详细分析这三组学生之间水平差异的原因。结果他发现，只有**练习时间**这个因素是区分不同组的关键指标，顶尖小提琴家的练习时间比音乐教师多 3 倍。

后来，他又研究了中年专业小提琴演奏家（Professionals）年轻时的练习时间，同样发现了练习时间这个关键因素。

为了进一步证实结论，艾利克森又对钢琴演奏家进行了研究。这次他挑选了专业演奏家（Experts）和业余爱好者（Amateurs）进行对比，结果发现专业演奏家的练习时间是业务爱好者的 10 倍。

在这两组研究中，他都发现了 10000 小时这个数据，如下图所示。

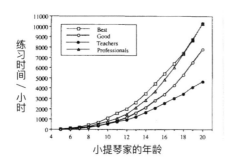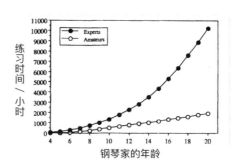

1993 年，艾利克森把研究成果整理成了论文"*The Role of Deliberate Practice in the Acquisition of Expert Performance*"发表。这篇论文不但描述了详细的研究细节，还介绍了各种与成功有关的研究和它们的分析框架。

但是，他也没有提出"10000 小时定律"。

格拉德威尔：10000 小时定律

后来，加拿大作家格拉德威尔根据艾利克森的论文结论，提炼出了"10000 小时定律"，也就是说，**要想成功就必须要有 10000 小时的投入**。

他分析了很多成功案例来证明"10000 小时定律"的普适性，比如甲壳虫乐队走红前在德国汉堡的酒吧中演出超过 10000 个小时，Sun 公司创始人比尔·乔伊的编程时间超过 10000 小时，微软公司创始人比尔·盖茨的编程时间也超过 10000 小时，音乐神童莫扎特真正成才前的作曲时间超过 10000 小时，等等。

2008 年，格拉德威尔把他的观点写进了新书《异类：不一样的成功启示录》（*Outliers: The Story of Success*，以下简称《异类》）。这本书上架以后，雄踞《纽约时报》排行榜榜首 20 个星期，半年时间北美销售量超过了 100 万册，从此"10000 小时定律"广为人知。

布鲁姆

奠基者，发现长期大量的练习是成功最重要的因素之一。

艾利克森

推动者，发现10000小时练习时间是成功的关键指标。

格拉德威尔

总结、传播者，提炼出了10000小时定律，要想成功就必须要有10000小时的投入。

10000 小时定律剖析

因为在《异类》中，格拉德威尔只用了一章的篇幅来阐述 10000 小时定律，并不能涵盖艾利克森论文的完整内容，所以也引起了一些争议。

批评者的主要观点是，10000 小时定律过于简化了"如何才能成功"这个问题，会给人造成误导。

事实上，无论是格拉德威尔还是艾利克森，都没有说过"只要练习 10000 小时就一定可以成功"。格拉德威尔的《异类》中也探讨了很多和成功相关的因素，包括环境、文化和时机等；艾利克森在论文中也分析了家庭和个人等因素对成功的影响。

所以，我们不必纠结 10000 小时定律到底是否全面。合理的做法是，把 10000 小时定律理解为成功的**必要条件**，而不是**充分条件**。换句话说，没有 10000 小时的投入，很难成为专家，但有 10000 小时投入，也不一定能成为专家！

要想通过 10000 小时的练习成为专家，还有几个关键的因素也不能忽略。美国作家丹尼尔·科伊尔的《一万小时天才理论》一书就做了很好的总结：**精深练习、激情、伯乐三个因素是 10000 小时定律的关键**。

（1）**精深练习**：你需要设定努力的目标，然后挑战自己的能力极限，不断地重复练习更高要求的技能才能提升自己。写 10000 小时 "Hello World" 不会让你成为编程高手，唱 10000 小时《两只老虎》也不会让你成为周杰伦。

（2）**激情**：10 年 10000 小时的持续投入并不是小菜一碟，而是一项非常大的挑战，靠外力的强制或者自我意志力来强迫达成是不可能的，必须要有个人的激情作为持续投入的动力。所以你自己要喜欢这件事情，能够从中感受到快乐和满足。

（3）**伯乐**：每个领域都有大量的经验教训积累，单纯靠学员去试错来找到所有经验和教训是不可能的，需要有伯乐对学员进行观察，然后指出需要改正的地方和练习的方法，这样学员才能够快速提升。

《一万小时天才理论》整理了一个完整的理论图示，非常具有参考意义，如下图所示。

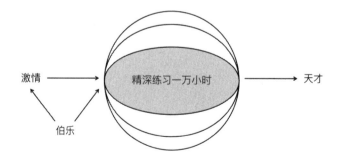

从这张图里我们很容易看出来，单纯练习 10000 小时是不够的，还需要个人的激情作

为动力，以及优秀的伯乐进行指导。这也就回应了人们对于"10000 小时定律"的批评。

互联网技术领域如何落地

不过，刚才我们提到的研究主要集中在音乐（小提琴、钢琴）和体育（足球、网球）等传统领域。在互联网时代，尤其是现在的移动互联网时代，10000 小时定律的应用可能还会面临一些新的问题。

1. 没有伯乐怎么办

传统领域的发展都有 100 年以上的历史，训练体系非常成熟，有很多优秀的专业教练能够对你进行指导。相比之下，互联网行业发展的历史就很短了，也不存在成熟的训练体系，更没有专业的教练能够像小提琴、网球那样进行一对一的指导和训练。

所以为了保证 10000 小时投入的效果，我们需要一些变通的方法。

第一种方法是在团队内部找导师，不一定是主管，同事中的高手也可以。在代码 Review、设计评审和方案讨论的时候，拉上导师一起参与，给你提建议。

第二种方法是看书和学习线上课程。图书与课程都是作者对知识和技能的一次梳理与整合，对经验和教训的一次总结和传承，所以购买一本书或者一门课就相当于请了一个教练，虽然它不能提供实时和具体的指导，但我们可以通过它详细地了解一个领域。

第三种方法是参加行业会议。行业会议会邀请行业内的专家进行分享，每个分享主题也都是很有价值的经验总结，对你的提升具有指导意义。

第四种方法是参加线下的训练营。现在有一些机构开始尝试线下的训练营模式，邀请行业内的优秀人才作为导师，针对某个主题，集中进行一段时间的强化训练来提升学员的能力。训练营的模式和运动员教练很类似，能够实时地对学员进行指导，效果是最好的，但时间成本和资金成本也是最高的。

2. 技术变化太快怎么办

与传统领域相比，互联网行业的技术更新换代要快得多，比如最近 10 年影响比较大的新技术就有大数据、App 开发、微服务、容器化和人工智能等；而且各个细分领域的技术变化也很多，典型的就是前端开发，包括 jQuery、HTML5、Node.js 和 Vue/React/Angular 等。

技术的快速变化确实会导致之前的一部分技术积累在新的环境下失去了原有的作用，比如现在我们很少用 Flash 来做开发了，但这并不意味着我们之前在领域的积累完全归零。

首先，**很多基础的技术是不会频繁变化的**，比如操作系统、数据库、浏览器、网络等。比如虽然 iOS 和 Android 开发是最近十几年才兴起的，但它们的基础仍然是操作系统、计算机网络和编程语言这些"老"技术。

其次，**新技术往往是在老的技术基础上进化出来的**，它们的目的是更好地解决老技术的问题。比如 jQuery 是为了解决 JavaScript DOM 编程太复杂的问题而设计出来的，Vue/React/Angular 等前端框架又是为了解决大型项目中使用 jQuery 所导致的难以维护和协同的问题而设计出来的。

所以技术的变化不但不会让我们之前的积累失去价值，反而还会让我们之前的积累更有价值。绝大部分新技术的出现，都是业界顶尖的公司或者专家，结合他们以往的经验，再发挥他们天才的灵感才创造出来的。如果没有足够的经验积累，也就无法推陈出新。

20 小时学习法

10000 小时定律关注的是**如何成为顶尖的领域专家**，比如小提琴家和钢琴家等。但是无论在日常生活还是工作中，我们都不可能在每个领域都成为专家，更多的时候只是想熟练掌握一项技能而已。

比如我们大部分人学开车，只是为了上下班通勤、节假日旅游或者当司机赚钱，而不是成为 F1 赛车手；大部分技术人员学习 Redis，也只是为了学习原理，方便在项目中使用，而不是想成为 Redis 的开发者。

在这种情况下，如果还只靠 10000 小时定律来规划学习安排，则显然是不够的。

美国学者乔希·考夫曼（Josh Kaufman）在《关键 20 小时，快速学会任何技能！》（*The First 20 Hours: How to Learn Anything... Fast!*）一书中指出：如果学习目的不是"学精"（成为专家甚至大师），而只是"学会"（知道怎么用），那么只要花 20 小时，就可以快速掌握一项新技能。

考夫曼并没有否定 10000 小时定律，而是指出针对不同的目标应该采取不同的学习方式，不要一概而论，如果全都套用 10000 小时定律，那么时间和精力肯定都不够用。

所以他总结出了一套提升学习效率的"20 小时学习法"，分为四部分：

（1）分解步骤：把技能最大限度地细分成若干小步骤。

（2）充分学习：基于分解步骤得到的小步骤，逐一练习。

（3）克服困难：克服练习过程中的各种困难，包括生理、心理、情绪、工具、环境等。

（4）集中练习：至少用 20 小时集中学习最重要的小步骤。

虽然我暂时还没有看到针对 20 小时学习法的严谨的科学研究和证明，但它看起来确实很符合人的直观感觉。

比如我们学车的过程，就非常符合 20 小时学习法：考试分为四个科目，每个科目有固定的考试项目，我们在教练的指导下针对考试项目逐一练习，最后通过考试拿到驾照，真正练习的时间也就差不多 20 小时。

在互联网技术行业，如果你想初步入门某项技术，则可以按照 20 小时定律进行实践，不要看到某个技术就觉得要花费太多时间，还没开始学就把自己吓到了，结果一直都不去学习。20 小时定律同时也提醒我们，不要一上来就深入研究源码，可以先从掌握基本的使用开始来学习技术，这样能够快速掌握这项技术基本的使用，然后有时间和有需要后再逐步深入。

小结

本节分享了 10000 小时定律和 20 小时学习法两个与时间相关的学习理论。其中 10000 小时定律是专业领域提升的总的指导原则，而 20 小时定律适合指导你快速入门学习单项技术。

下面回顾一下本节的重点内容：

（1）布鲁姆发现了"长期大量的练习"是成功最重要的因素之一，阿利克森发现了"10000 小时练习时间"是成功的关键指标，格拉德威尔提炼出了"10000 小时定律"并加以传播。

（2）单纯练习 10000 小时是不够的，还需要个人的激情作为动力，以及优秀的伯乐进行指导。

（3）10000 小时定律适用于在某个领域成为专家，如果只是想熟练掌握一项技能，那么采用 20 小时学习法会更合适。

思考

评估一下你在目前的专业领域大概投入了多少时间？如果你觉得自己投入了足够的时间，但能力却没多大的提升，你觉得可能的原因是什么？

四、学习基础技术：你对"基础"的理解准确吗

如果说 IT 技术领域有哪个说法最深入人心，那么一定是"基础很重要"；如果说有哪个说法让很多人花费了大量时间去学习，却没什么效果，那么多半也是这句话。

我相信你曾经被人谆谆教诲过：做技术，基础很重要，一定要打好基础，比如数据结构和算法、操作系统、编译原理等；而且很多公司面试的时候，也采用了"面试造航母，工作拧螺丝"的方式，对基础能力的考查远远超过实际工作需要。

结果，很多人费了很大的力气来提升所谓的"基础能力"，但是却发现根本看不到提升效果，工作中也用不上，白白浪费时间和精力。

难道说"基础很重要"这个说法不对吗？其实这个说法本身没有问题，但它太模糊太笼统了，很难准确地理解，再加上一些口口相传的经验误导，搞得很多人都掉到"坑"里去了。

本节讲解到底什么才是"基础"，如何提升基础技术才能事半功倍。

典型的错误观点

基础能力确实很重要，但对于什么才是"基础"，业界并没有统一的定义。不过，有几个错误的观点流传很广，误导了很多人，其中最典型的就是以下三个。

1. 基础=底层

有些人以为越底层的东西越基础，比如操作系统内核（管控程序的运行）、编译原理

（所有编程语言的基础）、CPU 的指令和内存（程序运行的基础）……毕竟从字面意思来理解，底层的东西当然是基础了，而且是越底层越重要，因为越底层越通用。

2. 基础=源码

有些人喜欢 "Show me the code"，认为只有源码才是最基础的东西，源码面前没秘密，要学基础就一定要去看源码，要自己能写出来才算真正掌握了"基础能力"。

3. 基础=不变

有些人认为不变的东西才是基础，比如数学、算法和数据结构、计算机组成原理、汇编语言甚至包括离散数学和逻辑电路等，把这些学好了，以后无论做什么都用得上。

很多人抱着这样的想法去提升基础，结果却没什么效果。

我有个同事花了 6 个月时间去研究编译原理，感觉没什么收获，然后找我来讨论原因。

我也有位朋友花了大量的时间来看 Linux 内核源码，看完好像知道了一些源码，但线上出了问题之后，连 Linux 定位工具都不会用。

也有很多技术人员用了很多时间来背算法和数据结构的源码，但在实际工作中，要么不知道什么时候用什么算法，要么就滥用算法，明明一个很简单的逻辑也要硬套一个算法。

核心就是工作相关

要想培养基础能力，首先要明确什么才是真正的"基础能力"。

我的观点是"**基础能力是指工作任务相关的基础能力，不是整个计算机技术的基础能力**"，核心就是"**工作相关**"，千万不要单纯照搬别人口中的基础能力。

基于这个观点，我们澄清一下前面提到的几个错误观点。

1. 基础！=底层

如果底层技术和当前的工作内容没有关系，那么就不是工作要求的基础能力。

比如 CPU 指令和内存寻址，对于做嵌入式开发来说是基础，而对于做 Android/iOS 业务开发来说就不是基础了。

2. 基础！=源码

如果当前的工作并不需要我们修改其源码或者理解其源码细节，那么就不是工作要求的基础能力。

比如 Linux 内核源码和 Hotspot 虚拟机源码，对于做虚拟机开发来说肯定是基础，但对于 Java 业务开发来说就不是基础了。

3. 基础！=不变

不变的东西确实应用很广，但是随着技术的发展，不变的东西越来越稳定，封装也越来越抽象，基本上就可以认为不再需要关注它了。

这就像电一样，我们天天用，电学的原理，你只要上过中学基本都知道。但是我相信，现在没有人在使用电器的时候，还要去翻一翻物理课本吧。

很多人为了证明"基础很重要"，都会举建房子的例子，因为地基是房子的基础。

但其实认真思考一下，就算是建房子，打地基的方式也是不断变化的，古人用夯土打地基，后来用石头打地基，现在用钢筋水泥打地基，而且工人在用钢筋水泥打地基的时候，也不需要知道"如何制造水泥""如何炼钢"这样的基础知识。

麻省理工学院以前有一门非常火的课程叫"计算机程序的构造和解释"（SICP, Structure and Interpretation of Computer Programs），但后来他们停止了这门课，给出的原因如下（Why MIT stopped teaching SICP）：

> They felt that the SICP curriculum no longer prepared engineers for what engineering is like today.
>
> Sussman said that in the 80s and 90s, engineers built complex systems by combining simple and well-understood parts. The goal of SICP was to provide the abstraction language for reasoning about such systems.
>
> Today, this is no longer the case. Sussman pointed out that engineers now routinely write code for complicated hardware that they don't fully understand (and often can't understand because of trade secrecy.)
>
> The same is true at the software level, since programming environments consist of gigantic libraries with enormous functionality.

简单来说，就是 SICP 课程不是为今天的程序员准备的，而是为 20 世纪 80 ～ 90 年代的程序员准备的。

这是因为那个时候的程序员是通过组合简单和深刻理解的部件（其实就是指从底层开始构建）来构建复杂系统的，而现在的程序员在复杂的商业硬件和大型的开发库上面来构建复杂系统，就算程序员想了解这些底层硬件和开发库，也可能因为商业秘密等原因无法做到。

举例说明

按照工作相关这个原则，下面举两个常见的例子对比说明。

1. Java 业务开发 vs AJDK 开发

它们都是 Java 相关的开发，我们假设一个是用 Java 在 Linux 平台上基于 Spring Boot 框架完成业务开发，另一个是负责阿里的 AJDK（基于 Hotspot 实现，目前已经开源）开发，它们的基础能力差异如下表所示。

Java 业务开发	AJDK 开发
Java 语言特性、API 是基础，C++不是基础	Java 语言特性、API 是基础；C++是基础，因为 Hotspot 是 C++开发的
Java 虚拟机垃圾回收原理是基础，Hotspot 虚拟机源码不是基础	Java 虚拟机垃圾回收原理和实现，Hotspot 虚拟机源码都是基础
Linux 环境的工具、进程管理是基础，内核不是基础	Linux 系统编程是基础，包括进程/线程、锁；Linux 内核实现机制和原理是基础
数据库是基础，包括 SQL、索引等	数据库不相关，不是基础
Spring Boot 框架的特性和原理是基础，Spring Boot 的源码不是基础	和 Spring Boot 没有关系

2. Android 业务开发 vs Android 动态化框架

它们都是 Android 相关的开发，我们假设一个是做业务开发，另一个是开发动态化框架，它们的基础能力差异如下表所示。

Android 业务开发	Android 动态化框架
Java 语言特性、API 是基础，编译原理不是基础，因为不会去修改 Java 语言	Java 语言特性、API 是基础；编译原理也是基础，因为动态框架可能要用 DSL
Android 的基本原理是基础，源码不是基础	Android 的原理和源码都是基础，例如用反射来修改 Android 的一些代码实现动态化
常见的库是基础，例如网络库 OkHttp，图片库 Fresco，事件库 EventBus 等	可能会用到网络库 OkHttp，但总体上对各种库要求不多也不高
JavaScript 不是关键基础，主要应用是 JSBridge	JavaScript 是基础，例如 React Native 和 Weex 都是基于 JavaScript 的跨平台动态化框架

细化基础范围：技能图谱

明确了"工作相关"这个原则之后，提升基础的第一步，就是使用**技能图谱**的方式，从以下 4 个维度来细化基础能力的范围。

（1）**工具**：工作中常用的工具，比如 IDE、编程语言、问题定位工具和版本管理工具等。

（2）**生态**：系统或者产品运行时依赖的所有组件或者系统，比如第三方库、中间件、数据库、文件系统等。

（3）**容器**：系统或者产品运行的环境，比如 Android、iOS、Linux、浏览器和云服务器等。

（4）**原理**：需要掌握的原理知识，常见的有计算机网络和数据结构等。

以前端开发为例，基础能力的范围如下图所示。

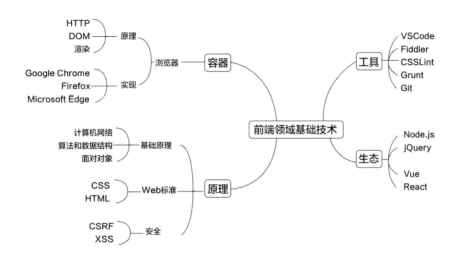

注：

（1）上图仅为示例，不代表完整的前端领域基础能力范围。

（2）图中没有涵盖"JavaScript 编程语言"，因为这个可以说是核心能力，不是基础能力。

有了技能图谱之后，我们就能够大致地了解每个技术领域的基础能力到底包括哪些了。

提升技术的技巧

明确了基础能力的定义和范围，我们就可以把有限的时间和精力用在更有价值的地方，避免"眉毛胡子一把抓"，从而实现投入产出效率的最大化。

但是，如何学习单个基础技术，这也很关键，否则学习还是可能事倍功半。

常见学习误区

常见的学习误区有两个。第一个是认为，**既然是基础技术，那么肯定是掌握得越深越好**，比如数据结构和算法、计算机网络和操作系统这些，几乎是所有程序员的基础，所以每一项都应该深入了解。

但这样做还是会导致你浪费很多时间和精力。

以数据结构和算法为例，很多人学习的时候都采用了背代码的方式，认为只有自己能手写这些代码，才算是真正的掌握。

而且，有些面试官在面试的时候喜欢让应聘者写简单的算法代码，进一步强化了这样的认知。

我曾经与几个这样的面试官聊过，很有意思：

> 问：为什么你们要用这种方式来判断应聘者的水平？
>
> 答：如果一个程序员连个简单的算法都写不出，那么就说明他肯定不合格！
>
> 问：你们要自己修改算法和写数据结构吗？
>
> 答：怎么可能？直接用 Java 库里面的，自己写的质量怎么跟 Java 库的比啊？
>
> 问：一般你们考什么算法和数据结构？
>
> 答：冒泡、快排、链表、字符串之类的。
>
> 问：那为何你们不要求手写 B+树，不手写 ConcurrentHashMap 这些呢？这些难度更高。
>
> 答：……这个要求有点高啊，现场写不完，其实我自己也写不出……

在上面的对话中，我们可以看到，其实这种面试方式就属于"面试造航母，工作拧螺丝"，不能判断应聘者水平高低，只能反映出他们面试准备程度的高低；而且能考的也就是这几个简单的数据结构和算法题目，因为面试官自己也只能看懂这几个。

第二个误区是认为，**要完全掌握基础，一定要掌握源码。**

这个观点更加容易导致你投入大量时间却没什么收获。尤其是 Linux 内核源码、JVM 虚拟机源码和 MySQL 源码这些，如果你不具备深厚的 C/C++的开发功力，那么基本上连看都看不懂，更不用说考虑代码规模和复杂度了。

即便是 Netty 这些代码相对少一些的开源项目，就算你拥有很强的 Java 开发能力，要想每一行代码都了解，也要花非常多的时间。

因为一个成熟的开源项目都是几十个人用了很多年的时间慢慢打磨的，你一个人想一下子就全部搞懂所有代码，这是不现实的。如果你把时间浪费在这个地方，那么用来提升其他更有用的技术的时间就没有了。

如何判断学习深度

所以说，就算是同一个基础技术，不同的技术人员学习的深度也是不同的。核心的原则还是之前提到的"工作相关"，根据工作内容来决定基础技术的学习深度。

下面举几个常见的例子来说明。

1. 数据结构和算法

对于绝大部分开发人员来说，主要是熟悉数据结构和算法的原理、优缺点与应用场景，还有自己所用的编程语言提供的算法和数据结构。

而对于中间件开发的技术人员来说，在做极致的性能优化的时候，对于 Java 的 ConcurrentHashMap 之类的并发数据结构，就需要掌握算法的原理和代码实现细节了。

2. 计算机网络

对于绝大部分开发人员来说，能够熟练掌握抓包工具抓取 TCP/IP 包，并且能够看懂包信息，定位网络问题就行了。

而对于运维人员来说，抓包、路由协议、组网配置等就需要深入掌握了。

3. 操作系统

对于绝大部分开发人员来说，掌握基本的操作系统原理和概念，能够使用操作系统提供的工具来定位程序问题就行了。

而对于驱动开发、内核模块开发的技术人员来说，操作系统原理、实现机制和代码都需要深入掌握。

如何让理解更加深入

明确学习深度之后，因为基础知识点比较多，看起来比较散，所以你可能学了很多知识，但不知道它们之间的关联关系，理解得不够全面和深入。

应对这个问题办法就是之前介绍的"链式学习法"，通过领域分层将基础技术和顶层的实用技术关联起来，形成系统化的理解，这样能够理解得更深，记得更牢固。

基础积累会不会浪费

看到这里，你可能会有疑问：判断基础能力范围和基础技术学习深度的原则都是"工作相关"，如果工作发生变化，那么岂不是很多基础技术的积累都白费了？

这里就要看所谓的"变"具体是怎么变。

如果是前后两个工作的领域基本一致，那么基础技术的积累基本上是可以通用的。比如我曾经从 PHP 服务端开发转为 Java 服务端开发，在数据结构和算法、计算机网络、数据库和操作系统方面的积累完全可以通用。

如果前后两个工作领域差异很大，那么基础技术的积累确实可能无法通用。比如我的一位同事从 Android 开发转为服务端后台开发，虽然数据结构和算法、计算机网络可以通用，但是 SQLite 数据库和 Android 操作系统这些就不能通用了。

所以跨领域转岗一定要慎重，要转的话就尽早转，越晚损失越大。

我的实际经历

我刚去 UC 的时候，是用 C/C++ 做中间件，对高性能和网络都有比较高的要求。于是我深入地学习了 CPU 和网络的一些基础知识，最典型的就是 SMP 架构的 CPU 的 False Sharing（伪共享）问题。

这个知识点理论上属于计算机组成原理，但计算机组成原理一般只会写 CPU 有 L1/L2/L3 Cache，很少提到多核 CPU 的 Cache Line（缓存行）对齐会导致 False Sharing 问题，并且对性能有很大影响。MySQL 也被这个问题给"坑过"，而 Disruptor 的高性能则采用 padding 避免了这个"坑"。

看到这里，你可能急着想去看看我说的 False Sharing 到底是什么。别急，这个基础知识点在我后来负责业务开发的时候就没用了，因为接触不到这个深度。

但是做业务开发的时候，MySQL 的索引原理和 Elasticsearch 的倒排索引这些基础理论就很有用了，因为你要设计合理的索引和存储方案。不过这个时候，你也不需要把 B+ tree 的数据结构写出来，只需要知道原理，就可以设计合理的索引和存储方案了。

小结

下面回顾一下本节的重点：

（1）基础能力是指工作任务相关的基础能力，不是整个计算机技术的基础能力。基础不等于底层，不等于源码，也不等于不变。

（2）提升基础的第一步，就是使用技能图谱的方式，从工具、生态、容器和原理 4 个维度细化基础能力的范围。

（3）提升基础技术的技巧包括：根据工作内容决定基础技术的学习深度；通过链式学习法将基础技术和实际用到的技术系统串起来；跨领域转岗要慎重，要转的话就尽早转。

思考

按照本节的内容，你能够整理出当前工作岗位要求基础技术包括哪些，以及你需要学到怎样的深度吗？

打好基础很重要，打准基础更重要。

反侵权盗版声明

电子工业出版社依法对本作品享有专有出版权。任何未经权利人书面许可，复制、销售或通过信息网络传播本作品的行为；歪曲、篡改、剽窃本作品的行为，均违反《中华人民共和国著作权法》，其行为人应承担相应的民事责任和行政责任，构成犯罪的，将被依法追究刑事责任。

为了维护市场秩序，保护权利人的合法权益，我社将依法查处和打击侵权盗版的单位和个人。欢迎社会各界人士积极举报侵权盗版行为，本社将奖励举报有功人员，并保证举报人的信息不被泄露。

举报电话：（010）88254396；（010）88258888

传　　真：（010）88254397

E-mail：dbqq@phei.com.cn

通信地址：北京市万寿路 173 信箱　电子工业出版社总编办公室

邮　　编：100036